双爱之城

| 第二集 |

佛山市顺德区总工会 编著

羊城晚报 出版社

·广州·

图书在版编目（CIP）数据

双爱之城. 第二集 / 佛山市顺德区总工会编著.
广州：羊城晚报出版社，2025.4. — ISBN 978-7-5543-1398-5
Ⅰ. K825.38
中国国家版本馆CIP数据核字第2025MH2291号

双爱之城 第二集
SHUANG AI ZHI CHENG DI ER JI

责任编辑	潘子扬
责任技编	张广生
装帧设计	广东顺德华岭文化传媒有限公司
出版发行	羊城晚报出版社
	（广州市天河区黄埔大道中309号羊城创意产业园3-13B 邮编:510665）
	发行部电话：（020）87133824
出 版 人	陶 勇
经　　销	广东新华发行集团股份有限公司
印　　刷	佛山市金华彩印刷有限公司
规　　格	889毫米 x 1194毫米　1/16　印张19.75　字数300千
版　　次	2025年4月第1版　2025年4月第1次印刷
书　　号	ISBN 978-7-5543-1398-5
定　　价	58.00元

版权所有　违者必究（如发现因印装质量问题而影响阅读，请与印刷厂联系调换）

双爱之城
第二集
前言

"双爱"汇聚，激荡城市进阶之力

又是一个鲜花盛开、充满活力的春天！

这个春天，顺德这片热土上，继续演绎着高质量发展和建设中国式现代化的动人诗篇。当"企业关爱员工"与"员工爱岗敬业"相遇，便催生了这座制造业名城最深沉的力量——"双爱"。《双爱之城 第二集》的成书，既是对工业文明与人文精神共生共荣的深刻诠释，更是对这份力量的回溯与致敬！

企业关爱员工，是一种担当

随着竞争日益激烈，企业要发展壮大，员工是企业最核心的资源。他们的知识、技能、经验和创新能力，是企业价值创造的关键所在。如果企业对员工不关心、不爱护，这样的企业注定难以长远发展。

担当，是顺德企业刻入基因的品格。在这本《双爱之城 第二集》中，我们看到，有的企业把"建设学习型组织"作为公司的头等大事来抓，开展形式多样的培训活动，提升员工综合素质，员工企业互利共赢；有的企业把安全生产放在重要位置，投入巨资，更新设备，守护员工生命安全；有的企业老板深夜得知员工生病，亲自驾车把员工送到医院，并垫付医药费，解决员工后顾之忧；有的企业老板，与员工情同手足，得知员工孩子结婚，奉上大大的贺礼，如家人般关怀备至；更有一些企业，在行业寒冬里，坚持不裁员，双向奔赴共克时艰……诸如此类的关爱员工的故事，感人至深，催人泪下。

顺德企业及企业家，正用行动诠释：担当，是超越利润的社会责任，是穿透契约的人性温度。

员工爱岗敬业，是一种忠诚

世界上最好的产业工人队伍，就在中国。他们最忠诚、最爱岗、最敬业；同时，他们最懂得感恩，也最容易满足。企业对员工付出一份爱，员工就会用十份爱来回报企业。

从收入这本书里的100家企业和100名员工的事例中，可以看到，企业对员工付出了尊重与关爱，员工也体会到了自己的尊严被呵护，于是，他们将企业的这份尊重转化成了自己对企业的忠诚，进而成为价值创造的源泉，成为企业持续发展的不竭动力——

锡山家具有限公司模具部经理佘九洲，公司将他从上海请来，公司领导也给予高度信任，他不负众望，大胆改革生产工艺，每年为公司节约了大量的成本；美洁卫生用品有限公司车间主任林东，工作第一站就是美洁，20多年来，他从一个学徒工成长为能够独当一面的车间负责人，他说："在美洁工作，领导看得起，工作起来很顺心。"

忠诚，从来不是一句空话，而是实实在在的行动。木月智能家居科技有限公司的陈金垒，工作5年来，除了做好设计这一本职工作之外，自告奋勇挑起自己熟悉与擅长的产品运营工作的大梁，成为公司老板的得力干将；顺德浦罗迪克智能科技有限公司品质部经理苏鹏飞，利用自己在大公司工作积累的管理经验，主动协助领导做好公司初创期的管理架构设计等多项工作，身兼数职，涉及产品设计、模具开发、生产管理等多个领域，为企业快速发展不遗余力。

"苔花如米小，也学牡丹开"，正是这些默默无闻的员工，他们主动担当作为，支撑着顺德企业的发展，支撑着顺德的高质量发展。

双爱交融，汇聚成一种力量

双爱之力，早已超越经济逻辑，赓续着整座城市的文明薪火。

双爱交融，是一种新型生产关系的觉醒——企业视员工为命运共同体，员工视企业为人生舞台！

双爱交融，更能汇聚起顺德高质量发展的磅礴力量。

作为全国百强区之首的顺德，今天正以"双爱之城"的姿态证明：一个地方的竞争力，最终将取决于人与人之间最本真的联结。

双爱，刻在了顺德企业与员工的基因里。本书收录的100个企业案例和100个个人案例，既是对2023年《双爱之城　第一集》的延续，也是对新典型的弘扬。这些温情的文字，让读者看见：当"爱"成为发展的底色，物质创造与精神丰盈终将同频共振。这或许正是顺德给予时代的答案——真正的繁荣，永远生长在双向奔赴的土壤之上。

进入新时代，顺德正在谋划新的发展战略。按照省委、市委的部署，顺德区委、区政府正在全力以赴"再造一个新佛山"，贡献顺德力量。作为制造业大区，顺德理应挑大梁；在这一不亚于第一次创业的过程中，顺德各级工会组织肩负着义不容辞的责任——在全社会传递"企业关爱员工、员工爱企敬岗"的正能量，营造良好的舆论氛围，为"再造一个新佛山、新顺德"，贡献工会力量。

而这也正是编辑出版《双爱之城　第二集》的目的所在。

春华秋实。期待金秋季节，双爱之花结出丰硕之果！

双爱之城 第二集 目录

| 顺德"双爱"宣言 | 001 |

大良篇

- 爱信（佛山）：劳资携手共筑共建安心、舒心职场 …… 002
- 冯艳君：提升职工技能，推动企业进步 …… 003
- 大自然家居：用关怀凝聚力量，共筑企业未来 …… 005
- 杨亮庆：将科研融入开发，促企业深度发展 …… 006
- 新协力汽车运输：注重员工关怀，做有温度的企业 …… 008
- 黄学活：爱岗敬业勇当先的"公交大暖男" …… 009
- 广东公信："身健康、心飞扬" 健康企业助力员工成长 …… 011
- 芮迎冬：以敬业之心，拓海外市场 …… 012
- 广东巴斯特：以家文化共筑员工与企业梦想 …… 014
- 王前科：从钳工到班长的卓越追求 …… 015
- 赫兹曼电力：从"心"出发，为员工创造美好未来 …… 017
- 梁高勇："断指"不"断志" 用行动诠释敬业 …… 018
- 同江医院：党建引领，打造员工与医院"双赢"格局 …… 020
- 刘春花：用爱与专业守护透析患者的生命线 …… 021
- 广东碧涞节能：用关怀与创新打造员工幸福之家 …… 023
- 石建勋：营销战线上的奋斗先锋 …… 024
- 东亚汽车部件：以"学习强人"铸就发展新动能 …… 026
- 林明宣：涂装部的"攻坚利刃" …… 027
- 东海理化：打造从生产线到幸福线的和谐企业 …… 029
- 李韦唯：把小事做好，就是最大的责任 …… 030
- 顺德开关厂：解密员工快乐工作生活的"密码" …… 032
- 杜勇潮：用勤勉为团队注入"心"动力 …… 033
- 丰田橡塑（佛山）：员工幸福满溢，企业关爱有加 …… 035
- 李红光：以军人本色铸就丰田橡塑敬业传奇 …… 036
- 五沙热电：从足球到手游，工会活动点燃企业活力 …… 038
- 张清龙：在热爱中坚守，在创新中前行 …… 039

龙的饭店：以爱筑家，打造员工幸福港湾 ………………………………… 041
张有栋：爱岗敬业，多面能手 …………………………………………… 042
威权康复中心：从心出发，为员工幸福"加码" ………………………… 044
罗水妹：用专业与爱心助力残疾人重燃生活希望 ……………………… 045

容桂篇

百威电子：工会温暖——帮扶困境员工黄海容 ………………………… 047
梁海堂：精益生产月的卓越实践与品质坚守 …………………………… 048
大冢制药：以人为本，助力员工成长 …………………………………… 050
杨健韵：平凡的岗位上创造出不平凡的业绩 …………………………… 051
海尔顺德洗衣机：以爱之名，共筑和谐劳动关系 ……………………… 053
张炽航：技术革新与团队协作的典范故事 ……………………………… 054
伊之密股份：全方位关怀一线员工，共筑企业辉煌 …………………… 056
杨东艺：爱岗敬业的"伊哥模范" ………………………………………… 057
哥顿酒店：打造员工心中的"温暖城堡" ………………………………… 059
冯永波：哥顿酒店的厨界"精英"与"明星" ……………………………… 060
德怡电子：赋能员工成长，共筑企业未来 ……………………………… 062
吴季婵：用二十二年如一日来诠释爱岗敬业精神 ……………………… 063
德力柴油机：精准服务解难题，助企解忧促发展 ……………………… 065
李林活：德力柴油机的"质量守护者" …………………………………… 066
新威博电器：以人为本，打造幸福职场 ………………………………… 068
罗财平：心系客户，情暖同事 …………………………………………… 069
顺德新容奇医院：以爱树人 用爱护民 ………………………………… 071
吕绍翔：以医术为舟，以仁心为帆 ……………………………………… 072
顺威精密："五心"共融，全方位提升职工福祉 ………………………… 074
李嘉盛：设计最优风轮 拿下超级订单 ………………………………… 075

伦教篇

宏伙集团：用心做好每一件"有温度"的事 …… 077
刘和滨：用心干好每一件事 …… 078
云米科技：别开生面的中秋佳节游园会 …… 080
邱有波：事事落地，使命必达 …… 081
索奥斯：情系员工，夏送清凉 …… 083
朱广富：奋斗交织，谱写追梦之路 …… 084
新通程交通：共唱"共情、共融、共赢"之歌 …… 086
王见水：在平凡的岗位上勇获佳绩 …… 087
鼎华科技：雪中送炭，为员工解燃眉之急 …… 089
陈燚：爱企敬岗，追求卓越 …… 090
强立电器：和谐篇章散发互爱之光 …… 092
马江涛：奋进之爱铸就敬业精神 …… 093
裕顺福首饰：构筑温情港湾，共绘辉煌未来 …… 095
蔡海森：爱岗敬业，敢为人先 …… 096
冠宇达：妥善解决问题 增强关爱员工 …… 098
赵永州：全年工作中实现发料零失误 …… 099
海得曼：关爱员工生活 支持员工成长 …… 101
李志猛：注塑车间里大显身手 …… 102
裕达珠宝：践行"双爱" 打造和谐企业文化 …… 104
麦远帮：在"双爱"文化中成长，助力企业发展 …… 105
银星智能：以关怀为翼 绘就员工幸福蓝图 …… 107
韦彩桂：力争每台设备处于最佳运转状态 …… 108

勒流篇

湛新树脂：打造可持续发展环境 与员工共创未来 …… 110
钟志棠：发挥专业技能助企业发展 …… 111
骏达电子：40年专注做好一件事 …… 113
梁碧娱：以敬业爱岗的精神创造不凡 …… 114

铁人机械：关爱员工 做有温度的"铁人" …………………………………… 116
谢培军：做好身边小事，落实应尽责任 …………………………………… 117
屏荣食品：全面关爱员工职业发展 ………………………………………… 119
廖冬霞：三十年如一日守护产品品质 ……………………………………… 120
汤浅蓄电池：搭建沟通桥梁 共筑和谐企业 ……………………………… 122
张大卫：品质管理先锋 爱岗敬业典范 …………………………………… 123
碧丽饮水：深耕员工福祉与成长 …………………………………………… 125
刘青生：以工匠精神引领团队成长 ………………………………………… 126
华创兴电源：以人为本打造电源制造行业标杆 …………………………… 128
卢烘：从行业新手成长为研发助理工程师 ………………………………… 129
汇朋精密：实施健康管理 全方位关爱员工 ……………………………… 131
刘登银：冲压车间里的敬业典范 …………………………………………… 132
炬森精密：员工至上 共筑卓越未来 ……………………………………… 134
杨义秀：以职业精神铸就企业辉煌篇章 …………………………………… 135
全兴水产：建设以关怀员工为核心的企业文化 …………………………… 137
麦标凤：品质岗位上展示敬业风采 ………………………………………… 138

陈村篇

瑞兴医药：创新驱动发展，共筑健康未来 ………………………………… 140
仇泳栩：以创新思维引领企业文化建设与技能提升 ……………………… 141
力源盈泽：工会助力职工成长与幸福 ……………………………………… 143
邹解良：二十载匠心铸就"金牌电工" …………………………………… 144
德和信餐饮：关爱员工从生活小事开始 …………………………………… 146
陈嘉敏：从普通员工成长为餐饮公司的佼佼者 …………………………… 147
宏誉盛集团：让员工感受到家的温暖 ……………………………………… 149
黄锦锋：用技术与责任心铸就卓越 ………………………………………… 150
松川机械：全面提升员工工作生活质量 …………………………………… 152
潘志锋：引领创新浪潮，推动生产自动化新纪元 ………………………… 153
上药控股佛山：打造佛山区域优质医药供应链服务平台 ………………… 155
肖秋媚：敬业奉献成为公司典范 …………………………………………… 156

北滘篇

铂尔曼酒店：企业的关爱在工作的每一个瞬间 ……… 158
麦丽桃：从细微到卓越体现敬业风采 ……… 159
阿塔卡化工：用爱筑起温暖的企业家园 ……… 161
胡燕君：用热情与担当书写工会主席的责任篇章 ……… 162
太火红鸟：打造了一个充满活力、关怀备至的工作环境 ……… 164
冯结玲：以初心为笔，绘就事业华章 ……… 165
希塔变频技术：用"家文化"温暖每一位员工 ……… 167
雷明超：用责任与热忱"点亮"仓库管理之路 ……… 168
广东水护盾：以温情守护员工，共筑和谐企业 ……… 170
吴美琪：用敬岗敬业书写员工与企业的共成长故事 ……… 171
台塑智能：科技之光与人文情怀并蓄的温馨家园 ……… 173
郭晓川：以温暖为桥，连接员工与企业 ……… 174
浦罗迪克：把员工捧在心里，员工把公司放在心上 ……… 176
苏鹏飞：身兼数职立奇功 ……… 177
美的生活电器：以心为本，共筑温暖家园 ……… 179
汪朝德："明星"是如何炼成的？ ……… 180
锡山家具：企业文化成就行业地位 ……… 182
佘九洲：节约能手 创新高人 ……… 183
丰明电子：助员工成长促企业发展 ……… 185
陆春帆：勤勉尽责好"扬帆" ……… 186

乐从篇

创誉律师事务所：同事就是自己的亲人 ……… 188
罗沛怡：律所的"好管家" "律师的"勤务员" ……… 189
嘉乐华印刷：双向奔赴成就事业 ……… 191
陈智婷：用心用情"打好杂" ……… 192
乐华恒业厨卫：只有员工满意，企业才有大发展 ……… 194
朱华歆：爱企敬岗 默默奉献铸辉煌 ……… 195

美洁卫生用品：员工就是自己的亲人 …… 197
林东：爱厂如家做表率 …… 198
美丽华家具：打造家具行业的"三好"企业 …… 200
吴池安：不忘初心勇向前 …… 201
木月智能家居：人性关怀让"木月"生辉 …… 203
陈金垒：用心用情带团队 …… 204
维通利华：为创造全公司更健康的生活而奋斗 …… 206
曾庆燕：用敬业来诠释爱岗的真谛 …… 207
雄喜桥苑：让公司成为员工的幸福家园 …… 209
蔡珍梅：敬业乐业，真诚地为客人服务 …… 210
振业服装：与员工一起营造双赢局面 …… 212
廖仙勇：竭尽所能为企业 …… 213
中海物业：让员工收获满满的幸福感 …… 215
黄小五：不改赤诚服务之初心 …… 216
毅发渔村：企业与员工齐画同心圆 …… 218
周丽华：乐于奉献的"大内总管" …… 219

龙江篇

联塑科技：为员工"塑"造幸福 …… 221
李弟：引领行业生产模式革新 …… 222
联塑万怡：全力打造职工关爱型企业 …… 224
张光学：不仅是工程师，更是"老大哥" …… 225
亚洲国际：打造员工的幸福港湾 …… 227
麦碧琳：展示共产党员的亮丽本色 …… 228
虹桥家具：全力打造学习型企业 …… 230
张广亚：人生精彩在奋斗 …… 231
和辉建筑：与员工共筑和谐企业 …… 233
林家龙：建筑工地上的"信息守护者" …… 234
海天机械：弘扬"家文化"，共筑幸福企业基石 …… 236
吴黎明：以敬业精神照亮产线之路 …… 237

米罗家具：构建和谐劳动关系，共筑企业辉煌 ……… 239
袁小勇：以敬业奉献书写米罗家具的匠心篇章 ……… 240
华盛家具：以人为本，共创辉煌 ……… 242
周泽云：以身作则显担当，真诚待人赢尊重 ……… 243
天斯五金：塑造有爱、团结、活力的企业团队 ……… 245
劳庆军：技术创新的引领者与团队管理的佼佼者 ……… 246
埃森塑胶电器：打造全方位幸福企业 ……… 248
白海坚：匠心筑梦，以责任与热爱诠释优秀 ……… 249
米德加德电器：以创新为翼，以文化为魂 ……… 251
林坤杰：以细致严谨守护产品质量，以学习创新引领质量提升 ……… 252
龙佳微电机：让职工与企业心连心、共发展 ……… 254
潘啟团：在平凡岗位上铸就非凡 ……… 255

杏坛篇

芯耀环保：以人文关怀点亮员工健康之路 ……… 257
区海彤：以卓越领导力引领芯耀环保品质飞跃 ……… 258
德力梅塞尔：以人为本，共创和谐企业新风貌 ……… 260
殷华勇：深耕空分技术，引领团队共成长 ……… 261
东立新材料：构建和谐幸福的员工大家庭 ……… 263
王辉：责任与公正的践行者 ……… 264
康宝电器：三十七年坚守，公益与发展同行 ……… 266
刘景进：二十七载坚守，铸就康宝"福将"传奇 ……… 267
永通起重机械：关爱员工，筑就企业长远发展基石 ……… 269
李显林：在平凡中铸就卓越 以匠心共绘发展新篇章 ……… 270

均安篇

圆粤物流：织密工会网络，打造职工幸福家园 …… 272
崇立强：平凡岗位上的不凡贡献 …… 273
美博集团：以人为本，员工成为企业最宝贵资产 …… 275
陈金林：哪里有故障，哪里就有我 …… 276
威立德：以员工为本，以创新为翼，共筑和谐未来 …… 278
史雄图：平凡岗位书写威立德的风采 …… 279
均健农业：现代农业科技的领航者与员工关怀的典范 …… 281
欧阳绮琪：均健科技品质守护者的卓越贡献之路 …… 282
欧宁电器：厨房小家电行业的领航者与员工关怀的典范 …… 284
冯琳：欧宁电器背后的研发先锋与团队引领者 …… 285
瑞格电机：构建和谐职场生态 …… 287
柏明亮：二十载忠诚与智慧，共绘企业发展蓝图 …… 288
骏景酒店：员工关怀为核心，共绘企业与员工双赢蓝图 …… 290
罗慧敏：骏景酒店的敬业典范与团队灵魂 …… 291
新力高服饰：以人为本，构建"四可"之家 …… 293
陈秀妹：从车缝工人到技术骨干的华丽蜕变 …… 294
希布朗集团：科技引领，人文关怀并重的纺织业典范 …… 296
陈秀琴：以企为傲，以岗为荣 …… 297
科霸菱电机：全方位关爱员工，共创企业发展新篇章 …… 299
吴杰荣：用勤奋与智慧书写对企业的忠诚与热爱 …… 300

后记

真实自有万钧力 …… 302

顺德"双爱"宣言

我们秉承以人为本的宗旨，关爱职工、担当作为，搭舞台、创环境、优待遇、善管理，建职工"最温暖的家"。

我们坚定创优争先的信心，热爱企业、忠诚奉献，磨技能、勇创新、精业务、乐贡献，做职工"最闪亮的星"。

你呼我应，双爱双赢。
以城聚才，以才兴城！

大良篇

爱信（佛山）
劳资携手共筑共建安心、舒心职场

爱信（佛山）汽车零部件有限公司作为世界500强日资企业，在过去20年的发展中，始终秉持"安全和健康""品质至上"的理念，在生产经营上取得了显著成就，更在构建和谐劳动关系方面树立了行业标杆。

自2010年起，爱信（佛山）工会与公司管理层共同建立了劳资恳谈会制度，每月围绕一个主题进行深入交流与协商。这种常态化的沟通机制，不仅让员工的意见能够直达管理层，还为企业决策提供了重要的参考依据。该公司的工会主席龚平介绍说，通过劳资恳谈会，公司与员工在工资福利、工作环境、职业培训等关键问题上达成共识，形成了"公司繁荣=员工幸福"的价值观。

在工资协商方面，工会每年都会与公司进行深入讨论，从收集员工意见到与公司协商，再到最终达成一致，整个过程公开透明。这一机制不仅保障了员工的经济利益，也增强了员工对企业的认同感和归属感。据统计，过去14年中，工会共收集员工意见608件，其中513件被公司采纳并解决，充分体现了劳资恳谈会的高效性和实效性。

该公司工会通过多种方式丰富员工的精神文化生活，如举办生日会、家庭同乐日、运动会等活动，增强员工的归属感和幸福感。同时，工会还积极开展技能培训和岗位竞赛，鼓励员工参与"五小"活动（小革新、小发明、小改造、小设计、小建议），为企业创造效益的同时，也为员工提供了成长的平台。

工会还特别关注员工的家庭生活，通过为员工直系家属购买商业保险、组织家属参观工厂等活动，解决员工的后顾之忧。此外，工会设立了爱心基金会，对员工及其家庭的红白喜事、生病住院、自然灾害受损等情况进行慰问，11年来，已慰问员工五百多人次。

　　在爱信（佛山），员工的成长与企业的发展紧密相连。公司通过开展TPS（丰田生产方式）活动、TPM（全面生产维护）活动等，提升员工的成本意识和质量意识，推动企业降本增效。同时，公司将活动成果转化为经济效益，反映到员工的工资和奖金中，实现了员工与企业的共赢。

　　公司还积极为员工提供职业发展机会，设立讲师堂，鼓励员工在擅长的领域担任讲师，传授知识和经验。这种"员工教员工"的模式，不仅提升了员工的技能水平，还增强了员工的自信心和团队凝聚力。值得一提的是，公司还将成立多个兴趣协会，丰富员工的业余生活，提高工会的活跃度。在长远规划中，公司计划举办人生设计研修、养老研讨会等活动，为员工提供生活各方面的咨询，帮助员工规划未来，实现生活与工作的平衡。

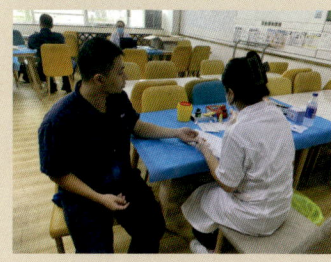  

提升职工技能，推动企业进步

—— 冯艳君

> 大良篇

在爱信（佛山）汽车零部件有限公司，有这样一位员工，她从生产一线的普通员工成长为企业副课长、女工委员，用智慧和汗水书写了一段精彩的奋斗故事。她就是冯艳君，一位用匠心精神推动企业发展的优秀员工代表。

冯艳君深知，个人的成长与企业的命运紧密相连。从一名普通员工到企业管理者，她凭借对知识的渴望和对工作的热爱，不断提升自我，最终成为企业发展的中坚力量。因此，她将所学知识毫无保留地反馈到工作中，定期开展改善活动，将生产过程中发现的小浪费、小隐患问题汇总分析，提出切实可行的解决方案，助力企业高效运营。

2018年，面对客户需求的不稳定，公司引入了临时工生产机制。冯艳君发现，临时工的频繁入职与离职，给企业带来了巨大的培训负担和运营风险。冯艳君敏锐地察觉到这一问题，多次与关联职场沟通，深入了解需求。她与合作公司反复协商，最终制定出一套岗前试做机制。通过建立与实际作业相似的岗前试做区，临时工在入职前就能亲身体验工作环境和劳动强度，从而避免因不了解而频繁更换岗位的情况。冯艳君说，这一创新举措不仅减少了人员浪费，还确保了企业用工需求的稳定，为生产运营提供了有力保障。

由于爱信（佛山）汽车零部件有限公司属于铸造行业，生产的大多是大件部品，劳动强度大，随着时代的发展，传统的人工作业模式已难以适应社会需求。冯艳君意识到，企业必须变革才能留住人才。她组织相关部门深入考察、验证，并与职工们共同探讨，最终成功导入多项机械化、自动化装置。例如，将手动去毛刺工序改为机械手去除，职工只需将制品推送进设备即可完成操作，劳动强度大幅降低。这一改变不仅提升了生产效率，更让职工们感受到了企业的关怀。

作为工会委员，冯艳君始终将员工的身心健康放在心上。在公司的推动下，爱信（佛山）汽车零部件有限公司不仅关注员工的工作表现，更注重员工的情绪状态和心理健康。她定期组织员工开展心理辅导活动，邀请专业心理咨询师为员工提供一对一的心理疏导服务。这些活动帮助员工正确面对工作压力，找到适合自己的减压方式。通过这种方式，员工们学会了如何在高压环境下保持积极心态，从而更好地投入到工作中。在节假日，她还会组织插花、生日会、重阳节慰问等丰富多彩的职工活动，营造温馨和谐的企业氛围。此外，她还积极调查各职工的需求，向公司和工会提出建设健身房、瑜伽舞蹈室的建议，让员工在工作之余能够放松身心，提升生活品质。

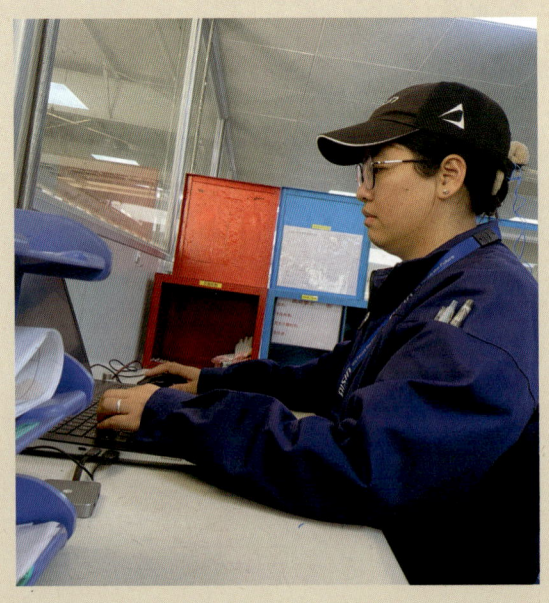

大自然家居
用关怀凝聚力量，共筑企业未来

在当今竞争激烈的商业环境中，企业的成功不仅仅取决于业绩和利润，更在于对员工的关爱和重视。大自然家居（中国）有限公司通过一系列丰富多彩的举措，将员工关怀融入企业的日常运营中，践行以员工为中心的发展思想。

春节是中华民族最隆重的传统节日，大自然家居在每年大年初八开工日，都为员工准备了充满年味的贺年果盒和新春醒狮贺岁活动。最让员工们期待的莫过于董事长和副董事长亲自为每位员工派发新春开工红包。三八妇女节是大自然家居公司最重视的节日之一，因为企业女员工人数占集团职工总数约50%，女员工为大自然家居撑起了半边天。每逢三八妇女节，公司领导都会先了解女员工的需求，再精心组织专题活动。每逢端午节，大自然家居都会为每位员工送上手工粽子。这些粽子是公司领导亲自品尝过多家供应商产品后选定的，包含着企业对员工的重视和关爱，也传递着传统文化的魅力。

每年农历年末的员工总结颁奖大会，是企业与员工共同回顾一年奋斗历程的重要时刻。企业与辛苦一年的职工们共聚一堂，那隆重盛大的颁奖仪式上，每一个奖项都是对员工辛勤付出的肯定。每季度的员工生日会也是企业的一大特色。在生日会上，由负责人向员工派发生日礼品，大家一起唱生日歌、吹蜡烛。

大自然家居的企业工会推动组建了公司8大协会，包括羽毛球协会、歌唱协会、舞蹈协会、篮球协会、乒乓球协会、跑步协会、骑行协会和读书协会，组织的活动丰富多彩。这一举措体现了企业对员工

> 大良篇

业余生活的重视。企业每年拨付协会运营经费，让这些协会能够开展各种活动和比赛。无论是在羽毛球场上挥洒汗水，还是在歌唱比赛中一展歌喉，又或是在读书协会中遨游知识的海洋，员工们的业余生活变得充实而有趣。同时，企业还鼓励员工自我增值，资助员工参加学历晋升、技能提升培训。这不仅有助于员工个人的职业发展，也为企业的长远发展储备了人才。

大自然家居的企业工会主席王世荣表示："在办公环境打造上，企业也不遗余力。"企业在筹划设计建设企业总部大楼时，就考虑到员工文化活动的需求，打造全开放式恒温办公室，让员工在舒适的环境中工作，提高工作效率；职工书屋为员工提供了知识的宝库，无论是在工作间隙还是业余时间，员工都可以在这里充实自己；职工妈妈小屋为职场妈妈们提供了方便和温暖的空间；健身房、舞蹈室、桑拿房、KTV室等一应俱全，员工们在工作之余可以尽情放松身心，释放压力。

将科研融入开发，促企业深度发展

—— 杨亮庆

在当今经济快速发展的时代，科技创新已成为企业发展的核心驱动力。大自然家居（中国）有限公司技术研究院院长杨亮庆博士，以其卓越的科研能力和创新精神，为企业深度发展注入了强大动力，成为产学研结合的典范。

杨亮庆在2011年博士毕业后，便进入黑龙江省木材科学研究所工作。在7年的科研生涯中，他始终思考如何将科研成果转化为企业的实际生产力。2018年，他毅然离开体制内的科研岗位，投身于大自然家居，开启了一段崭新的职业生涯。

初到企业，杨亮庆便发现企业研发与高校科研有着显著差异。高校科研更注重技术的先进性和理论成果，而企业则需要在成本控制、大规模生产、市场需求和产品卖点之间寻求平衡。这一深刻的认识促使他反思高等教育与企业需求之间的差距，并积极向高校提出建议。同时，杨亮庆大力支持佛山市政府推动的校企联合培养研究生项目，积极参与省内外高校和科研院所的联合培养工作，为企业输送更多专业人才。

杨亮庆介绍，他在企业参与的第一个项目是实木压干法研发。他凭借扎实的专业知识和创新思维，全程引领技术研发，直至项目落地。这一项目的成功实施，不仅为公司在实木地板的销量和品质上取得领先地位奠定了基础，也让他顺利完成了从科研人员到企业研发岗位的过渡。

随后，杨亮庆按照集团公司战略要求组建了涂料研发团队。他凭借敬业态度和专业能力，仅用半年时间就完成了产品的测试。目前，自研的水性漆在集团水性漆总用量中占比达到70%。2023年大自然家居在建博会上发布的植物基水性漆，更是由他带领团队研发的行业首发成果，引领产业迈向低碳、可再生资源利用的新时代。

此后，杨亮庆又组建了高分子材料研发团队。在短短7个月内，他带领团队研发出DMF生态静音科技产品并成功上市。该产品摒弃了传统胶黏剂，成为市场上极具辨识度的差异化产品。同时，针对消费市场对甲醛环保的要求，他带领团队研发的无醛胶膜技术已进入小试阶段，这一技术将直接替代传统胶黏剂，成为ENF级胶合板产品的关键。

随着研发工作的深入，杨亮庆不断与产品、制造、销售、服务等部门沟通协作，整体思维和认知水平不断提升。他认识到，中国经济下半场实现高质量发展的核心在于人才，特别是专业型、专家型和综合能力强的管理者。然而，这类人才在过去二十年的发展中被忽视，导致当前人才极度匮乏。于是，他向集团董事会提交了人才培养战略和实施方案，并获得批准。

大良篇

新协力汽车运输
注重员工关怀，做有温度的企业

企业的和谐发展离不开全体员工的共同努力。佛山市新协力汽车运输有限公司始终秉承"以员工为本，人文关怀有温度"的理念，将尊重员工、爱护员工、关爱员工作为一项系统性、长期性的工作。多年以来，新协力汽车运输公司依托上下联动、部门协作、内外发力，积极推进关爱员工举措切实落地，不断提高员工满意度，持续提升关爱工作成效。

在关爱员工方面，该公司特别关注驾驶员群体。佛山市新协力汽车运输有限公司工会主席王伟琴表示，因为属于劳动密集型行业，公司内驾驶员占员工总数的85%以上，其中女司机较少。公司为女司机调配较短的线路，并在节日期间组织各种活动，如三八节煮茶、露营手工活动等。公司每年制定整体福利计划，春运期间对驾驶员进行培训和上门慰问。

公司还组织了多种活动，如清明节期间提供免费公交服务，派出55辆车、60名司机服务市民，并为司机送快餐和下午茶。五一期间，公司举办母亲节活动，组织员工观看电影，并在每个节日为员工送上礼品和慰问。公司管理层与司机一起玩游戏，放松工作，化解同事间的隔膜。暑假期间，公司组织家庭观影活动，员工及其家属反应良好。

王伟琴表示，公司注重关心关爱员工，深入开展驾驶员家访活动。这是企业关怀员工、了解员工动态的重要途径，也是架起员工与公司之间沟通的桥梁，提升员工的归属感和幸福感。逢春节、端午节、中秋节前夕，公司都会开展家访活动，由公司工会联合车队长、安全员、资料员、部门经理等职能人员组成家访团队，提前与员工协商到员工家中进行家访，了解他们的生活和工作情况，传达公司的发展要求和规章制度。

5月20日是公交车长关爱日，作为一家主营公交车的企业，公司精心筹划了专属于公交车车长的庆祝活动。公司征集司机员工对公交行业的建议，通过诗歌、绘画和视频表达对公司的情感和工作提议。公司管理人员、安全员和领导到站点慰问司机，派发饮料、花和面包，并录制视频宣传。公司总经理带队，组织车队管理人员前往华侨城、钟楼公园、顺峰枢纽站等地，给上线的公交驾驶员送去暖心"补给"、亲切问候和"花式"祝福。

为进一步丰富员工的空闲生活，增强员工的凝聚力和幸福感，激发员工的工作热情和干劲，公司积极践行"以人为本"的精神理念，通过丰富多彩的团建活动营造和谐的工作氛围，让员工充分感受到公司的温暖和关怀。此外，该公司还开展了观影活动、健康讲座、徒步活动、心理团辅、团结活动等多场丰富多样的活动，受到了员工的很多好评。

爱岗敬业勇当先的"公交大暖男"
—— 黄学活

大良篇

在佛山市新协力汽车运输有限公司，有黄学活这样一位公交驾驶员——他用13年的坚守和奉献，被广大乘客亲切称为"公交大暖男"。自2012年入职以来，黄学活始终以高度的责任心和敬业精神，为市民提供安全、舒适、便捷的出行服务，成为公交行业的一面旗帜。

黄学活的工作经历并不复杂，但却充满了温暖与担当。2012年下半年，他开始驾驶380线路，2014年起一直负责K371线路，至今已有11年。这期间，他不仅积累了丰富的驾驶经验，更在安全培训中不断学习，提升自己的专业素养。

黄学活的驾驶生涯中，有许多感人的瞬间。2023年的一个上班时段，他在仕版加油站附近行驶时，发现一辆三轮车将司机压住，伤者血流不止，情况危急。黄学活毫不犹豫地停车，迅速拨打急救电话，并将伤者转移到安全地带。尽管现场情况复杂，但他凭借多年的驾驶经验和冷静的头脑，成功为伤者争取了宝贵的救治时间。事后，他没有留下任何联系方式，也没有拍照留念，只是默默地回到工作岗位上。

黄学活不仅在工作中表现出色，更将这份责任感延伸到了生活中。他深知公交驾驶员工作的辛苦，尤其是长时间驾驶带来的身体劳损问题。2021年，他主动联系公司，邀请专业中医师到龙江交通中心为同事们进行健康义诊，包括测血压、把脉、推拿理疗等服务。这一举动不仅缓解了同事们的身体不适，更温暖了大家的心。2023年，黄学活又自掏腰包购买了四张上下铺床，放置在公交站场，为同事们提供了一个舒适的休息场所。

在公司内部，黄学活也是一位备受尊敬的线长。他以身作则，严格要求自己和线内驾驶员，号召大家遵守公司规章制度，将安全驾驶和文明服务贯穿于日常工作中。他常说："公交驾驶员的工作不仅仅是开车，更是一种责任和服务。"在他的带领下，K371线路的驾驶员们始终保持着高度的责任感和敬业精神，为市民提供优质的出行服务。

黄学活还积极参与社会公益活动，他同时是公司义工队的主要骨干，经常组织和参与义工活动，如探望居家老人、探访养老院和福利院等。他用自己的行动传递着社会正能量，展现了公交驾驶员的担当。他连续五年荣获佛山市新协力汽车运输有限公司"优秀驾驶员"称号，还获得了公司十周年突出贡献奖、五十万公里安全奖和广东新协力集团"优秀员工"荣誉称号。

此外，他还荣获大良总工会"匠心群星"称号、顺德区交警大队的"我是好司机"荣誉称号，被佛山市交通局评为"2020年佛山市十佳文明公交驾驶员"，荣获佛山市"2021年先进劳动者"称号，并于2023年荣获广东省"五一劳动奖章"。

广东公信
"身健康、心飞扬"
健康企业助力员工成长

广东公信智能会议股份有限公司在当今竞争激烈的商业环境中,通过构建和谐、稳定的内部环境,注重企业文化建设,健全企业工会组织,实施一系列关爱员工的措施,提升了员工的幸福感和归属感,极大地促进了企业的健康发展。

作为广东省健康促进企业中的一员,该公司每年都会开展健康讲座和实操,守护员工生命线。2024年6月,一场意义重大的急救小课堂顺利举行,旨在提升公众急救技能,为应对突发状况提供有力支持。课程包括心肺复苏与AED(自动体外除颤仪)的使用、海姆立克急救法及家庭常备药品等内容。这些急救技能的培训均在上班时间安排,不会占用员工的业余时间,确保员工能够在工作中获得必要的急救知识和技能。

广东公信还推出了一系列员工学习提升激励政策,鼓励员工考取对工作有帮助的技能、职称证书,鼓励员工适应时代发展,学习和使用AI工具。企业发展需要人才,公司非常重视员工能力的提升,因此设有专门的培训主管跟进培训管理。

广东公信工会负责人表示,公司在策划组织文化活动时,会综合考虑员工年代属性、文化层次、岗位性质、入职司龄等差异性因素,与时俱进创新内容及形式,以满足不同群体员工的交往和归属需求,提升

大良篇

员工的体验感和活动效果。每季度，广东公信都会精心筹备入职周年纪念日活动，以此纪念员工加入公司的特殊日子，增进团队凝聚力。在文化活动方面，广东公信也做出了许多努力。中秋佳节前夕，工会举办了中秋游园活动，用最接地气、最好玩的游戏喜迎中秋。"水中捞月""套圈圈赢好礼""猜灯谜"等，让员工感受到了传统文化的独特魅力，同时设置"健康知识竞答"环节来传播职业病防治、登革热防治等健康知识，为员工的健康增添了一份坚实的保障，"团扇、灯笼手作"更是创意无限，让员工们亲手制作出专属的中秋美物，展现了各自对节日之美的独特诠释。

作为国家高新技术企业，研发力量是广东公信最强大的力量，研发工程师是企业珍贵的人才资源。工会始终关注研发工程师这个员工群体，在10月24日程序员日，组织策划了一场主题为"智汇公信，码动未来"的技术交流会。2022年初，为了加强内部员工文化交流，广东公信创建并充分利用公司文化公众号"公信SHOW"进行宣传，使文化宣传有了线上阵地。通过文化公众号定期发布员工风采、企业文化活动、福利、员工教育及成长、企业管理风范及案例等相关信息。

以敬业之心，拓海外市场

——芮迎冬

广东公信智能会议股份有限公司（以下简称"GONSIN公信"）经过20年的技术创新和卓越的产品质量，已发展成为数字会议设备及会务管理软件行业内的领军企业。GONSIN公信的企业发展，离不开每一位员工的辛勤付出，而在众多优秀的职场业务精英之中，芮迎冬无疑是一位值得我们深入聚焦的优秀员工。

芮迎冬于2007年加入公司，至今已服务公司18载春秋。她是该公司海外业务拓展领域的先驱者之一，是该企业发展中一颗璀璨的"元老之星"。

虽然芮迎冬为国际贸易专业背景出身，但凭借着不懈的努力和持续的学习，她掌握了多项技能，如音视频行业先进产品和技术、行业知识和市场动态，并经常给公司提出宝贵的建议；她能够绘制出销售岗位上本应由工程师主导的专业的方案设计图，将业务和技术相互融合，展现出独特的创意和实力。

在业务能力上，芮迎冬是同事们公认的佼佼者，多年来一直位列业绩排名榜前茅，多次荣获"优秀员工""业绩明星"等称号。她凭借敏锐的市场洞察力、出色的谈判技巧和卓越的客户服务能力，为公司赢得了众多海外订单，为公司增添不少傲人的销售案例，让公信的产品及技术方案应用于苏丹、尼日利亚、印度、斯里兰卡、土耳其、伊拉克、希腊等国，让世界听到中国公信的声音。

根据海外项目的需要，她每年都要出差十多次，不管是售前的商务谈判、售中交付，还是售后培训支持，她都倾注了努力。2015年，她主导了印度市场的一个大项目。由于项目接近年底，交付时间紧、任务重，同时印度客户需要现场支持，芮迎冬和技术人员立即前往印度支持服务。"当时几万人的大会，用几千台的同声传译设备，我和技术伙伴克服了时差问题，直接去现场施工、调试设备，完成整个会前准备和会议过程中的保驾。"芮迎冬说，"因为这个重要会议涉及不同国家，当项目顺利完成后，客户对公司竖起大拇指，很多客户方、参加会议人员热情地邀请我们合影，赞叹我们的产品及技术服务，客户之后对中国的品牌也很认可。"芮迎冬也为中国品牌的产品得到认可感到非常自豪。

更难能可贵的是，芮迎冬非常愿意赋能支持团队成长，用她自己的话叫"传承"，是公司培养了她，给了她成长与施展的舞台，她也愿意把知识和经验无私分享给其他的同事。她深知团队的力量，经常主动承担起导师的角色，通过无私分享自己的经验、提供实战指导以及心理上的鼓励，帮助新人快速融入团队、提升业务能力。

广东巴斯特
以家文化共筑员工与企业梦想

广东巴斯特科技股份有限公司自2008年创立以来，从创业初期不足10名员工发展到如今拥有100余名员工、资产超过9000万元的中小型企业，发展历程堪称非公企业稳健成长的典范。

在企业不断发展壮大的过程中，广东巴斯特始终将员工的幸福感和归属感放在首位，通过建设完善的职工民主管理制度和发挥工会组织的领导与凝聚作用，为员工创造了一个如家般温暖的工作环境。

广东巴斯特的工会主席方惠芳表示，"学习"是广东巴斯特的核心价值观之一。早在2017年，公司便在学习委员会的引领下，开展了每周二的全员学习活动和每月一次的知识分享会，各部门也定期组织职业技能大赛和专业知识培训，为员工搭建了一个展示自我和相互学习的平台。2022年起，公司进一步推出学历提升及技能证书补助政策，鼓励员工继续深造，提升个人专业技能。截至2024年10月，已有20余名员工从中受益。值得一提的是，公司还成立了合理化建议委员会，通过多种渠道听取员工意见，每季度和每年度评选"合理化建议之星"和"合理化建议数量奖"，为企业的发展提供了源源不断的动力。

广东巴斯特深知团队精神的重要性，通过举办各类活动，增强员工之间的凝聚力和归属感。对内，公司在宣传委员会的组织下，每年举办年度羽毛球赛事和篮球赛事，还设有"迎新杯"篮球赛；对外，公司积极参与大良街道总工会和古鉴村委会组织的各类职工体育活动。

广东巴斯特始终将员工的福祉放在心上，通过一系列贴心的举措，让员工感受到家的温暖。每年，公司都会组织免费集体旅游，员工及其家属在不同城市留下足迹，以饱满的精神状态回归工作和生活。中秋晚会上，员工们共享欢乐，增进彼此间的友谊；免费健康检查则让员工关注自身健康，防患于未然。此外，公司还为员工提供节日祝福和活动庆祝，让员工在忙碌的工作之余，感受到来自公司的关怀和团队的关爱。在夏天高温季节，公司在生产车间设置了爱心冰柜，工会以批发价售卖饮料给上班员工，员工自觉付费。自2018年启动以来，这个冰柜已经运作了7年，从未出现资金断裂的情况。这不仅体现了员工的自觉性，也彰显了公司与员工之间的信任与关怀。

广东巴斯特不仅关注员工的职业发展，也关心员工的个人生活。面对员工因工作忙碌而耽误个人感情的现实问题，公司每年七夕都会为单身青年员工举办联谊活动。截至目前，已有6名员工通过这些活动找到了属于自己的幸福。这一举措让员工不仅感受到公司的关怀，也增强了对公司的归属感。

从钳工到班长的卓越追求

——王前科

大良篇

在广东巴斯特科技股份有限公司的生产车间里，有这样一位员工，他用自己的实际行动诠释了什么是爱岗敬业，他就是王前科。七年前，他怀着对未来的憧憬，踏入了这家充满活力的企业，作为一名基层装配钳工，从一线的岗位做起，凭借着对工作的热爱和不懈的努力，逐步成长为如今的生产大班长，成为该企业同事们心目中的标杆。

在过去的七年中，王前科始终如一地坚守在生产一线，严于律己，恪尽职守。王前科表示，扎根于一线是实现自我价值的最佳途径。他总是认真对待每一个细节，确保每一台设备的装配都做到精益求精。正是这种对工作的执着和热爱，使他从2020年起，七个季度被评选为优秀员工，并在年度获得3次"优秀员工"称号。

王前科不仅是一个合格的装配工，更是一个敢于创新、勇于尝试的探索者。他善于发现工作中的问题，并积极向公司提出合理化建议。在装配岗位上，他从管材设备装配成功转向膜类设备装配，展现了卓越的学习能力和技术突破精神。面对新设备的挑战，他毫不畏惧，主动学习、请教同事，努力掌握新技能，力求在每一次装配中做到零纰漏、无机械故障。他在吹膜车间的设备中发现水冷装置经常被忽略，就向工程设计部门提出在设备中增加水冷压力表，优化线路，减少设备故障概率。此外，他提出的多项合理化建议，极大地优化了生产流程，提高了设备的使用效率，降低了故障率，确保了产品质量的稳定性。

在工作高峰期，王前科总是第一个主动申请加班。在每一个忙碌的时刻，他都全程跟进，细致入微地追踪每一个环节，确保生产顺利进行。他的这种敬业精神，深深感染了身边的同事，激励着大家共同努力，迎接挑战。王前科未曾有过一次迟到或早退，他用实际行动践行着"责任"二字。他始终将设备质量、用户安全和公司利益放在首位。

王前科用自己的实际行动，诠释了什么是真正的爱岗敬业。职业生涯中，王前科不仅在技术上不断突破，还在管理上展现了卓越的才能。作为生产大班长，他不仅要负责自身的工作，还要协调和管理整个班组的生产任务。他总是能够合理安排工作，确保每个环节都能高效运转。

公司的各项活动，王前科也积极参与，展现了他全面发展的风采。无论是技术比武、文体活动还是公益活动，他都积极参与，表现出色。该公司的工会主席方惠芳表示，他不仅在工作中是大家的榜样，在生活中也是同事们的好伙伴。

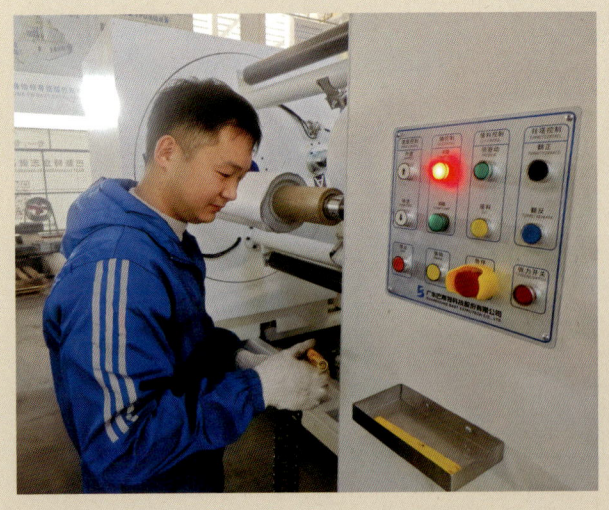

赫兹曼电力
从"心"出发,为员工创造美好未来

在当今竞争激烈的商业环境中,企业的发展离不开员工的努力与奉献。赫兹曼电力(广东)有限公司深谙此道,一直以来将员工视为企业最宝贵的财富,通过一系列用心用情的举措,为员工创造了一个温馨、和谐、富有成长性的工作环境,提升了员工的幸福感和归属感,从而推动了企业的持续发展。

赫兹曼电力始终将"员工关怀"融入企业文化,构建以人为本的管理体系。该公司的工会主席薛博表示:"公司管理层以身作则,每周设立总经理接待日,邀请员工共进午餐,倾听员工心声,了解员工想法,解决员工实际困难。"在用餐过程中,总经理热情邀请员工添加微信,方便日后工作和生活中的沟通与协助。这种亲切的交流方式,让员工们放下思想包袱,畅所欲言,真正实现了企业与员工的"心"交流。

随着公司规模的扩大、员工人数的增加,总经理与员工见面的机会逐渐减少。为了更好地了解员工的需求和想法,公司提出了每周回公司一次的制度,每月设立总经理接待日。新员工入职时,每周一次的接待成为常态,通过食堂午餐时间和面对面沟通两种形式,让新员工感受到公司的温暖与关怀。此外,公司还升级了员工沟通机制,由总经办的同事组织收集员工信息,以团队的方式开展沟通,不再局限于总经理。这种全员参与的沟通机制,让员工的声音能够及时被听到,也让公司的决策更加贴近员工的实际需求。

> 大良篇

赫兹曼电力工会积极关注员工的午休环境，为车间员工配置折叠午睡床，让员工在中午能够舒适地休息。这一举措不仅提升了员工的午休质量，也体现了公司以人为本的初心。每逢传统节日，工会还会开展节日慰问活动，了解员工动态，帮助员工解决生活上的困难，让员工感受到企业的温暖与关怀。

赫兹曼电力还注重丰富员工的文化生活，经常组织开展员工体育赛事和文体活动，如篮球赛、趣味运动会等。这些活动不仅让员工在轻松愉快的氛围中释放了工作压力，也提升了团队的凝聚力，激发了员工的爱党、爱国、爱企情怀，营造了团结拼搏、积极向上的良好文化氛围。

在关爱员工身心健康方面，赫兹曼电力每年为员工进行健康体检，全面掌握员工的身体状况，让员工感受到公司的关爱与温暖。此外，公司在高温季节为员工发放高温补贴和消暑食品，确保员工的身心健康。这些细节上的关怀，让员工感受到企业大家庭的温暖，激励着每一位员工在岗位上努力工作。

"断指"不"断志"
用行动诠释敬业

—— 梁高勇

在赫兹曼电力（广东）有限公司，有一位员工，他用坚韧不拔的毅力和对工作的无限热爱，书写了一个身残志坚、爱岗敬业的感人故事。他就是梁高勇，一位来自广东罗定的青年，一位在机械事故中失去两根手指却从未向命运低头的强者。自2017年7月入职公司以来，梁高勇用7年多的时间诠释了什么是勇气、坚持与奉献，成为公司全体员工学习的榜样。

梁高勇刚入职时，公司考虑到他的身体状况，安排人员带他参观车间，询问他最想从事哪个岗位。梁高勇毫不犹豫地回答："看公司安排，我相信我都可以做好。"于是，他被分配到了外壳安装岗位。这个岗位对他来说充满了挑战，因为他右手缺少两根手指，工作时会面临比常人更多的不便。然而，梁高勇并没有被困难吓倒，他每天总是最早一个到岗，早早开始摸索和学习，希望自己能尽快胜任这个岗位。凭借着顽强的毅力和不懈的努力，梁高勇在公司工作两年后便开始担任该小组的组长，带领有五六个人的团队。

梁高勇虽然只有高中学历，没有经过科班的系统学习，但勤奋好学，通过不懈的努力自学了机械原理知识，掌握了专业安装技能。从最初的看不懂机械图纸，到最后能跟公司技术人员探讨安装方式并提出改善建议，他付出了常人难以想象的努力和汗水。

梁高勇通过自己的努力走上了生产管理岗位，这背后有汗水也有泪水，有困惑也有喜悦，更多的是他个人的成长。在小组日常组装生产中，作为组长的梁高勇扮演着重要的角色。有一次，一个订单特别着急，但物料却迟迟未到，眼看就要耽误生产交期了，而他们组又处于前工序，为了不耽误下一组的组装时间，梁高勇带领组员们坚守到物料到位，然后加班加点组装完，终于在晚上10点多完成了对该工序的组装，为该批订单的顺利交付奠定了基础。这只是他日常工作中的一个小例子，但却经常发生在他的身上。

当产线订单不忙的时候，车间会组织大家培训，精进岗位技能，开展技术比拼。这时，梁高勇就会站出来担任"师傅"的角色，指导大家正确的操作方式、如何提升岗位工作效率等，给班组同事做了一个很好的示范作用。

生活中，梁高勇也是一个开朗勤奋的人。他家住大良城区，而公司在五沙，七年来，他风雨无阻地坐公交车上下班，坚守属于他的一份责任。有人问他为啥不找一份离家近一点的工作，他说："我真的很喜欢这里的工作氛围，同事之间相处得十分融洽，大家就像一家人一样，做事情有商有量。"

大良篇

同江医院
党建引领,打造员工与医院"双赢"格局

作为一家按照三级甲等综合医院标准建设的大型民营医院,广东同江医院自2010年正式对外接诊以来,以党建引领推动各项工作高质量发展,为患者提供优质、高效的医疗服务,为"健康中国2030"目标的实现贡献智慧与力量。

广东同江医院现有员工1000多名,医院高度重视员工的全面发展,通过一系列举措实现职工与医院的"双赢"。医院每年签批关爱员工的活动计划,组织丰富多彩的党工团活动,丰富员工的工作、学习和业余文化生活。同时,医院依法建立防范违法用工和侵犯员工合法权益的人事制度,并与工会签订集体合同,确保员工的合法权益得到有效保障。

在员工技能提升方面,医院采取"请进来"和"走出去"相结合的方式,定期开展员工培训、学习和与技能提升相关的活动。2021—2023年,开展各类培训超500场,参加培训职工达1500人次。此外,医院还根据各科学发展需要和学科前沿治疗方式,外派员工至省级医院、北京大型医院进修。工会组织员工积极参加省、市、区级的各种专业技能竞赛,院内还举办各种竞赛,以赛促进,不断提升员工的服务技能和综合服务水平。

长期以来,广东同江医院积极投身公益慈善事业,组织开展爱心捐款、关爱困难职工、无偿献血等各类志愿活动。此外,医院工会坚持员工关怀制度,对困难职工、因病致困员工等进行送温暖和慰问活动，为困难员工早日走出困境及时伸出援助之手，为生病员工送上暖暖的心意和问候。2021—2023年，活动受益人数380人次，发放慰问金达16.2万元。

医院还坚持每年开展职工健康体检，并对职工及其家属的门诊检查给予优惠福利。2021—2023年，共有3650人次参加职工体检，福利金额达182.5万元；共有3724人次职工及其家属享受医院门诊检查福利，福利金额达28万余元。工会组织和开展了各种形式的慰问和帮扶活动，如向上级工会组织申请困难员工慰问、金秋助学等，这些活动共惠及5人，资金30多万元。

此外，医院工会每年组织员工举办多种文体活动和时令活动，每年预算超300万元。活动包括三八妇女节的插花、水果拼盘、户外野餐，5·12护士节和8·19医师节活动，端午节的包粽子活动，八一建军节退役军人茶话会，中秋节大型烧烤晚会，冬至包饺子活动，春节联欢晚会，趣味运动会，单身青年联谊，每周两次女子瑜伽班课程，员工外出旅游等。

建院10余年来，广东同江医院始终坚持党建引领，推动各项工作高质量发展。医院的医疗机构信用等级连续多年被评为市、区医疗机构信用优秀等级，曾荣获中华全国总工会"模范职工小家"称号、顺德区"两新"党组织先锋百强称号等荣誉。

  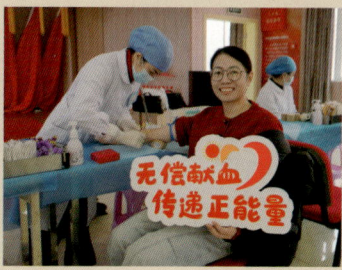

用爱与专业守护透析患者的生命线

—— 刘春花

大良篇

在广东同江医院血液透析室,有一位深受患者和同事敬佩的护士长——刘春花。她用18年的坚守和奉献,诠释了"以患者为中心"的服务理念;用自己的专业和爱心,为透析患者带来了希望和温暖。

刘春花于2006年参加工作,从事临床一线护理工作18年。她一直以来,工作认真负责、兢兢业业,刻苦钻研业务,贯彻落实"以患者为中心"的服务理念,目前是广东同江医院血液透析室护士长,是广东省血液净化专科护士。她曾先后多次获得优秀护士、优秀护士长荣誉,2021年获得区"优秀护士"称号。她积极参加区内外各种专业技能竞赛,并获得良好的成绩。

刘春花深知,对于透析患者来说,每一次治疗都是一场生命的接力,而护理工作则是这场接力中不可或缺的重要环节。因此,她不仅关注患者的身体状况,还关心患者的心理健康。在她的带领下,血液透析室每月都会定期为患者开展各类健康讲座及肾友会活动。逢年过节,她还会组织科室医护人员一起为透析患者举办庆祝活动、准备小礼品,让患者在治疗疾病的同时,也能感受到节日的气氛。她还特别重视糖尿病、肾病透析患者的整体情况,每周定期检查患者的肢端皮肤情况及血糖控制情况。曾经多次为发生糖足的透析患者进行伤口评估换药,成功保住了患者的患肢。

此外,刘春花护士长常常为透析患者免费提供中医护理适宜技术治疗,缓解一些透析患者失眠、皮肤瘙痒等问题。她的细心关怀,让患者感受到了家一般的温暖,也得到了许多患者及其家属的认可和表扬。她所在的科室团队多次获评"优质服务岗位",并且从未发生过患者服务投诉事件。

刘春花护士长不仅在专科领域不断学习和钻研,还积极参加各项护理中医适宜技术学习。在2023年至2024年期间,她取得了多项中医护理适宜技术培训合格证书。在繁忙的工作之余,刘春花护士长始终不忘回馈社会。她常常到本区的敬老院,为那里的老人做健康护理指导,还时常会送老人一些小礼物,聆听老人的心声,用有限的时间陪伴他们。她还不定期为血透患者进行上门服务,这种无私的奉献精神,得到了社会群众和兄弟单位的广泛认可。

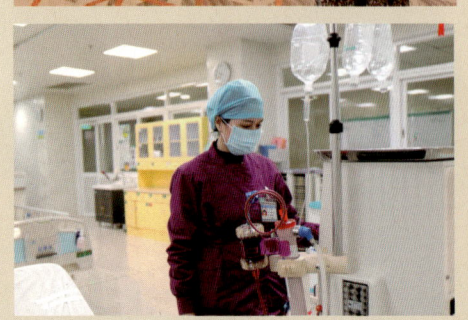
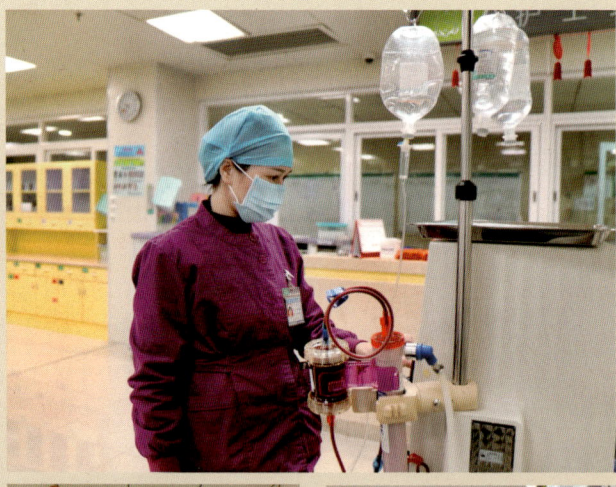

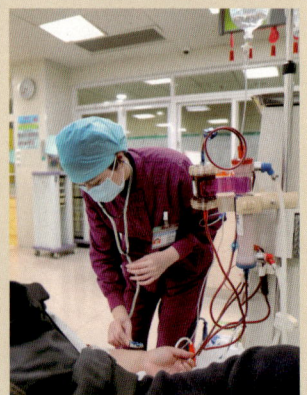

广东碧涞节能
用关怀与创新打造员工幸福之家

广东碧涞节能设备有限公司自2002年成立以来，始终秉持"全面服务、终生关爱员工"的宗旨，将员工视为企业发展的基石，通过一系列创新举措和人文关怀，打造了一个充满温暖与活力的企业大家庭，实现了企业与员工的共创共赢。

2013年7月，碧涞公司正式成立工会组织。工会的成立不仅完善了企业的组织架构，还为员工提供了一个表达诉求、参与企业管理的平台。该公司还制定了包括职工代表大会条例、工会工作职责、会员会籍管理制度等在内的32项制度并上墙公示，确保工会工作有章可循、有据可依。

该公司董事长巫宗进表示，每年年底，公司都会召开全体会员大会，对年度表现优秀的员工进行表彰，颁发奖金及荣誉证书。此外，每月还会评选月度生产之星、质量之星、技术之星等，激励员工不断提升自身能力。公司还建立了帮扶机制，为残疾智障人士提供工作岗位，让他们在公司中感受到价值与尊严。近三年来，公司共安排了54人次的残疾智障人士就业，为他们提供了基本的生活保障。同时，公司还组织全体员工为困难职工家庭捐款，累计金额达7万余元，充分体现了公司及员工的大爱精神。

该公司工会主席聂军表示，公司还让职工代表广泛参与制订、修改《员工手册》的相关讨论，明确了各类假期的定义及休假时间，确保员工的合法权益得到充分保障。为让员工住得舒适，公司为宿舍配备了空调、洗衣机、饮水机等设施，并为少数有特殊需求的员工提供了单人房间。公司还免费送员工去培

> 大良篇

训机构进行技能培训,提升员工的综合素质。为了丰富员工的业余生活,公司设置了羽毛球场、篮球场、乒乓球场、图书室、KTV室等,场地面积达743.1平方米。此外,公司还特别设立了"爱心小屋",为哺乳女职工提供便利,得到了女职工们的一致好评。

在安全生产方面,碧涞公司始终把安全生产放在首位。公司建立健全了安全管理制度,完善劳动保护设施,开展职工安全生产教育,改善生产工作环境。每月定期组织安全隐患排查、整改,加装设备防护网、报警装置等,按时足量发放劳保用品。每月由部门组织一次安全教育,观看教育警示片;每年由公司统一组织一次大型的安全生产培训会。公司还定期组织从事职业危害作业的职工进行体检,确保员工的身心健康。

在技术创新方面,碧涞公司也取得了显著成果。公司每年组织焊工大赛、设备组装大赛、技术革新大赛等活动,对评选出的优秀选手给予奖励表彰。技术部牵头,全员参与,开展合理化建议活动,对于被采用的建议,公司对建议者给予重奖。

营销战线上的奋斗先锋
—— 石建勋

在广东碧涞节能设备有限公司的发展历程中，营销精英石建勋以军人般的坚韧、党员的担当和卓越的业务能力，书写了一段从基层拼搏到管理高层的传奇故事。自2007年加入公司以来，他始终以"锚定目标，坚持执行"为信条，用一次次突破性成绩为企业发展注入强劲动力，成为团队中当之无愧的标杆人物。

石建勋出生于1979年，湖北宣恩人，退伍军人出身的他始终保持着雷厉风行的作风。2007年3月，他正式加入碧涞公司，从一线销售岗位起步，迅速展现出过人的市场洞察力。2013年，他主动请缨开拓湖南市场，面对完全陌生的环境和零基础的客户网络，他带领团队从零起步。通过走访供应商、策划品牌联盟活动、深耕学校热水工程等细分领域，仅用两年时间便实现区域业绩翻倍增长，使碧涞品牌在湖南市场扎根壮大。

2019年，石建勋调任综合管理部总监，角色转变带来全新挑战。他创新性地将部队管理模式融入团队建设，制定严格的作息时间表，推行"日总结、月复盘"制度，并亲自设计培训课程。短短三年间，他培养出多位省区总监和区域经理，为多个地区销售增长提供人才保障。他提出的"先练精兵，再打胜仗"理念，至今仍是公司新人培养的核心准则。

2021年，石建勋再次临危受命，担任销售一部总监，统管湖南、湖北、河南及陕西区域。面对3000万元的年度目标，他带领10余人的团队聚焦会销模式，通过渠道建设，门店活动策划和温泉泳池、供暖等细分领域上的突破，最终实现销售额跃升至5000万元，创下区域历史新高。

2022年，公司战略转型，需要开辟新赛道，石建勋毅然承担起组建高温事业部的重任。他带领团队进驻贵州茅台镇，在既无样板案例又无行业数据的困境下，从零开始打造碧涞热泵蒸酒一体机的市场认知。通过建立人脉网络、促成五星集团等知名酒企参观样板工程，他逐步打破行业观望态度。针对酒企痛点，他提出"较天然气节能30%、对比电锅炉省电60%"的精准话术，并创新推出设备适配方案，降低酒厂前期投入门槛。截至2024年，该事业部已与财富酒业、御酒等企业达成合作，销售额突破2000万元，在酱香、浓香、清香型酒类设备市场树立起标杆。

从一线销售到事业部负责人，他创造了多个业绩神话，更总结出系统的市场营销方法论。在团队眼中，他是凌晨5点带队晨练的"铁血教官"；在客户心中，他是能用专业、数据话语化解疑虑的"技术专家"；在行业论坛上，他是分享实战经验的"金牌讲师"。他常说："销售无捷径，唯有脚踏实地。"这种将执行力转化为生产力的理念，已融入碧涞团队的基因。

东亚汽车部件
以"学习强人"铸就发展新动能

在制造业竞争日趋激烈的当下，人才已成为企业高质量发展的核心驱动力。佛山市顺德区东亚汽车部件有限公司深谙此道，自2022年7月起，启动"学习强人·筑梦未来"培训系统，通过系统性、多维度的员工培养体系，从零散培训到体系化赋能，从技能提升到文化重塑，佛山市顺德区东亚汽车部件有限公司用行动证明：投资员工就是投资未来。

作为一家拥有1700余名员工的生产型企业，东亚汽车部件有限公司始终将人才视为最宝贵的资源。过去，公司虽定期开展培训，但课程零散、缺乏体系化，难以满足员工晋升与技能提升的深层需求。为此，公司管理层提出"以奖励代替处罚、以成长驱动效能"的理念，由人事部门牵头，每年投入约100万元的专项经费，构建起覆盖"基础知识—基础技能—技能提升"的三级培训体系。目前，公司已开发100余门课程，覆盖生产、技术、管理、安全等全维度内容，为不同岗位员工提供个性化学习路径。

在课程组织形式上，公司创新采用"滚动式开班"模式，员工可自主选择课程与时间，灵活平衡工作与学习。每场培训规模控制在50至60人，确保教学效果。值得一提的是，所有课程均免费开放，员工考取专业资格证书后还可享受全额报销或补贴政策。据统计，2024年公司共组织培训31场，累计参与人数达1550人次，课程平均满意度高达90%，员工从"被动参与"转向"主动求知"，学习型组织氛围日渐浓厚。

除了专业技能培养，公司始终将关怀员工融入日常管理。工会与党支部联动，建立困难员工帮扶机制，通过募捐、慰问等方式为突发变故的家庭提供支持；夏季高温期间，食堂免费供应冷饮、发放高温补贴；在一线车间加装感应喇叭，提醒人车分流，保障员工安全。此外，公司每年组织羽毛球赛、拔河比赛等文体活动，并成立运动协会，促进团队凝聚力。

在管理创新方面，公司推行"员工提案制度"，鼓励全员参与改善公司管理制度。员工通过企业自主开发的手机端"改善提案"平台系统提交改善建议，提案一旦被评估采纳，员工可就获得100元至3万元不等的奖励。提案被采纳不仅能获得奖金，还会在该员工绩效考核和晋升考核中成为加分项目并使其被优先考虑。

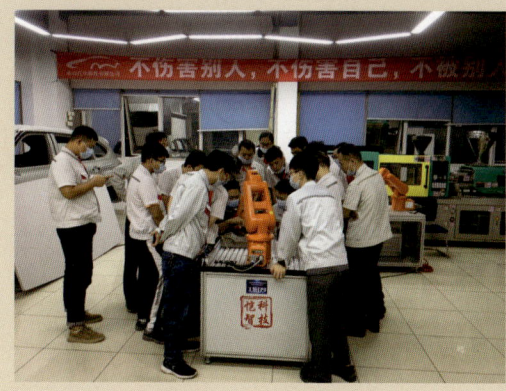

涂装部的"攻坚利刃"
——林明宣

> 大良篇

在经济形势复杂多变、市场竞争日益激烈的当下，企业面临着前所未有的挑战。而在这场没有硝烟的战场上，有这样一位员工，他以敬业精神和精湛技艺为企业的发展保驾护航。他就是佛山市顺德区东亚汽车部件有限公司涂装部技术课现场负责人林明宣，一位在涂装技术领域深耕近十年的"工匠"。

林明宣来自贵州毕节，自2021年加入公司，从一名普通工艺员逐步成长为涂装部的核心力量。2024年，面对三年疫情带来的经济衰退——企业订单下滑、材料成本上涨、人工成本增加等，林明宣带领团队在涂装技术上不断创新，为企业降低成本、争取更多订单发挥了关键作用。

林明宣在只有一条小生产线的涂装部发展为大部门的几年时间里，始终坚守一线、不断钻研，提升产品的合格率，提升生产效率。他用实际行动诠释了"艺要精，贵在专"的理念，通过刻苦钻研，攻克了一个又一个技术难题。2021年，公司承接某汽车品牌树脂尾门的涂装开发工艺，这是东亚汽部在涂装工艺领域面临的一次大挑战。当时，林明宣还是一名工艺员，但他凭借扎实的专业知识和敬业精神，成为公司在涂装工艺方面的主心骨。最终，公司凭借出色的表现获得了该汽车公司颁发的"全球区域贡献奖"。

2024年，随着传统燃油汽车市场的下滑，公司开始向新能源汽车领域发力，积极拓展客户。新能源汽车的零部件开发周期短、要求高，任务比以往的项目艰巨。在6月和10月，涂装部分别接到某汽车客户的紧急订单，包括腾XZ9左右翼子板、仰XES项目、U7尾翼、左右充电盖、仰XSU项目、U6大尾翼、小尾翼等车型产品。这是公司首批新能源汽车订单，公司如果能够按照客户指定的时间和品质要求交付产品，将为业务渠道打开新的方向。

2024年8月5日是腾XZ9左右翼子板量产的首个交付日期。截至8月2日，XZ9左右翼子板经过几轮调试和优化，品质状态仍未完全达到稳定量产的要求。林明宣立即组织技术团队再次检讨，继续对产品工艺稳定性难题进行攻关，直至4日晚上，XZ9左右翼子板产品的品质状态终于能稳定达到客户要求，并于5日实现正常量产，交付给客户，产品品质获得了客户的高度认可。

林明宣所在的团队共有13人，成员学历背景各异，但林明宣始终坚持以能力为先，不唯学历论。他相信，只要愿意学习、肯努力，每个人都能在自己的岗位上发光发热。公司为员工提供了公平竞争的平台和广阔的发展空间，员工的努力方向和付出程度决定了他们的成就。

东海理化
打造从生产线到幸福线的和谐企业

佛山东海理化汽车部件有限公司（以下简称"东海理化"）自2004年成立以来，始终将员工福祉放在首位，通过一系列人性化管理措施和丰富多彩的企业文化活动，打造了一个和谐、温馨的工作环境。

在劳动保护和安全生产方面，东海理化成立了环境安全管理课，配备了专职安全管理人员和兼职安全管理责任者，建立了以总经理为首的安全事务局及安全组织架构。公司通过环保集尘改造、车间安装空调、加大自动化设备投入等措施，不断改善工作环境，减轻员工的劳动强度。

为了培养后继人才和推动技术创新，东海理化总经理关善之表示，公司设有技能人才培训中心，并与职业培训机构合作，定期开展职业技能培训。此外，东海理化还制定了改善/创意奖励制度，鼓励员工提出创新建议，并对优秀的改善/创意案例给予物质和精神奖励。

在员工权益保障方面，东海理化于2007年成立了工会委员会，并设立了女职工组织和经审组织。工会定期召开职代会，参与年度调薪、奖金方案、休假等与员工利益密切相关的规章制度的制订。公司还通过电子邮件、公开宣传栏和企业微信等多种形式，确保员工的知情权和参与权。由于在员工关怀和民主管理方面的突出表现，东海理化的工会多次获得广东省总工会和大良街道总工会的表彰，被评为"模范职工之家"和"最具活力工会"。

东海理化对员工的身心健康给予了高度关注。东海理化的工会主席余焯文表示，除了定期组织体检

大良篇

和职业健康检查外，公司还通过恳谈会、交流信箱、提案等方式，为员工与公司沟通搭建了平台。东海理化还设立了"爱心基金会"，长期募集资金帮扶企业内部的特困员工。自2015年成立以来，爱心基金会已帮助279人次，累计发放救助金22万多元。此外，公司还通过积分制度鼓励员工积极参与社会活动，如义工、捐血等，并根据积分排名给予现金奖励和小礼品。

特别值得一提的是，东海理化对女性员工的关怀尤为细致周到。东海理化为孕期女工优先调整工作岗位，怀孕7个月以上的女工每天可享受一小时的额外休息时间，并设有专门的孕妇休息室——"爱心妈妈小屋"，休息室内配备了沙发、茶几、育儿书籍、冰箱等设施，为女工提供了一个温馨舒适的休息环境。

为了丰富员工的业余生活，东海理化组织了篮球赛、羽毛球赛、乒乓球赛、瑜伽课堂等丰富多彩的文体活动，并成立了跑团、自行车、游泳、台球、摄影、足球、登山、音乐等方面十几个文体协会。

把小事做好，就是最大的责任

—— 李韦唯

在佛山东海理化汽车部件有限公司的生产车间里，总能看到一个忙碌的身影，她穿梭于生产线之间，时而指导作业员操作，时而与同事们商讨流程优化。她就是李韦唯，同事们口中的"老李"。从2005年入职至今，她以"干一行、爱一行"的信念扎根岗位，从基层技术员成长为部门"大管家"。

2005年，李韦唯初入公司时，正值生产2部组立生技课筹建初期。彼时的车间空荡无物，连一条完整的生产线都未成形。"建设生产线"成了她的首要任务。面对挑战，她坦言："当时既惶恐又充满激情。"白天，她泡在车间研究设备安装；夜晚，她自学办公软件和绘图工具，整理技术资料。短短6年间，她主导完成了15条生产线的建设，从设备调试到人员培训，每一个环节她都倾注了心血。"螺丝要打，资料也要做。"李韦唯回忆道。

为提升作业员技能，她利用休息时间学习沟通技巧，手把手传授操作规范。当第一条生产线顺利量产时，她感慨："看着车间从无到有，那种成就感难以言表。"正是这份对细节的执着，让她逐渐成为部门的技术骨干。

2012年，在经历了部门重组后，李韦唯的岗位迎来新挑战——担任生产部统括负责人，负责部门人事、预算、标准化管理等工作。"琐碎，但必须做好。"她笑称自己是"大管家"。面对繁杂的数据统计，她带领团队优化流程，将原本每天耗时1—2小时的不良品报表整理工作，简化为每月集中处理，效率提升超80%。此外，她主导制定了64份部门规定、20份课内规范，以推动生产流程的标准化。"瓶颈期难免烦躁，但坚持才能突破。"她坦言。为应对中日技术对接的差异，她主动学习日方设计样本，带领团队自主完成生产线组装，逐步摆脱对外部支援的依赖。

2020年，李韦唯迎来职业生涯的又一转折——当选公司工会劳动委员。身份转变，初心未改。她策划"改善之星"评选活动，累计奖励40个创新小组；发起劳动节征文比赛，鼓励员工书写劳动之美；组织14场技能竞赛，助力员工提升专业水平。这些举措点燃了团队热情，更让公司生产效率显著提升。"工会是桥梁，更是纽带。"在她看来，激发员工潜能的关键在于"看见每个人的闪光点"。无论是生产线上的老员工提出效率优化建议，还是新人展现创新思维，她都全力支持。

19年时光荏苒，李韦唯始终坚守一线。她常挂在嘴边的话是："把小事做好，就是最大的责任。"从生产线建设者到部门管理者，再到工会服务者，她用自己的方式诠释了"工匠精神"的深刻内涵。

| 大良篇 |

顺德开关厂
解密员工快乐工作生活的"密码"

  在当今竞争激烈的时代,如何让新员工迅速融入企业、快乐工作生活,成为众多企业关注的焦点。广东省顺德开关厂有限公司(以下简称"顺开")凭借一系列贴心、细致的举措,为新入职员工打造了一个温暖、富有活力的成长环境。

  顺开深知,完善的入职培训体系是新员工融入公司的关键一步。公司依托上级集团丰富的培训资源,为员工提供线上课程,涵盖职业相关培训及前沿科技培训,助力员工拓宽视野、提升技能。

  培训通过视频、讲座、互动游戏等形式,向新员工详细讲解公司历史、使命、愿景和核心价值观,让他们深入了解公司文化与发展前景。业务精英亲自上阵,传授产品、服务、市场定位及竞争优势等知识,使新员工对公司运营模式和市场策略有清晰认知。此外,人事行政部人员还为新员工介绍公司规章制度和福利政策,包括考勤制度、绩效考核标准、晋升机制和福利待遇等,为员工职业规划提供明确指引。

  导师制度是顺开帮助新员工成长的另一大法宝。公司精心挑选资深技术专家担任导师,他们在专业领域深耕多年,具备丰富经验和良好沟通能力。每位新员工都能得到一对一的指导,导师根据新员工特点制定详细培训计划,包括学习目标、时间安排和评估标准,并通过定期沟通和反馈,及时调整培训计划。每月的绩效面谈,让导师深入了解新员工的想法与工作状态,适时给予辅导。顺开还定期举办"导师带徒"拜师仪式,以传统敬茶、宣誓方式,强化导师培养责任。更值得一提的是,导师不仅关注新员工当前岗位技能提升，还注重其职业规划和发展方向，分享职业经验和发展建议，助力新员工提升职业素养和竞争力。

值得一提的是，顺开对女员工的关怀同样细致入微。公司饭堂为生病、怀孕或产后女员工开设"爱心窗口"，允许其提前下班吃饭，车间设置冰箱方便哺乳期员工储存母乳。三八妇女节等节日，公司举办法律分享会等活动，提升员工法律意识。

丰富多彩的团建活动则为新员工搭建了交流互动的平台。公司组织顺德一天游，让新员工领略顺德历史、风土人情和著名景点，品尝地道美食，增强对城市的认同感和归属感。依托上级集团培训资源，聘请专业培训导师围绕团队合作、沟通技巧、领导力提升等主题授课，通过趣味活动提升新员工技能素养。每周"以球会友"羽毛球活动，促进新员工跨部门交流，快速融入团队。

用勤勉为团队注入"心"动力

—— 杜勇潮

> 大良篇

在广东省顺德开关厂有限公司（以下简称"顺开"），有这样一位员工，他以对工作的无限热爱和对技术的执着追求，使其成为公司发展的中流砥柱，他就是制造中心成套产品线经理杜勇潮。自2004年毕业后，杜勇潮便一头扎进了顺开，一干就是二十多年，用青春和汗水在高低压成套产品技术领域深耕细作，诠释着爱岗敬业、传承工匠精神的真谛。

初入顺开，杜勇潮就专注于中压充气类产品研发、设计等工作。那些年，他埋头于图纸与试验之间，带领团队攻克一个又一个技术难题。他主导研发的充气式开关设备，在国内鲜有厂家能够生产。为了完成这一项目，杜勇潮倡导引入三维模拟分析软件，通过对模型与样机数据的反复分析、调整，最终成功完成样机试制。该产品不仅各项参数满足国家标准要求，还在型式试验后经专家组严格评审，达到了国际先进水平，为公司赢得了佛山市科学技术奖、广东省科学技术奖等多项荣誉。

2020至2022年，新冠疫情肆虐全球，给各行各业带来了巨大挑战。2022年11月17日，顺开接到广州方舱医院供货任务，需要在一周内完成40多台（套）配电设备的供货及安装调试。这在平时需要一个月左右的供货周期，在疫情防控形势严峻、供货物料所在城市封控的情况下，难度可想而知。杜勇潮临危受命，采用"一个主管，一个主战，分工协作，整体部署，有序安排人员组织，综合材料合理调配，协调解决人力、材料、工作面穿插问题"的方针，带领团队开启了一场与时间赛跑的战斗。那段时间，团队成员加班加点、争分夺秒，杜勇潮更是身先士卒，冲在最前面。最终，顺开生产的配电设备按时抵达现场并顺利完成调试、通电，为广州方舱医院的建设提供了有力保障，展现了"顺德制造"的速度与担当，也赢得了政府单位的表扬。

在日常工作和生活中，杜勇潮始终保持勤勉务实的工作作风，与同事互勉共进。他不仅注重自身素质能力的提升，还积极指导新入职员工，被大家称为最优秀的导师。在他的带领下，其所在团队内部各项管理工作开展得井井有条，团队充满了战斗力和凝聚力。公司自2017年开始对业务进行跨越式调整，向新能源方向整合转变，杜勇潮在不增加人员设备的情况下，迎接挑战，学习新知识，参加不同业务的培训班，随着公司业务的发展实现了跨越式的成长。

丰田橡塑（佛山）
员工幸福满溢，企业关爱有加

在当今竞争激烈的商业环境中，企业的发展离不开员工的辛勤付出与努力。丰田橡塑（佛山）有限公司自2004年成立以来，始终秉持着"切实关爱员工，提升公司凝聚力"的理念，通过一系列实实在在的举措，为员工打造了一个温暖的"职工之家"，成为企业关爱员工的典范。

丰田橡塑（佛山）有限公司主要以生产汽车密封件为主，现有合同职工915人。公司工会积极发挥作用，现有职工代表65名，委员17名，并下设有经审委员会、大病救助委员会、女工委员会等多个专门机构，为员工提供全方位的服务与保障。

公司与工会携手，通过签订集体合同，从根本上维护职工权益。严格遵循劳动法的各项规定，足额为员工缴纳五险一金。每年5月份，公司会根据年收益情况与工会协商加薪提案并实施。此外，为感谢员工的日常付出，每年8月份，公司会给每位员工发放2倍工资的生产协力奖金，年底则根据公司效益与工会协商发放3倍工资以上的奖励金，让员工切实感受到公司的关怀与信赖。随着物价的上涨，公司也会适时调高员工工资，以应对社会生活成本的增加。

在职工帮扶方面，公司工会始终将解决职工困难放在重要位置。积极开展大病救助、夏日送清凉、金秋助学、冬日送温暖、退休人员关爱等一系列活动，提升员工的幸福指数。通过工会小组代表及委员实时了解员工现状，基金会积极给予关爱及生活补助。近3年来，基金会共帮扶困难职工及住院补助人数

> 大良篇

约190人次，补贴费用17万元。大病救助团体通过会议表决，近3年共帮扶职工5人，帮扶费用5万元。为了丰富职工生活，公司工会文体委员年初制订文体活动计划，并按计划实施。趣味活动丰富多彩，包括车轮滚滚、高山流水、多人多足、迎春拔河赛、齐心协力、一圈到底、篮球赛、羽毛球赛等，吸引了众多员工参与。同时，公司工会还建立了图书室、母婴室、员工休闲室，丰富员工的业余时间。每月举办的生日会，公司高层管理者都会参与，与员工共进餐食、沟通交流，记录并落实员工提出的问题，为员工排忧解难。

针对生产区域工作环境温度高的问题，公司进行调查确认后，逐步对各个区域实施中央空调全覆盖，为员工提供清凉舒适的工作环境。此外，公司开展自动化项目，利用机器人实施部分高强度工作，降低员工劳动强度。

以军人本色铸就
丰田橡塑敬业传奇

—— 李红光

  在时代的浪潮中，每一个岗位都是成就不凡的舞台，每一个坚守岗位的人都在默默书写着属于自己的精彩篇章。在丰田橡塑这片充满机遇与挑战的热土上，李红光，这位在平凡岗位上坚守了十九年的员工，用他的实际行动诠释了"爱企敬岗"的深刻内涵。

  2006年4月10日，李红光踏入丰田橡塑，开启了与公司共同成长的旅程。初入公司，他身着军装，英姿飒爽，却因未及时购置工装而在车间中格外显眼。面对岗位分配，他没有挑挑拣拣，而是静待安排。当领导询问他是否能接受那个炎热且无风扇的成型岗位时，他毫不犹豫地回答："只要您安排，我就敢去。"这份坚定与无畏，为他日后的职业生涯奠定了坚实的基础。

  十九年来，那里没有风扇的清凉，只有高温的炙烤与机械的轰鸣。然而，正是这片看似艰苦的环境，铸就了他坚韧不拔的意志与炉火纯青的技能。每天清晨，当第一缕阳光尚未穿透云层，他已踏上了前往车间的征途，用汗水与努力，为每一天的工作写下序章。

  他的坚持与奉献，最终赢得了领导的认可与赞赏。一次偶然的机会，领导在监控中看到了他每天提前到岗、默默付出的身影，心中充满了欣慰与感动。领导亲自走到他面前，拍着他的肩膀说："你是我见过的唯一敢于坚持奉献，将'爱企敬岗'落到实处的人。"这份来自上级的肯定，不仅是对他过去努力的认可，更是对他未来潜力的期许。

  李红光表示，"爱企敬岗"是一种责任，更是一种使命。他相信，在丰田橡塑这个大家庭中，只要大家齐心协力、共同努力，就一定能够迎来更加璀璨的未来。他的故事，像一盏明灯，照亮了无数同事的心灵，激励着他们以更加饱满的热情和坚定的信念投入到工作中去。

  如今，李红光已成为丰田橡塑不可或缺的一员，他的身影在车间中依旧忙碌而坚定。他用实际行动证明了，只要心怀热爱，脚踏实地，即使在最平凡的岗位上，也能绽放出耀眼的光芒。

大良篇

五沙热电
从足球到手游，工会活动点燃企业活力

  佛山市顺德五沙热电有限公司作为国家在广东省"上大压小"总体部署的首批实施项目，自2008年底正式投入商业运行以来，致力于推动绿色、低碳、环保的可持续发展战略。在公司领导的带领下，工会积极发挥桥梁纽带作用，通过一系列暖心行动，传递关爱真情，构建了和谐、温暖的企业文化氛围。

  公司在生产技术上追求卓越，更对企业员工倾注了关怀。为营造良好的企业氛围，公司完善了员工休息区和娱乐设施，配置了篮球场、羽毛球馆、健身房等场所，供员工在休息时间锻炼身体、活动交流。此外，公司还不断优化办公布局，注重维护办公设施的良好状态，确保员工能够在一个舒适、高效的环境中工作。

  2024年1月，该公司主要领导、工会主席及部门领导一行，前往身体抱恙的职工家中，为其送上了组织的关怀和慰问。该名员工正处于休养康复阶段，公司领导和同事们鼓励他保持乐观的心态，积极配合治疗，争取早日康复，重返工作岗位。除了对员工的日常关怀，公司工会每年还会组织丰富多彩的文体活动，为员工提供展示个人及团队才能的平台。

  五沙热电作为广州三新控股集团有限公司的下属业务板块公司，在2024年三新集团35周年庆期间，自1月起与集团各板块开展循环友谊足球赛，激发了员工们在赛场上的激情与热情。在集团35周年庆活动"正青春 乐跑新花Young"欢乐跑中，五沙热电各部门以及集团各板块、合作伙伴单位的体育健儿踊跃报名，展现了员工对运动的浓厚兴趣和强大的竞技实力。

值得一提的是，2024年5月27日，公司首届"王者荣耀"手游比赛拉开序幕，并于30日完美落幕。这场电子竞技盛会不仅展示了员工的团结、进取、创新和活力，也增强了员工的归属感和荣誉感。

佛山市顺德五沙热电有限公司通过一系列暖心行动和丰富多彩的文体活动，不仅增强了员工的归属感和凝聚力，也构建了和谐、温暖的企业文化氛围。公司领导表示，未来公司将继续秉持"团结、拼搏、求实、创新"的价值观，进一步推动企业文化建设，为员工创造更加美好的工作和生活环境。

在热爱中坚守，在创新中前行

—— 张清龙

大良篇

在当今社会，随着经济的快速发展和科技的不断进步，每一个行业都在经历着前所未有的变革。在这样的大背景下，张清龙作为五沙热电设备部一名汽机专工，用他的实际行动诠释了什么是爱岗敬业和专业创优。

张清龙深知，爱岗敬业不仅仅是对工作的热爱，更是对职业的尊重和对责任的担当。他始终以积极饱满的热情投入工作中，无论是多么复杂和艰巨的任务，他都以认真、扎实的态度去对待，任劳任怨，精益求精。在他看来，爱岗敬业是一种爱心的积极投入，我们只有对自己所从事的职业投入无限的爱心，才能从中感受到无穷的乐趣。正是这种对工作的热爱和执着，让他在平凡的岗位上取得了不平凡的成绩。

在日常工作中，张清龙面对的大多是技术报表和数据，这些看似枯燥无味的内容，却蕴含着社会经济高速发展的脉络。他敏锐地意识到，随着时代的变迁，只有不断学习新知识、新技能，才能与时俱进，为企业提供更优质、更有效的服务。因此，他主动学习，不断提升自己的专业素养，力求在工作中做到最好。

工会组织的各种职工活动和平台，为张清龙提供了展示自我的机会，也增强了他工作上的凝聚力，激发了他创先争优的热情。他在岗位上取得了诸多突出成就，编写了多份技术报告，如《#1机组高压主蒸汽母管疏水接管座异常分析及建议》《1、2号汽轮发电机本体状态评估及检修建议》《#1发电机振动异常分析及建议》等，这些报告为机组公司的安全生产、设备检修及设备节能降耗升级改造提供了重要的技术支持。

张清龙不仅关注自己的成长，还积极帮助同事提升工作能力。他结合本专业下属同事的实际情况，收集专业知识资料并编辑课件，对他们进行培训。今年，他共进行了8次专业技术培训，帮助大家共同进步，为公司的安全生产和发展提供了更有力的技术支持和后备人才。此外，他还定期组织座谈会，了解下属的生活和工作情况，为他们提供必要的帮助，让他们能够安心工作。

在工作中，张清龙还积极参与公司的技术创新和改造项目。以热电联产发电机组低负荷供热改造为例，他深入分析了公司2×320MW热电联产机组的供热现状，提出了优化改造方案。通过一系列的技术改造，成功解决了机组在低负荷下的供热问题，提高了机组供热的灵活性，减少了现货交易亏损，为公司带来了可观的经济效益。这一项目的成功实施，不仅体现了张清龙的专业素养和创新能力，也展现了他对公司发展的高度责任感。

龙的饭店
以爱筑家,打造员工幸福港湾

在佛山市顺德区,有一家备受赞誉的餐饮企业——龙的饭店。自2002年成立以来,这家企业不仅凭借卓越的菜品和服务荣获"中华餐饮名店""全国绿色餐饮企业"等多项荣誉,更以其对员工的深切关怀和全方位支持,成为企业与员工双赢发展的典范。

龙的饭店工会主席张有栋表示,为了提升员工的专业技能和知识水平,公司长期与顺德职业技术学院合作,采用"请进来,送出去"的方式,精心策划并组织了一系列科学实用的培训课程。这些课程结合实际案例和操作演练,注重理论与实践相结合,让员工在培训中获得真实的工作体验和技能提升。

除了技能培训,龙的饭店还积极鼓励员工参加职业技能比赛。公司通过精心组织动员,营造竞赛氛围,激发员工投身竞赛、学赶先进的热情。通过比赛,员工不仅能提升技能,还能获得相关职业技能证书,极大地增强了职业自豪感和工作热情。

在员工关怀方面,龙的饭店更是不遗余力。早在2013年,龙的饭店就成立了"关心员工工作委员会",由龙的饭店董事长亲自担任主任,致力于保障员工合法权益,推进员工素质提升。公司坚持"立足基层员工、注重工作实效"的方针,通过思想道德教育,帮助员工树立良好的世界观、人生观和价值观,让员工在工作中感受到幸福和快乐。

2012年,龙的饭店成立了爱心互助基金,旨在帮助困难员工及其家属。基金由员工自愿捐款和公司

1:1配比组成，用于资助员工及其家人。截至2024年，该基金已资助452人次，累计金额达41万元。此外，公司还通过举办丰富多彩的业余文化活动，如每月的"员工生日宴"、每年的员工旅游等，增强员工的归属感和团队凝聚力。

龙的饭店还特别关注员工的生活需求。公司设立了24小时员工热线，帮助员工解决各种问题，如遭遇诈骗时挽回损失，或协助员工及家属联系医院就医。公司还积极组织员工参与公益事业，每年捐资50万元用于当地教育和贫困家庭帮扶，并定期组织员工慰问敬老院老人，传递社会正能量。

在工会建设方面，龙的饭店充分发挥工会作用，保障员工权益。龙的饭店定期召开员工代表大会，认真听取员工建议，评选优秀合理化建议并给予物质奖励。同时，龙的饭店还成立了"解决员工抱怨中心"和"员工心声接待热线"，及时解决员工的不满和疑问。

爱岗敬业，多面能手

—— 张有栋

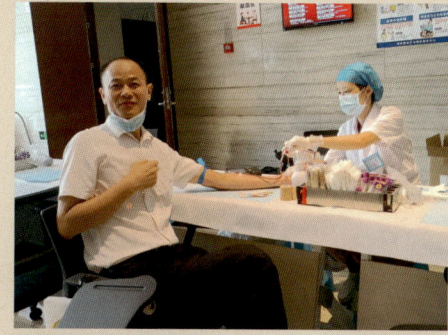

在佛山市顺德区龙的饭店有限公司，有这样一位员工，他用二十年如一日的坚守与奉献，诠释了什么是爱岗敬业，什么是无私奉献。他就是张有栋同志，一位在平凡岗位上创造不凡业绩的优秀员工。

"刚来到公司时，我是老板的司机，协助管理公司的消防和安保工作。"张有栋回忆道，"那时候，公司就像一个大家庭，大家相互支持，相互帮助。"正是这份对公司的热爱，让他在龙的饭店一干就是二十年。他把公司当作自己的家，认真细致地完成每一项任务，用自己的努力为公司的发展贡献力量。

2008年，张有栋转岗到销售部门，负责公司月饼、手信等产品的推广营销。他凭借自己的勤奋和智慧，成功地将公司产品推向市场，赢得了消费者的认可。2016年，他当选为公司工会主席，开始为员工的权益发声，一直以来为员工的福利奔走。2018年，他又转岗到行政管理岗位，其间考取了人力资源证书，为公司的人力资源管理提供了专业的支持。

在工作中，张有栋始终保持着积极进取的态度。他不仅积极参与公司的各项工作，还积极参与行业标准的制定。他参与了粤菜"四杯鸡""广府菜烤乳猪""广府早茶 咸水角""广府早茶 凤爪烧卖"等团体标准的起草与发行改革，为粤菜文化的传承与发展做出了重要贡献。他还参与了《粤式早茶服务规范》行业标准的制定，提升了公司在行业内的影响力。

张有栋深知，个人的成长离不开学习。因此，他不断自我提升，先后参加了粤菜师傅、中式面点、中式烹调、消防设施操作员、物业项目经理、企业人力资源等培训，并取得了相关的职业资格证书。这些证书不仅是对他能力的认可，更是他不断努力的见证。

张有栋在生产、科研、销售和管理等一线岗位上获得了无数奖励。他曾被评为大良街道法治宣传教育先进个人，获得广东烹饪协会中式烹调职业技能竞赛铂金奖、顺德人力资源和社会保障局中式烹调职业技能竞赛优胜奖、李伟强职业技术学校产教研最佳指导老师奖、肇庆市商务技工学校现代学徒制最佳指导老师奖，以及佛山市中式烹调（技师）职业技能大赛优胜奖等。

张有栋不仅注重自身的成长，还高度关注员工的技能提升。他清楚地认识到，员工的素质直接关系到公司的发展。因此，他积极倡导技能学习和文化学习，举办各种培训班。在他的带领下，员工们学习热情高涨，公司各类技术操作能手不断涌现，形成比学赶帮超的竞争氛围。这不仅提高了员工的技术素质，也大大提升了公司的经济效益。

大良篇

威权康复中心
从心出发，为员工幸福"加码"

在佛山市顺德区威权康复服务中心，员工不仅是推动机构发展的核心力量，更是被悉心呵护的"家人"。多年来，该中心始终坚持以员工为中心的发展理念，从身心健康、职业成长到文化生活，多维度构建员工关爱体系，让每一位员工在服务特殊群体的同时，也能感受到企业的温暖与支持。

每年1月至2月，威权康复服务中心都会为全体员工安排健康体检，涵盖验血、血压测量、心电图等多项检查。这一举措不仅帮助员工全面了解自身健康状况，更传递出企业对员工身体健康的重视。

对于特殊岗位的员工，中心尤其重视其职业健康。一线治疗师和社工常年面对特殊儿童及家庭，身心压力较大。为此，中心定期开展消防、职业操作等安全培训，帮助员工提升自我保护意识。同时，中心也鼓励员工关注自身健康，积极寻求支持。

威权康复服务中心深知，员工的幸福不仅关乎个人，更牵动家庭。每逢春节等传统节日，中心会为员工送上节日祝福和慰问品，感谢他们的辛勤付出。同时，中心也积极关注员工的实际需求，尽力为员工及其家庭提供支持。例如工会走访慰问患病或遭遇变故的员工家庭，送去慰问金和物资。

在职业发展方面，中心通过老带新的带教模式，由经验丰富的资深员工带领新人快速成长。拥有多年经验的导师不仅传授专业技能，还指导如何与服务对象家庭建立信任关系。每周的个案讨论会和跨部门经验分享，则让团队在协作中形成科学服务方法。此外，机构还组织员工赴香港、澳门等各地学习先进康复理念,持续提升专业水平。

工作之余,丰富多彩的文体活动成为威权康复服务中心的另一张名片。篮球场上,员工们挥洒汗水,呐喊助威声此起彼伏;季度生日会上,温馨的祝福与欢声笑语交织;年度旅游活动中,全员共同踏青、野餐,在自然风光中放松身心。近年来,中心还引入了飞盘、烘焙等新活动,进一步激发员工的参与热情。一名参与活动的员工说:"这些活动不仅让我们释放压力,还拉近了同事间的距离,团队凝聚力更强了。"

值得一提的是,教师节、社工日、医师节等专属庆祝活动,让不同岗位的员工感受到职业的价值。面对服务特殊群体带来的心理压力,中心积极关注员工的心理健康,鼓励员工在遇到困难时及时沟通交流,共同寻找解决办法。同时,各部门也会定期组织小型活动,帮助员工缓解压力,形成互助支持的氛围。

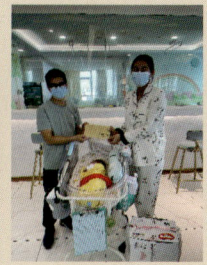

用专业与爱心
助力残疾人
重燃生活希望

—— 罗水妹

> 大良篇

在顺德区威权康复服务中心，有一位工作近十年、令人敬佩的员工——罗水妹。她曾是学校的思政老师，并获得一级教师职称，在了解到社会工作这一职业后，她考取了相关证书，然后转型做社工，并一直扎根于威权康复服务中心。自2015年2月入职以来，罗水妹从一名初级社会工作者逐渐成长为资深的社会工作师。

罗水妹深知员工的稳定对于企业及员工个人发展的重要性，时刻关注组员的情绪及动态，关心组员的生活和工作。在项目遇到困难或中心遇到挑战时，她总能及时与组员进行有效沟通，带领大家积极面对。多年来，她始终保持着对专业的敏锐度和求知欲，不断学习新的知识和技能，以更好地适应日新月异的社会需求。她服务的领域非常广泛，包括残障人士、青少年、老年人等，每个领域她都能全情投入。

在专业技能方面，罗水妹不仅努力考取相关证书，还经常积极参加专业培训，更新自己的知识储备。她参加了"顺德区社会工作督导班""社工人才领航计划"等培训，并积极撰写相关学术论文。2019年6月，她的论文《浅谈同伴援助对肢体残疾人社会康复的重要性》入围澳门亚太国际康复论坛；2021年2月，她被评为2020年度顺德区优秀社会工作者；2022年8月，她撰写的残疾人家属支援服务案例——"脑瘫患者家属支援"入选《残疾人服务概论》一书；她还连续多年获得机构的"优秀员工奖""优秀管理者"以及"项目创新奖"等荣誉。

尤其是在残障领域，罗水妹通过多年的服务经验，总结出自己的服务策略。2021年，她一手打造了一支全部由肢体残疾人组成的"轮友互助"义工队。自2021年9月以来，她连续三年通过申请北滘慈善会和的爱心基金并获得支持，成功组建了佛山市顺德区第一支重度肢体残疾人义工队。这支队伍通过"以残助残"的方式，帮助北滘镇的肢体残疾人走出家门、融入社会。服务开展三年来，已开展活动近百场，服务约500人，总服务人次达3000。

为了让服务对象重拾自信，罗水妹通过各种形式发掘服务对象的兴趣特长，逐步组建了"色彩人生"小组、"神话组合"等兴趣小组。在北滘慈善会和爱心基金的支持下，罗水妹对音乐队进行扩大，提升发展至"轮友互助音乐队"，实现了服务对象的"舞台梦"。她表示，选择这个职业从未后悔。"虽然收入不一定很高，但能帮助需要帮助的人，同时也有收获满满的成就感。"

百威电子
工会温暖——帮扶困境员工黄海容

　　2021年,广东百威电子有限公司员工黄海容被诊断为双侧额矢状窦旁脑膜瘤,接受了开颅手术。然而,命运并未停止对她的考验——2024年,脑膜瘤复发,且病灶位置更加复杂。两次大手术让她的身体承受巨大痛苦,术后恢复也不尽理想。黄海容的家庭同样面临沉重压力:两个儿子尚在读书,家中还有年迈老人需要赡养。高额医疗费用叠加家庭开支,使这个原本平静的家庭陷入了经济与精神的双重困境。

　　百威电子公司工会在得知黄海容的困境后,第一时间启动帮扶机制。工会成员主动联系其家属、同事及主治医生,全面了解病情进展、治疗费用缺口及家庭经济状况。为确保帮扶的公平性,工会通过多方核实确认了信息的真实性,包括调取医疗证明、走访家庭并评估实际需求。

　　经过慎重讨论,工会决定向黄海容提供2万元慰问金,用于缓解其医疗与生活压力。这一决策不仅基于经济援助的迫切性,更体现了对员工身心健康的关怀。工会代表亲自将慰问金送到黄海容手中,并转达了全体同事的关心与祝福。2万元慰问金如同一场及时雨,为黄海容的家庭解了燃眉之急。这笔资金部分用于支付手术后的康复治疗费用,剩余部分则用于保障子女教育及家庭基本开支,避免了因经济崩溃导致的连锁危机。

　　工会的帮扶行动不仅提供了物资支持,更给予了黄海容及其家人莫大的心理慰藉。在疾病与困境的

> 容桂篇

阴霾下,来自企业的关怀成为照亮生活的曙光。黄海容多次表示,工会的支持让她感受到"娘家人"的温暖,重燃了战胜病魔的信心。同事们的自发探望与鼓励,也进一步强化了企业内部的凝聚力。

黄海容的经历激发了同事间的互助意识。许多员工自发组织捐款、轮流陪护,展现了团队超越利益的情感联结。企业需通过案例宣传、互助文化建设等方式,将这种精神固化为企业文化的一部分,从而增强内部凝聚力与归属感。

作为员工的"娘家人",工会需建立常态化帮扶机制,及时关注员工健康、家庭变故等潜在风险,通过快速响应与精准施策,为困难员工构筑安全网。此次帮扶的成功得益于企业内部畅通的信息渠道。从一线员工到管理层,从家属反馈到医疗证明的快速核实,高效的信息传递确保了帮扶的及时性与准确性。

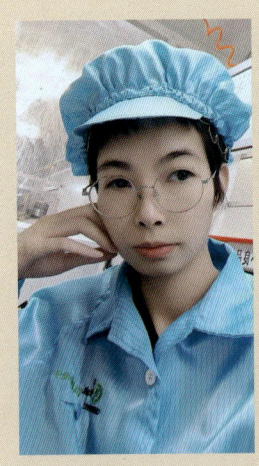 

精益生产月的卓越实践与品质坚守
—— 梁海堂

在公司组织的"精益生产"月活动中，梁海堂以其卓越的表现和敬业精神，成为公司品质提升与团队协作的典范。"精益生产"月活动对梁海堂而言是一次全新的挑战。他首次与各个部门协同作战，针对实际生产问题展开讨论、优化方案、落实对策并跟踪结果。这个过程为他提供了一个品质改善的实践课堂，每一个环节都充满了智慧与挑战。

在短短数月时间里，梁海堂的视野得到了极大拓展，看问题的眼光更加敏锐，解决问题的思路也更加清晰且富有创造性。通过跨部门的深度协作，他成功地将团队凝聚在一起，使整个团队如同紧密咬合的齿轮，朝着共同目标高效运转。

梁海堂深知现场对于生产的重要性，它既是问题滋生的温床，也是解决问题的关键。在"精益生产"月活动中，他以现场为阵地，全身心投入对问题的探寻中。他坚信，只有深入现场，才能真正掌握问题的全貌。风机产线成为此次活动的试点项目，梁海堂在这里开启了深入洞察之旅。在3个月的时间里，他从PCB制备车间到风机生产车间，穿梭于每一个岗位，细致观察每一个环节，不放过任何可能的隐患。

从电子元器件到复杂的PCB电路板，从定子部件到完整的产品，梁海堂对每一道工序都了如指掌。他深知"眼见为实"的道理，这次活动，不仅提升了团队对现场的关注度，还为品质提升和工作效率注入了强劲动力。这一实践为未来其他产品线的优化树立了标杆，为企业品质和效率的提升奠定了坚实基础。

梁海堂明白，精益生产的核心之一是对产品特性的深入理解。在活动过程中，他带领团队深入车间，向一线工人、管理人员和技术人员虚心请教。他像一块海绵，贪婪地吸收着各方知识。技术人员为他们详细解读风机各部件的功能及参数含义，梁海堂还亲自参与产品的拆解与组装，深入了解各部件之间的精妙配合。通过实践，他带领团队突破了传统思维的束缚，问题解决思路发生了根本性转变，分析处理能力也实现了质的飞跃。

通过在现场的亲身实践，他和团队掌握了风机生产最真实的情况，为解决问题提供了坚实的依据。他用实际行动告诉大家，只有通过实践，才能触及问题的根本。他与员工并肩作战，迅速优化作业过程中的无效环节。通过对"现场、现物、现实"的深入了解和改进，他成为团队与员工之间的坚固纽带，为精益生产注入了灵魂。在这个过程中，员工的作业能力得到了显著提高，品质意识也实现了质的飞跃。

容桂篇

大冢制药
以人为本,助力员工成长

  在制药行业竞争日益激烈的当下,广东大冢制药有限公司凭借对员工的重视与培养,走出了一条独特的发展之路。公司通过校企合作、职业技能认定等举措,为员工搭建成长平台,推动企业与员工共同进步,不断促进企业发展。

  广东大冢制药有限公司高度重视员工技能提升,积极与高校合作,开展现代学徒制和新型学徒制培训。公司先后与顺德职业技术学院、江门中医药职业学院等院校合作,开设了多届高技能人才大专学历提升班和药学现代学徒制班。这些合作项目采用线上线下混合教学模式,学校导师负责专业知识教学,企业导师则通过"导师带徒"形式进行岗位技能训练,真正实现了校企一体化育人。

  在这些合作项目中,员工不仅可以在工作的同时提升学历,还能通过实践锻炼积累经验。公司为在读员工提供学费奖励,员工考试合格后可获得国家承认的全日制专科毕业证书,并根据公司薪酬管理制度增加工资收入。这一举措不仅提升了员工的技能水平,也增强了他们的职业竞争力。近年来,公司先后发放奖学金约50万元,助力员工成长。

  2022年至2024年,公司分批对生产一线员工进行了培训和考核。最终,249名员工取得了"药物制剂工"五级/初级工职业技能证书,167名员工取得了四级/中级工职业技能证书,并协助员工成功申领了人社部门的技能提升补贴。职业技能等级证书的取得,不仅提升了员工的技能水平,也作为公司每年"优秀员工"评选的关键依据，成为员工晋升评价上的重要参考指标。

广东大冢制药有限公司不仅注重员工的技能提升，更在员工关怀和企业文化建设方面不遗余力。公司积极开展员工关怀活动，通过组织各类文体活动、节日慰问、困难员工慰问等形式，增强员工的归属感和凝聚力。同时，公司还通过完善薪酬福利体系、提供职业发展规划、建立公平公正的晋升机制等措施，营造了一个尊重员工、激励员工的良好工作环境。

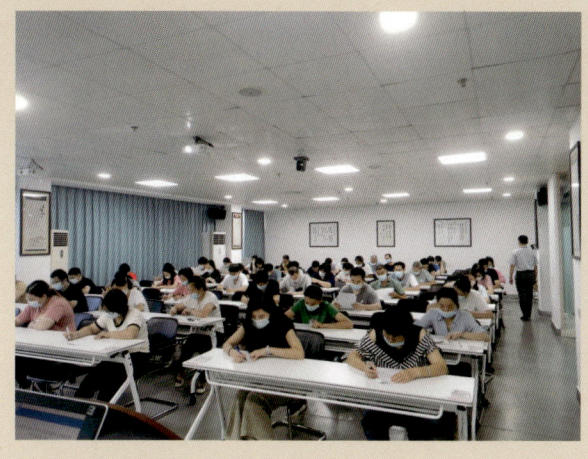

平凡的岗位上
创造出
不平凡的业绩

—— 杨健韵

在广东大冢制药有限公司,有这样一位员工,她用二十多年的青春和汗水,诠释了什么是爱岗敬业、无私奉献。她就是杨健韵,一位在制药行业默默耕耘、不断进取的优秀女性,她的故事是企业精神的生动体现,也是无数奋斗者的真实写照。

杨健韵现作为综合管理部负责人,除了完成部门的职能工作外,还协助企业工程中心的业务开展,包括战略发展规划、知识产权、成果转化、项目引进、"产学研"等管理工作,及医疗器械CDMO平台的管理工作,并主导公司知识产权的布局与管理工作,协助公司获得多项专利、著作权等,提升了企业的核心竞争力。

杨健韵在开发部任职期间,担任大冢"人工脑脊液"药品项目的首任项目经理,该项目是由企业引进日本大冢的原研药品,于2024年9月获批上市,该新品也是国内首个获批的颅脑手术专用冲洗液,填补国内临床空白;作为首任项目经理,杨健韵主要负责该项目的立项,及项目引进及开发研究及项目的管理工作;在立项阶段,针对技术难点,杨健韵查阅大量临床手术实例文献,统计分析大量数据,走访省内多家医院,收集手术经验信息,并组织广东省核心的神经外科医生专家及日方的技术专家,召开专题专家学术会议,推动项目顺利立项;项目引进期间,杨健韵带领项目组,积极开展质量研究、工艺技术攻关,并到母公司进行该项目技术研修与技术转移。广东大冢研发团队经过多年不懈努力的研发,最终使得该产品顺利通过CDE审评并获批。这不仅是企业的一个重要里程碑,也是她职业生涯中色彩浓重的一笔。

杨健韵在担任公司综合管理部经理后,积极搭建企业与公司共建平台,开展药学专业实习基地的建设,举办制药相关专题的科普教学主题活动,积极回馈社会。杨健韵担任顺德职业技术学院等职业院校的药学专业教学指导委员会委员及专业兼职老师,在业余期间,将积累多年的制药技术与药品管理经验进行教学传递,助力专业学生在就业及专业应用方面的知识提升。

在过去的二十多年的工作中,杨健韵始终对企业忠诚、爱岗敬业、无私奉献,带教培育新生代,在多个岗位上都作出突出的成绩。她用实际行动证明了:只有热爱自己的工作,才能在平凡的岗位上创造出不平凡的业绩。

海尔顺德洗衣机
以爱之名，共筑和谐劳动关系

在当今时代，企业与员工之间的关系不再仅仅是雇佣与被雇佣的简单模式，而是逐渐演变为一种相互依存、共同成长的伙伴关系。海尔顺德洗衣机正是在这样的理念下，通过一系列创新举措，构建了和谐的劳动关系，让员工在企业中找到了归属感和幸福感，同时也推动了企业的持续发展。

海尔顺德洗衣机通过定期召开职工代表大会、开展员工满意度调查、设置意见箱等多种方式，积极收集员工的意见和建议。这种开放的沟通机制不仅让员工感受到企业的尊重，也为企业决策提供了宝贵的参考。每一位员工的声音都被认真对待。

在员工关怀方面，海尔顺德洗衣机不遗余力地打造了一个全方位的关怀体系。从员工的衣食住行到工作环境，再到福利待遇，企业都进行了精心设计和安排。例如，企业为员工提供了设施完善的公寓住宿，解决了员工的通勤问题；在工作环境方面，企业注重营造舒适、安全的工作氛围，配备了先进的生产设备和完善的劳动保护措施。

工会作为联系职工与企业的桥梁和纽带，在海尔顺德洗衣机的员工关怀工作中发挥了重要作用。企业积极建立工会，通过实施新员工六个"一"计划、经营主体6+1关怀、管理辅助5+1关怀等举措，为员工提供全方位的支持与帮助。这些精准的关怀措施不仅让新员工快速融入企业，也让在职员工感受到企业的温暖和关怀，增强了员工的归属感和忠诚度。

> 容桂篇

　　为了更好地了解员工的需求和期望，海尔顺德洗衣机通过线下职工畅恳谈会和线上微信员工群、ihaier创客心声等平台，畅通了企业与职工的沟通渠道。员工可以随时随地与企业管理层进行交流，分享自己的想法和建议。该企业组织了职工趣味运动会、家属走进海尔洗衣机工厂体验活动，夏季高温期间的"防暑送爽，清凉相伴"和"茶香果甜　消夏解暑"等活动，以及具有节日特色的员工关怀慰问活动，如"粽香端午""爱在海尔，情浓中秋"等。

　　海尔顺德洗衣机不仅关注员工的物质和精神需求，还高度重视员工的个人发展。企业通过技能比武平台和创客社团平台，鼓励职工创新改善，提升技能水平。每月进行的"6S"创新发布，为员工提供了一个定期提升的平台。企业还通过班组的积分排名，推选"第一个出游的班组""第一个清凉班组"进行相应的拓展和物质奖励，带动员工积极性，自主学习提升个人能力。

　　海尔顺德洗衣机积极联系外部资源，带领员工参与政府职工技能培训和比赛。通过培训和参赛，员工不仅获得了职业技能等级证书，还夯实了职业晋升的基础。

技术革新与团队协作的典范故事
——张炽航

在海尔顺德洗衣机这个充满活力与创新的企业中，有一位员工以其对技术革新的执着追求和对团队协作的深刻理解，成为企业中一道亮丽的风景线。他就是张炽航，海尔顺德洗衣机DFX接口人。他的故事不仅是技术革新的典范，更是团队协作和持续创新的生动体现。

张炽航的故事始于他对现状的挑战。在海尔顺德洗衣机的生产线上，人工粘贴"好物看得见"标签一直是一个耗时费力且存在质量隐患的环节。这个标签是海尔洗衣机产品的重要标识，但在实际操作中，人工粘贴不仅效率低下，还容易出现粘贴不到位、气泡等问题，影响产品质量和生产效率。

张炽航敏锐地察觉到了这些问题，并意识到这是一个降本提效、省人化、利用新技术迭代升级的优化空间。他没有被困难吓倒，反而看到了改进的机会。他立即行动起来，成立了"好物看得见"小分队，队员涵盖工程、质量、工艺、质改等多个部门。他们共同协商，探讨如何将新技术融合到工厂，如何降低成本、减少人工操作，如何在保障效率的同时保障质量标准化。这三个"如何"成为小分队开展头脑风暴的起点。

面对这些复杂的挑战，张炽航认为团队协作才是攻克难题的关键。他组织的"好物看得见"小分队成员来自不同部门，每个人都有独特的专业背景和技能。他们通过跨部门合作，共同协商对标签印刷模式进行更改。

在数百天的讨论与实践操作中，张炽航和他的团队不断查阅创新案例，从各项方案中找出问题点并加以迭代更新。他们经历了无数次的失败和挫折，但从未放弃。最终，他们成功地将标签印刷到纸衬上，保持了透明包装"好物看得见"的标准化，同时减少了人工粘贴，减少了自动化设备投入成本，年度收益达到51万元。

这一成果不仅是技术革新的胜利，更是团队协作的胜利。张炽航和他的团队通过跨部门合作，充分发挥各自的专业优势，共同攻克了一个又一个难题。他们的成功既证明了团队协作的力量，也展示了海尔顺德洗衣机在团队建设方面的卓越成就。

伊之密股份
全方位关怀一线员工，共筑企业辉煌

伊之密股份有限公司（以下简称：伊之密），作为行业领军企业，在订单量激增的形势下，生产体系正迎来严峻考验。伊之密深知，每一个订单的背后，都凝聚着一线员工的汗水与付出。因此，公司启动"车间一线员工关怀计划"，从精神、身心、物资等多个维度出发，切实提升员工幸福感与归属感，为企业的稳步发展保驾护航。

在精神层面，伊之密工会精心组织了一系列活动。党委牵头，联合各职能部门成立了一支充满活力的"关怀小分队"。他们深入一线岗位，与员工面对面交流，倾听他们的心声，收集宝贵的意见和建议。这些建议不仅为公司提供了改进的方向，更让员工感受到了公司的关心与尊重。同时，公司还选取部分工作表现良好的员工进行上门家访，让家属们了解员工的工作状态，增进彼此的理解与支持。此外，公司还设立了"伊哥模范"评选活动，对在大生产期间表现出色的员工进行表彰和宣传，树立榜样，激发更多员工的积极性和创造力。

在身心关怀方面，伊之密同样不遗余力。公司联合妇幼保健院，为一线员工提供上门体检服务，确保员工的身体健康。同时，公司还成立了以党支部为单位的心声工作室，为员工提供倾诉和求助的平台。工作室人员耐心倾听员工的心声，积极帮助他们解决工作和生活中的困难。此外，公司还定期组织与生产一线管理者的谈心谈话活动，帮助他们缓解工作压力，提升管理水平。

在高温季节，公司更是加大了对员工的关爱力度。每周三次，公司都会向一线车间人员派送冷饮和下午茶，为他们在炎炎夏日中送去一丝清凉。对于周末加班的员工，公司还会特别派发西瓜、绿豆沙等消暑食品，让他们在紧张的工作中感受到公司的温暖。

为了进一步激励员工，伊之密设立了一系列劳动奖励措施。对于每月考勤全勤、工作积极负责的员工，公司会发放慰问品，如生活用品套装等，以表达对他们辛勤工作的感谢和认可。这些慰问品不仅实用，更代表了公司对员工的关心和尊重。同时，公司还注重提高员工的伙食标准。在周末，饭堂的伙食会更加丰富多样，为员工提供充足的营养和能量。这种贴心的关怀让员工在享受美食的同时，也感受到了公司对他们的关心和重视。

这场长达八个月的关怀行动共举办了320场活动，党工团志愿者服务次数达到425人次。这些数字不仅代表了公司付出的努力，更彰显了企业关爱员工、尊重员工的深厚情怀。通过实际行动，伊之密成功诠释了对员工的关怀与尊重，也赢得了员工们的衷心感激和信任。

爱岗敬业的"伊哥模范"
—— 杨东艺

容桂篇

在伊之密注塑机事业部的制造部,有一位备受尊敬的生产标兵,他就是杨东艺。自2016年12月22日加入伊之密以来,他以饱满的热情和不懈的努力,在平凡的岗位上创造着不平凡的价值,成为众多员工心中的楷模。

杨东艺是制造部的一名组长,他认为不仅要有过硬的技术能力,更要有良好的管理能力和团队合作精神。他深入钻研与注塑机相关的技能知识,不仅掌握了先进的生产技术,还积累了丰富的实践经验。他将这些知识和经验应用到实际工作中,不断提高工作效率和产品质量,为公司的发展贡献了自己的力量。

杨东艺的敬业精神得到了公司和同事们的高度认可。他多次获得"伊之密卓越伊哥奖""优秀组长奖励""伊哥模范奖励"等荣誉,这些荣誉不仅是对他个人能力的肯定,更是对他爱岗敬业精神的认可。

在他的带领下,班组的工作氛围愈发积极向上,生产效率也得到了显著提升。2022年,他所在的班组被评为伊之密"卓越优秀班组",这一荣誉是对他及其团队的认可。

作为组长,杨东艺对班组的产出质量有着严格的要求。他深知,质量是企业的生命线,是赢得客户信任的关键。因此,他始终坚守在生产一线,亲自把关每一个生产环节,确保产品质量符合标准。他还经常组织班组成员进行质量意识培训和技术交流,提高大家的质量意识和技能水平。

回顾过去的七年,杨东艺感慨万千。他深知,自己的成长和进步离不开公司的培养和同事们的支持。因此,他始终怀着一颗感恩的心,用自己的实际行动去回报公司和社会。他积极参与公司的各项活动,为新员工传授经验,帮助他们快速成长。同时,他也积极参与社会公益活动,用实际行动回馈社会。

杨东艺的故事,是伊之密众多员工奋斗故事的缩影。他用自己的实际行动诠释了爱岗敬业和责任担当。他的精神风貌和优秀品质,不仅激励着身边的同事,也为我们树立了一个值得学习和追随的榜样。

在未来的工作中,杨东艺将继续不忘初心、砥砺前行,为伊之密的发展贡献自己的力量。他相信,只要每一位员工都能以积极的态度面对工作,以严谨的态度对待质量,以感恩的心态回报公司和社会,伊之密的明天就一定会更加美好。

哥顿酒店
打造员工心中的"温暖城堡"

佛山市顺德区哥顿酒店有限公司，作为一家在员工忠诚度方面表现突出的企业，以其独树一帜的"以人为本"发展理念，不仅赢得了市场的广泛认可，更在员工心中建立起了一座"最温暖的城堡"。

哥顿酒店自成立之初，就将"以人为本"作为企业发展的基石。这不仅仅是一句口号，而是渗透到了企业经营的每一个环节。为了给员工提供广阔的发展空间和成长机会，哥顿酒店精心搭建了多元化的职业舞台。通过管理层每月一课、第二梯队人才培训计划、员工非岗位技能大赛、校企战略合作伙伴等形式，鼓励员工挑战自我，不断探索未知领域。

酒店的"管理层每月一课"由不同部门的高层管理者轮流授课，内容涵盖行业动态、管理技巧、个人成长等多个维度。这一举措不仅为员工提供了一个学习交流的高端平台，还增强了团队凝聚力，激发了员工对新知识、新技能的渴望。着眼于长远发展，哥顿酒店深知人才培养的重要性。为此，酒店启动了"第二梯队人才培训计划"，旨在全面提升各部门第二梯队人才的专业能力和综合素质，选拔并培养一批具有潜力的关键岗位后备人才。

为了鼓励员工跳出舒适区，探索未知领域，哥顿酒店举办了"员工非岗位技能大赛"。这一比赛打破了传统岗位界限，挖掘员工的多元才能，激发创新思维。哥顿酒店与多所院校建立了紧密的校企合作关系，搭建了实习生成长的金色桥梁。通过社会实践，实习生踏入真实的工作环境，将所学知识应用于解决实际问题。这一过程不仅加深了他们对专业知识的理解,更重要的是,培养了他们的团队协作能力、问题解决能力和职业素养。

哥顿酒店不仅注重员工的职业发展,更在日常管理中体现了对员工的深切关怀。酒店通过一系列举措,营造了一个温暖、和谐的工作环境,让每一位员工都能感受到家的温暖。在日常工作中,酒店管理层注重与员工的沟通与交流,及时了解员工的需求和困难,并提供必要的支持。无论是工作中的挑战,还是生活中的琐事,员工都能感受到酒店的关心与支持。这种日常的关怀不仅增强了员工的归属感,也让员工更加愿意为酒店的发展贡献自己的力量。

酒店定期组织各类团队建设活动,如户外拓展、员工聚餐、节日庆祝等。这些活动不仅丰富了员工的业余生活,还增强了团队凝聚力。通过这些活动,员工之间的关系更加紧密,工作氛围更加和谐。这种积极向上的企业文化,让每一位员工都能在工作中找到成就感和快乐。

哥顿酒店的厨界"精英"与"明星"

—— 冯永波

  自踏入厨师这一行业以来，冯永波便怀揣着对美食的无限热爱与对烹饪艺术的极致追求。三十多年的风雨兼程，他没有丝毫懈怠，始终坚定着创优争先的信心。在他看来，每一次翻炒、每一份调味，都是对食材的尊重，对食客的承诺。

  冯永波对酒店有着深厚的情感。他常说："酒店是我成长的摇篮，也是我实现价值的舞台。"在这里，无论是日常工作的默默付出，还是在关键时刻的挺身而出，他总是那个最让人放心的人。记得有一次，当班同事家里临时有事无法上班，正在休假的冯永波得知这个消息后，立马赶回酒店替这位同事顶岗。这种乐于奉献的精神，不仅解决了酒店的燃眉之急，也深深触动了每一位同事。在他的带领下，厨房团队氛围和谐，工作效率显著提高。每一位成员都能在工作中找到成就感和归属感。在他的影响下，厨房团队多次被评为酒店的"优秀团队"。

  2024年重阳节的敬老活动中，冯永波带领厨房团队精心制作了各种美味的点心，为老人们送上了节日的祝福。他还与学生们一起互动，分享烹饪经验和美食文化，让老人们感受到了浓浓的节日氛围。冯永波表示，看到一群年轻的新面孔，犹如看到以前初出茅庐的自己，他乐于将这份热爱与技艺传承给下一代。他积极参与各类公益活动，用自己的技能为社会贡献一份力量。无论是为社区孤寡老人送温暖，还是为学校师生做美食讲座，他都积极参与，用自己的行动诠释着厨师的社会责任。

  在哥顿酒店多年任职，冯永波不仅见证了酒店的蜕变，更深刻体会到了团队合作的力量和个人成长的价值。他注重团队成员之间的沟通与协作，鼓励年轻厨师大胆创新，勇于尝试。在他的带领下，厨房团队多次在酒店的厨艺比赛中获得优异成绩，为酒店赢得了荣誉。同时，他也积极参与酒店的管理与决策，为酒店的发展提出了许多建设性的意见和建议。

  面对未来，冯永波相信，只要保持初心，勇于创新，就能在酒店管理的道路上越走越远，继续书写属于自己的精彩故事。他计划在未来继续提升自己的烹饪技艺，学习更多先进的烹饪理念和技术，为酒店带来更多创新的菜品。同时，他也希望通过自己的努力，培养更多优秀的年轻厨师，为酒店的可持续发展注入新的活力。

德怡电子
赋能员工成长，共筑企业未来

在当今竞争激烈的企业环境中，广东德怡电子科技有限公司凭借其"专注·求精·和谐·共进"的经营理念脱颖而出。德怡电子不仅注重业务发展，更在员工关怀、生活品质提升、专业技能培养等方面不遗余力，通过一系列举措营造了一个互利共赢的工作环境。

广东德怡定期组织职工及其家属观看电影，这不仅增强了职工间的交流，还促进了家庭亲子沟通。通过这种方式，公司传达了对梦想的追求、对工作的坚守以及对创新的认知等。此外，公司连续多年开展"六一"儿童节慰问活动，为职工子女精心挑选学习用品、益智玩具和零食等节日礼品。这些举措既表达了公司对职工子女的关爱，也体现了公司对员工家庭的重视，助力构建和谐的家庭环境。

为了提升员工的生活质量，公司在生活区建设方面投入了大量资源。公司改善了宿舍环境和活动区域，为宿舍添加了洗衣机，并在饭堂安置了电视机。此外，公司还设有篮球场、羽毛球场和娱乐室，为员工的业余生活增添了丰富的色彩。

广东德怡积极组织各类文化体育活动，如中秋游园会、团建游戏等。这些活动不仅让员工有效释放工作压力，还拉近了员工之间的距离，增强了团队的凝聚力和员工对企业的归属感。公司还组建了羽毛球队，每周开展羽毛球活动。这不仅提升了员工的身体素质，还激发了员工的活力，营造了积极向上的企业文化氛围。此外，公司还开展了"两癌"筛查服务和健康体检，切实关怀维护员工的身心健康，保障员工的健康权益。

  广东德怡不仅关注企业内部的发展，还积极履行社会责任。公司和工会支持社区教育等公益事业，并鼓励员工参与各项公益活动。例如，公司组织职工参与爱心献血活动，以及参加社区爱国卫生活动、植树活动、徒步活动和马拉松比赛等。德怡电子公司还开展在职学历提升计划，鼓励和支持员工终身学习，提升个人综合能力。这不仅有利于员工个人的职业发展，也提升了企业的整体竞争力。

  广东德怡工会积极推动各项工作落实，提升职工生活品质和专业技能，与企业共同努力构建互利共赢的工作环境。广东德怡工会将继续致力于打造有温度的工会，以温暖的关怀与务实的行动，为员工提升归属感与幸福感，为企业发展注入持续发展的活力。

用二十二年如一日来诠释爱岗敬业精神

—— 吴季婵

容桂篇

在广东德怡电子科技有限公司,有这样一位员工,她用22年的青春和汗水,诠释了什么是"专注求精、和谐共进"的企业精神。她就是吴季婵,一个在平凡岗位上创造不平凡价值的奋斗者。

2002年,刚大学毕业的吴季婵怀着对未来的憧憬加入了广东德怡。她从生产一线做起,迅速熟悉了各工序的操作流程。凭借出色的表现,她被选调到技术部产品设计岗位。当时,公司处于发展早期,没有完整的产品设计规范,培训机制也不完善。面对困难,吴季婵没有退缩,一边自学设计软件,一边向师傅虚心请教,不断总结经验。她凭借细心和条理清晰的优势,避免了设计失误,很快成为设计主力,并多次被评为年度优秀员工。她还总结制定了公司主要产品"电子薄膜开关"的产品设计规范,为公司技术沉淀和传承做出了重要贡献。

随着发展,公司需要更多具有不同能力的人才。吴季婵因对公司产品和流程的熟悉,被抽调到ERP项目推进组担任主要成员。ERP上线是一个系统性工程,工作难度大,且内部存在阻力。吴季婵凭借极强的责任心和好学精神,系统考虑并制定了新的物料编码规则、BOM表、MRP等。她不仅自己做好工作,还积极培养组员。最终,她和团队顺利完成了ERP上线工作,实现了企业资源的整合,提高了管理效率,为公司后续发展奠定了坚实基础。

2011年,公司薄膜开关事业部成立新的PMC部门,吴季婵接下重任。当时,公司产量提高,市场小批量多品种的发展趋势明显,客户订单交货计划变动频繁,生产计划和排产工作的难度增大。吴季婵勤勉尽责,团结同事,营造了互帮互助的工作氛围。她带领团队不断提升生产柔性,确保交货及时,迅速适应了市场发展需求。

为适应市场发展,公司对成本控制要求越来越高,需要熟悉产品运营和成本核算的人才。吴季婵凭借全面的技能和强烈的责任心,被调派负责资料管理、成本核算和新品核价工作。她潜心工作,完善了内部资材管控流程,有效控制了浪费。同时,她结合对产品的熟悉,搭建了不同类型产品的核价模型,大大提升了报价的及时性和准确性。

2023年,公司提出了数字化转型战略,选择了明道云作为数字化工具。明道云通过封装好的功能模块构建各种应用,满足业务需求。吴季婵在明道云的引进和上线中做出了突出贡献,她和团队大大提高了内部管理和业务流程效率。因表现突出,她获评"突出贡献奖"。

吴季婵的故事是广东德怡员工奋斗的缩影。她吃苦耐劳、迎难而上、团结同事、友好相处,对待公司的事像对待自己家事一样用心。她学习能力强,能适应不同岗位并跟上时代发展需要。22年如一日的努力坚持,她很好地诠释了广东德怡"专注·求精·和谐·共进"的企业精神,激励着身边的每一位同事。

德力柴油机
精准服务解难题，助企解忧促发展

德力柴油机工会始终将职工利益放在首位，深入实地了解基层情况，积极改善工作条件，提高职工待遇。通过"集体合同、工资集体协议"等制度，进一步健全机制，保障职工的经济和政治权益。

工会还深化了"送温暖"活动长效机制，对内部特困职工和相对困难职工进行详细调查，创新帮扶形式，积极筹集职工济困基金。多年来，工会慰问职工家庭50余户，帮助、救助困难家庭18户，救助款项共计128926元。这些举措不仅及时解决了职工的生活困难，还有效调动了职工的工作积极性，为公司的健康发展创造了和谐的社会环境。

此外，工会大力推进大病医疗互助工作，通过大病互助保险为多名员工解了燃眉之急。近年来，单位职工参保率达到了94%，这一举措切实保障了职工的健康权益。

德力柴油机工会以创建"工人先锋"为载体，以"工匠精神"为抓手，大力开展专项劳动竞赛，提高职工的工作能力和技能水平。通过劳动竞赛，全公司总体工作效率显著增强，员工工作能力明显提高，工作作风进一步转变。近年来，工会推荐选手参加街道职工职业技能大赛，并荣获"容桂技术能手"称号，这一荣誉不仅激励了参赛选手，也鼓舞了公司全体员工。

德力柴油机工会大力开展职工技术创新活动，积极发动职工广泛开展技术攻关、技术革新、技术改造、发明创造等活动。近年来，通过全体职工的共同努力，公司研发出排放完全达到国家新排放法规要求的单缸柴油机产品,并首批通过国家拖拉机质量检验检测中心检测。这一成果不仅提升了公司的技术水平,也为行业的发展做出了贡献。

　　工会还注重丰富职工的业余文化生活,每年新置书籍杂志、娱乐器材等,设置了乒乓球室、阅读室等文体场所。每年多次利用淡季时间组织广大干部职工开展"趣味运动会""户外拓展"等文体比赛活动,激发干部职工的活力,加强了干部职工之间的沟通交流,增强集体凝聚力。

　　德力柴油机工会着力加强基层工会建设,强化工会与广大职工的密切联系。组织广大职工学习工会法及相关的政策法规、工作原则,把工会组织建设纳入党的建设工作目标,做到党建与工建统一部署、统一检查、统一考评。通过深入开展党的群众路线教育实践活动,工会委员的精神面貌得到了进一步提升,服务意识得到了加强,工作能力有了明显提高。

德力柴油机的"质量守护者"
——李林活

在广东德力柴油机有限公司质检部门,有这样一位普通职工,他用30多年的坚守和奉献,诠释了一名共产党员的责任与担当。他就是李林活同志,一位在平凡岗位上默默奉献的"质量守护者"。

德力柴油机的生产看似简单,但整个生产工序却十分复杂。在生产过程中,一个关键环节的失误可能导致巨大的损失。曾经,由于供应商在铸造工艺上的不足,柴油机缸体及缸盖在最后的整机测功测试过程中出现质量问题。这些问题不仅浪费了大量的人力物力,增加了生产成本,还延长了交货期,影响了客户对公司的信任。面对这一难题,李林活同志没有退缩,而是积极主动地与供应商联系,从不良件中分析问题,找出原因,并与供应商探讨研究在铸件生产工艺上的改进方法。

李林活同志不仅在问题解决上表现出色,还勇于创新,打破传统的检验模式。他从攻克铸件缸盖漏水问题,到实现铸件机体全方位检测,做出了不懈的努力。近年来,他检出的不合格铸件缸体不少于500件,为公司节约了超过10万元的成本,大大减少了人力、物力以及时间的浪费。他的努力不仅提高了产品质量,也为公司赢得了客户的信任和增强了市场的竞争力。

李林活同志不仅在工作中表现出色,在面对困难时也始终保持着共产党员的初心和使命。前几年疫情期间,他积极响应公司安排,以共产党员的身份发挥先锋模范作用,主动报名参加公司抗疫志愿者队伍。他一次又一次地参与公司的防疫工作,还积极参与社区派送生活物资、大规模核酸筛查等义务工作。

在这场没有硝烟的战争中,李林活同志用实际行动践行了一名共产党员的初心和使命,展现了德力人的优秀品质。近年来,他分别获得了街道授予的"优秀党员"称号和"抗疫先锋"称号,这些荣誉不仅是对他个人的认可,更是对德力柴油机公司全体职工的鼓舞。

李林活同志的故事是德力柴油机公司众多员工奋斗的缩影。他在平凡的岗位上,用实际行动诠释了德力人的"三心一感"企业精神:责任心、上进心、事业心和紧迫感。他始终坚守在质量检测的第一线,以高度的责任心和敬业精神,确保每一件产品都能达到最高标准。

新威博电器
以人为本，打造幸福职场

在竞争激烈的家电行业，广东新威博电器有限公司凭借其"以人为本"的管理理念脱颖而出，成为行业内备受瞩目的企业之一。公司不仅注重产品的研发和销售，更致力于创造一个安全、健康、和谐的工作环境，让每一位员工都能在这里实现自我价值。

近年来，新威博电器投入大量资金改善工厂和办公室的硬件设施，不仅增加了绿色植物，还设置了休息室、茶水间等，为员工提供了舒适的工作条件。在解决外来务工人员的住宿问题上，新威博电器对员工宿舍进行了全面改造，配备了独立卫生间、空调等设施，极大提升了居住质量。

此外，公司还高度重视员工的健康。每年组织员工进行免费体检，并设立了紧急救助基金，确保员工及其家属在遇到重大疾病或困难时能够得到及时救助。

员工是企业发展的核心力量，只有充分倾听员工的心声，才能更好地推动企业的发展。为此，新威博电器建立了多种沟通渠道，确保员工能够随时反馈工作中的问题或提出改进建议。定期召开的职工代表大会是公司与员工沟通的重要平台。在会议上，员工可以提出合理化建议，管理层认真听取并积极回应，形成了良好的双向沟通机制。此外，公司还在内部设立了意见箱，并开通了在线反馈平台，方便员工随时反馈问题或提出建议。

新威博电器高度重视工会建设，成立了由各部门代表组成的工会委员会，负责组织各种文化体育活动，促进员工之间的交流与合作。工会通过举办生日会、羽毛球比赛、户外团建、旅游等活动，增强了团队凝聚力，丰富了员工的业余生活。同时，工会还积极履行维权职责，参与劳动争议调解。对于员工反映的问题，工会第一时间介入调查，确保每一位员工的合法权益得到保护。

通过实施一系列关爱员工的措施，新威博电器不仅提高了员工的工作满意度和忠诚度，还有效降低了人才流失率，提升了整体工作效率。员工们在感受到公司关怀的同时，也更加积极地参与到工作中，为公司的发展贡献自己的力量。

这种以人为本的管理理念，不仅提升了员工的幸福感，也为企业带来了实实在在的经济效益。新威博电器在市场竞争中脱颖而出，成为行业内备受瞩目的企业之一。

心系客户，情暖同事

—— 罗财平

容桂篇

在广东新威博电器有限公司，有这样一位员工，她用20多年的坚守和奉献，诠释了什么是爱岗敬业，什么是情暖人心。她就是罗财平，一位在国内OEM营销部默默耕耘的售后经理。

2000年，罗财平加入新威博电器有限公司，成为400服务热线的一名24小时接线员。她负责接听客户的来电，耐心解答问题，并记录要点。无论白天还是夜晚，她始终以客户为中心，以优质的服务赢得了客户的高度赞誉。

在一次处理客户投诉的过程中，罗财平接到了一位客户的电话。客户非常生气，因为他购买的产品出现了质量问题。罗财平耐心地倾听客户的抱怨，不断地安慰客户，并承诺一定会尽快解决问题。挂掉电话后，她立即与相关部门进行沟通，了解问题的原因。她发现是生产过程中的一个小失误导致了产品质量问题。罗财平迅速协调生产部门和物流部门，为客户更换了产品。客户被罗财平的真诚和优质的服务所感动，不仅撤销了投诉，还成为公司的忠实客户，并向其家属推荐了公司的品牌产品。

罗财平的服务精神和对企业的责任感，为公司树立了良好的形象。她工作表现突出，入职公司仅3个月便被破格提升为售后主管，成为公司入职时间最短的晋升员工。

罗财平不仅在工作中表现出色，她对同事的关怀也让人感动。2007年，公司招聘了一名来自湖北的拆机员小武。在面试合格还未入职时，小武提出在车站钱包被盗，连公司体检的费用、住宿费和吃饭的费用都没有。罗财平在了解到小武的情况后，毫不犹豫地掏出500元给他，缓解了他的燃眉之急。

这一举措让小武深受感动。在后来的部门聚餐时，他多次提起此事："在当时，找朋友都借不到钱，认为我是骗人的，走投无路时，是第一次才见面的平姐愿意信任我。这不仅仅是金钱上的帮助，更是对我的精神支持和鼓励。"

为了更好地关爱女员工，公司成立了"爱曦会"，以提升她们的幸福感和归属感。罗财平多次担任讲师，从自己的人生经历出发，分享关于健康恋爱观的内容，如何识别真正的爱情、如何在恋爱中保持独立和自尊、如何处理感情中的矛盾等，强调自我价值感的重要性。

罗财平还组织小组讨论或分享会，她引导大家思考什么样的恋爱关系是健康的，如何在感情中保护自己。对于个别存在感情问题或风险的女员工，她单独与她们聊天，以关心的态度了解她们的情况，给予适当的建议和提醒，并提供支持和帮助，让她们充分感受到来自企业的关爱。

顺德新容奇医院
以爱树人　用爱护民

　　顺德新容奇医院始建于1958年，2005年转制为民营医院，成为目前顺德区唯一一家成功转制的试点医院，目前是一家集医疗、预防、保健、康复、教学、科研为一体的三级综合医院，2020年，顺德新容奇医院互联网医院上线，通过"互联网+"，开展线上医疗服务，提供便捷智慧化医疗。

　　医院始终秉持"仁爱济民为本，救死扶伤为先"的组织精神，深耕联动中山大学附属一院等省级医疗资源，造福基层群众，医疗服务辐射8大社区，覆盖超过15万人口；医院还积极履行社会责任，连续6年送医下乡帮扶困难地区，建立佛山市儿童科普教育基地，建立完善的拥军服务机制。通过努力，医院已经获授多项荣誉资质。

　　医院秉承"维护职工合法权益、竭诚服务职工群众"的理念，为职工建立爱心妈妈小屋、职工饭堂、图书馆、球场、党工青团员活动室、职工培训室等员工阵地，在保障医院的福利待遇基础上，党工团协同打造医院人文关怀组织，成立员工文化生活委员会，开展各项职工关爱慰问活动，举办学术交流会、技能比赛、体育文艺活动，用心用情为职工办实事，当好职工"娘家人"。

　　顺德新容奇医院通过加强职工队伍建设改革、健全制度体系，维护职工合法权益、保障职工享受福利待遇，着力培育专业技术人才，成立兴趣小组、愉悦职工身心、陶冶职工情操，热心公益活动、积极服务社群，表彰先进、树立楷模等六大措施，努力打造"以爱树人，用爱护民"的企业形象，充分体现

> 容桂篇

医院"仁爱济民"的价值观。

顺德新容奇医院多年来获得多项集体荣誉奖励，先后获评佛山市和顺德区"爱心血库"献血活动先进单位；医院工会多次被容桂街道总工会授予"工作突出工会"荣誉称号。

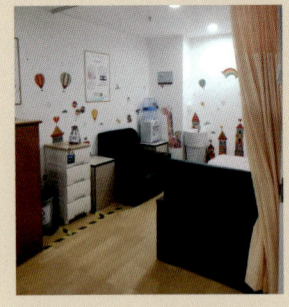

以医术为舟
以仁心为帆

——吕绍翔

  在顺德新容奇医院有这样一位医生，他以深厚的医学功底、精湛的医术和无私的奉献精神，赢得了患者和同事们的广泛赞誉。他就是副主任医师吕绍翔——顺德新容奇医院心血管内科副主任，一个在医学领域默默耕耘、不断进取的优秀医者。

  吕绍翔同志，毕业于广东医科大学，医学学士。毕业后，他毅然选择了顺德新容奇医院内科作为自己的职业方向，满腔热情地投身于繁忙而充满挑战的医疗工作中。从事内科工作10余年，吕绍翔同志不仅积累了丰富的临床经验，还始终保持着对医学知识的渴求和对新技术、新疗法的关注。

  为了进一步提升职工的专业技能，顺德新容奇医院选派他前往中山大学附属第一医院进修心血管内科及冠脉介入手术技能。进修经历不仅让他掌握了先进的诊疗技术，还让他对心血管内科疾病的诊疗有了更深入的认识和理解。心血管疾病是威胁人类健康的一大杀手，而冠脉介入治疗则是治疗这类疾病的有效手段之一，他深知该项技术的重要性，他刻苦钻研，不断实践，学成而归，近年来应用冠脉介入治疗技术挽救顺德南部片区急性心梗患者近300例，为当地老百姓健康保驾护航做出了重要贡献。

  吕绍翔同志不仅在临床上取得了显著的成就，还在学术领域有着不俗的表现。他是广东省胸痛中心协会会员、广东省生物医学工程学会心血管内科工程分会委员、广东省医疗行业协会心源性卒中管理分会委员、顺德医学会心血管病学委员会委员、佛山市中西医结合学会络病专业委员会委员。这些学术任职不仅是对他专业能力的认可，更是他不断追求学术进步、推动学科发展的体现。

  吕绍翔同志不仅具备精湛医术，还有一颗仁爱之心。他的优质服务赢得了患者和家属的一致好评和信赖。吕绍翔代表医院心内科，积极参与各类学术会议和研讨会。同时，他还主持和参与了两项科研课题的研究工作，并在国内知名杂志上发表了8篇论文。

  吕绍翔同志不仅是一名优秀的临床医生，也是一名优秀的科室管理者。他总是以身作则、任劳任怨地投入到医院发展和科室管理的各项工作中去。2019年，他协助医院成功通过了国家级胸痛中心认证。2020年，在他的努力带领下，顺德新容奇医院心血管内科荣获顺德区第四周期临床重点专科，进一步推动了医院和科室的学术发展。

  吕绍翔同志是顺德新容奇医院许多优秀医务人员中的一名典型代表，获得多项荣誉奖励。2023年，他荣获了顺德新容奇医院优质服务奖。他还多次荣获"顺德新容奇医院优秀带教老师"的荣誉称号。

顺威精密
"五心"共融，全方位提升职工福祉

职工无小事，关怀暖人心。一直以来，如何保障职工的权益、提高职工的福利都是企业关注的重点，企业工会在其中担负着凝心聚力的重要职能。

广东顺威精密塑料股份有限公司充分发挥工会的优势，秉承"维护职工合法权益、竭诚服务职工群众"的理念，为职工提供普惠、常态、精准的服务，全力打造"用心、贴心、安心、齐心、暖心"的"五心工会"。

顺威精密积极开展文化类活动。顺威工会先后组队参加容桂工会举办的第三届"万和杯"企业乒乓球赛、第二届"德美化工杯"羽毛球赛，积极举办"智慧博弈"象棋比赛、高黎园区2024年度拔河比赛等活动。同时，顺威精密组织"知识技能和职业技能比赛"。2024年，顺威职工在顺德区职业技能竞赛暨容桂街道第三届职业技能大赛中荣获2024年度"顺德区优胜奖"及"容桂街道二等奖"。

积极组织人文关怀类活动。顺威工会精心策划一系列暖心活动，如母亲节活动、端午节和中秋节的游园活动、季度生日会，及意义非凡的职工荣休活动，向那些为公司默默奉献多年的老职工表达深深的敬意与感谢。另外，公司每月开展义剪活动，请专业理发师团队为职工提供免费剪发服务，每次义剪有100个名额，此举受到广大职工的欢迎与一致好评。

努力提升"职工幸福感"。公司对255间职工宿舍进行全面软硬装升级改造，更将安全视为重中之重，配备全套先进的消防设施，为职工的居住安全筑起一道坚实的防线。

专心定制"职工暖心关怀"。职工只花1元钱便可在食堂吃到"三菜一汤"的暖心午餐和晚餐，差额部分由公司补贴。还为回族职工设置专门就餐区，提供符合其饮食习惯的菜式，让大家吃得安心又暖心。

还提供定时定点班车服务，覆盖职工主要居住地，解决通勤难题，确保出行安全与便捷。

持续关注"职工身心健康与安全"。工会开展一系列专题培训，如交通安全培训、做孩子的家庭"医生"、颈椎病的防治、网络安全与反诈宣传等。全方位守护职工身心健康，为职工的幸福生活保驾护航。

重点强化"职工专业能力提升"。以培养复合型人才为目标，从人才数量和质量两方面，强化人才梯队建设，培养一支打硬仗、打胜仗、可调遣、有活力的干部团队；针对不同岗位、不同级别的职工，开展不同类别的人才培养计划，如"威青年"、启航班、远航班、领航班等人才培养计划。

这一份份福利与关怀，体现了"以人为本"的企业文化，在增强凝聚力的同时也提高了职工的主人翁意识，使职工感受到家庭般的温暖，为推动公司今后的发展增添前进的无穷动力。

2023年12月，广东顺威精密塑料股份有限公司被佛山市顺德区总工会授予"纳入区级深化产业工人队伍建设改革台账管理企业"；2024年10月，公司挤塑一体化项目党员先锋队荣获中共佛山市顺德区委组织部颁发的"顺德区优秀科技攻关党员先锋队"称号。2024年5月，公司荣获"顺德区先进集体"称号。

设计最优风轮
拿下超级订单

—— 李嘉盛

李嘉盛,长得高大阳光,身上富有活力。这个出生于1989年的广州小伙,2011年从广东工业大学热能与动力工程专业(制冷方向)毕业后,进入广东顺威精密塑料股份有限公司工作。顺威作为国内塑料风轮生产规模最大的企业,在流体开发方面实力强劲,有着完备的技术研发体系。

李嘉盛在顺威积累了8年宝贵经验,2019年至2022年又在美的历练3年。2022年6月,他重回顺威担任离心组开发专家,马上带领研发团队接手了一个天花机项目,这个攻克旋转噪音行业难题的项目,从一开始就面临着巨大的技术攻关的挑战。首要的难题是,要将风轮降噪两个分贝,并改善其声音品质。原始风轮存在叶频旋转噪音问题,发出令人困扰的低频"嗡嗡"声。而声音处理一直是行业公认的棘手难题,声音仿真计算需要海量资源。

此外,叶频旋转噪音与风轮叶片数紧密相关,起初李嘉盛团队将焦点放在风轮结构(轮盖、轮毂、叶片、散热孔)研究上,耗费两个月却毫无收获。后来,他们把问题风轮安装在5款不同型号样机上测试,发现效果不一,进而排查样机结构件(面板、出风口、接水盘、导流圈、蒸发器等),历经两个半月,依旧没有找到解决方案。

就在思路陷入僵局之时,凯库勒发现苯结构的故事给了李嘉盛启发。他重新梳理数据、试验方案,回顾仿真流场压力云图,决定回归问题根源,将研究重点放回叶型。"既然常规方法行不通,那就只能大胆创新。声音由振动产生,风轮振动源于气流冲击和压力脉动,那么减少这两者的差值或许是解决问题的关键。"善于钻研的李嘉盛终于打开了技术研发的关键思路。

于是,李嘉盛带领团队对152种不同叶型的模型展开仿真,全面考量叶片数、包角、弦长、进口角、出口角、叶片厚度分布、不同截面基元集的叠加规律、前缘形状、尾缘形状等因素。经过艰苦努力,成功找出风轮压力面与被压面压力脉动差值最低的5个方案,并制作手板进行测试验证。最终,验证结果与预期一致,成功解决了问题。

"我们的研发项目最终耗时一年半,成功实现了同风量下降噪声4个分贝,不仅解决了叶频旋转噪声异常问题,而且噪声水平比日本大金的最新款风轮还要低。"这一成果打破了日本企业大金在低噪、轻量化结构、仿生技术方面长期以来的专利壁垒和技术封锁,为行业解决声音处理难题提供了全新的思路和方法,推动了整个行业在风轮降噪和声音品质优化方面的技术进步。

"在整个项目研发过程中,我们团队收获颇丰,申请了2个叶轮的发明专利和5个叶轮局部结构的实用新型专利。这些成果为公司赢得了巨大的商业价值,成功拿下海信、奥克斯的独家超级订单,年销售额达2500万元,极大地提升了公司的市场竞争力和行业影响力。"

宏伙集团
用心做好每一件"有温度"的事

广东宏伙控股集团有限公司始创于2003年，总部位于佛山市顺德区伦教街道。集团专注高端环境家用电器，是目前业内规模较大的智能家用电暖器的制造商和出口商，集团深耕欧美、日韩等市场十余载，与众多国际知名销售连锁机构建立了长期稳定的合作关系。

宏伙集团秉承"用心关爱员工"的企业方针，用心不断提升员工的幸福指数，将解决员工实际需求作为构建和谐企业的落脚点，认真地做好每一件"有温度"的事，营造积极健康、和谐幸福的工作氛围，让企业员工感受到企业的温度。

宏伙集团致力于为员工提供良好舒适的工作环境，2024年正式启用全新自建的总部办公大楼和智能化工厂。在筹备新总部建设项目时，宏伙集团引入了数字化技术，融合工业互联网、双碳、建筑美学等，以建立具有顺德家电特色的数字化示范基地。同时还配套了实验室、博士站、健身房、员工宿舍、饭堂、咖啡厅等设施，以满足员工各方面的需求，并定期进行环境检测，确保员工的健康与安全，最终于2024年3月正式迁入现位于新塘段的新总部办公大楼。

宏伙集团注重员工的个人发展和培训，通过组织各种培训和学习活动，帮助员工提升技能和职业素养。宏伙集团董事长张炜也参与培训，给员工分享自己的心路历程、从商人向企业家的转变过程等，充分体现了宏伙集团自上到下都十分重视员工的个人成长和职业发展。在关爱员工的身心健康方面，宏伙

> 伦教篇

集团会定期组织员工进行健康体检,通过每年的健康体检为员工的身体健康保驾护航。

宏伙集团一直致力于开展形式多样、内容丰富的文体活动,内部设立"篮球俱乐部"和"羽毛球俱乐部",每周都会定期组织活动。此外,公司积极组织辩论赛、村居友谊篮球赛等比赛,让员工们可以在公司精心打造的文体大舞台上,收获别样的幸福感和满足感,从而营造团结拼搏、积极向上的良好文化氛围。

一直以来,宏伙集团都在用心做好每一件"有温度"的事,通过关爱员工的身心健康、优化工作环境以及开展多样化的文化活动等建立起一个用心关爱员工的文化氛围,不仅提高了员工的工作满意度和忠诚度,同时推动了公司的持续发展,从而实现企业与员工的共赢。

用心干好每一件事

—— 刘和滨

刘和滨于2019年考入顺德职业技术学院，在校期间各项成绩优异，并顺利加入了中国共产党，2022年2月成功加入宏伙集团，成为2022届实习生中的一员。

刘和滨在实习期间积极向前辈们学习，并将专业知识应用到工作中。由于实习期表现良好，他对家电制造行业产生了浓厚兴趣，实习期后顺利转为宏伙集团正式员工，成为制造中心的一员。在工作上，他更是以严谨的态度、创新的思维能力和高效的执行力，将理论知识与实际工作深度融合，成功克服了一个又一个难题，赢得了同事们的认可与信赖。

"干一行、爱一行、钻一行、精一行"是刘和滨的工作目标，他深知"纸上得来终觉浅，绝知此事要躬行"的道理，初到工艺岗位，每日扎根车间现场，事事冲在最前面。刚到车间现场时，从最简单的螺钉识别做起，为了能够操作设备、看懂图纸、了解产品，一直在跟着前辈们学习，并随身携带一本笔记本，在遇到不懂的问题的时候，第一时间记录下来，并向身边的每一位同事学习，虚心听取同事们的建议。为了提高工作业务能力，他经常利用业余时间学习丰田公司的精益生产方式，以最佳工作态度开展工作，全面追求工作上的尽善尽美，逐步成长为一名合格的现场工艺员。

2023年2月，公司要针对家电产品配件进行无误差投放，需自行选购零部件制作二级防呆设备，避免配件少放的情况。刘和滨与部门同事一起主导了这项工作。在定下布局结构初稿后，刘和滨通过所学的专业知识，完成了相应功能的逻辑控制程序的编写，经过多次调试后，最终达到预期效果。

2023年5月，刘和滨多次参与精益生产改善周项目，并在改善周项目中严格把控每天的工作进度，对于滞后进度及时追赶，顺利达成项目合格验收的目标。2024年初，公司正式迁入新总部办公大楼，同时也意味着筹备了1年多的数字化项目即将在总部大楼落地执行。在数字化项目上线过程中，刘和滨也积极参与项目群的MES专项，参与项目的开发、维护、测试、使用，见证了各个功能模块的开发与单元测试，并提出了产品功能实现与迭代的相关建议。

> 伦教篇

云米科技
别开生面的中秋佳节游园会

  中秋节,作为中华民族的传统佳节,承载着丰富的文化内涵和深厚的情感内涵。为庆祝这一节日,佛山市云米电器科技有限公司于2024年特举办一场别开生面的游园活动,旨在通过一系列精心策划的活动,让员工在繁忙的工作之余放松身心,感受到公司的关怀与温暖,更进一步加深对传统文化的理解与认同。

  云米科技工会精心挑选了多种中秋应季水果及甜品,如哈密瓜、香蕉以及寓意团圆的柚子等,品种丰富、营养健康,更承载着公司对员工健康与幸福的美好祝愿。应节的中秋月饼,公司每人派发一盒,让员工可以带回家与家人共享美食,共赏明月。

  活动现场,员工们亲手制作属于自己的扇子,体验传统文化的魅力。DIY完毕后,手持团扇在活动背景墙下拍照留念,最终获得抽奖铭牌一张。"巅峰相见"积木搭建赛是一项考验员工耐心、细致度、空间思维能力及团队能力的活动,通过这个活动,员工们在轻松愉快的氛围中释放压力,享受创造的乐趣,增强团队凝聚力。由于公司"90后""00后"年轻人占比较高,为了迎合年轻人的兴趣爱好,工会组织了王者荣耀电竞比赛,让员工在紧张的工作之余,享受电子竞技带来的乐趣和挑战。云米科技挑选了上等的茶饼,每一个饼都蕴含着浓郁的茶香和深厚的文化底蕴,让员工在品茗之时,也能感受到公司对传统文化的尊重与传承。

最为特别的是，工会还为每位员工准备了公司自主研发生产的净水器。这款净水器采用了先进的过滤技术，确保每一滴水都纯净安全，体现了公司对员工健康的深切关怀。

云米科技精心打造的留影区，以传统节日的元素和温馨的装饰，营造出浓厚的节日氛围。在这一片特别设计的区域内，员工们一同记录每一个美好的瞬间。这些中秋活动不仅有助于提升员工的团队协作能力，还能够激发员工的创新精神和工作热情，为公司营造一个和谐、积极的工作氛围。

事事落地，使命必达
——邱有波

[伦教篇]

邱有波，作为云米科技公司生产部门的负责人，已经在这个岗位上默默耕耘了五年。他的工作态度严谨细致，对每一个分配的工作事项都力求完美，确保句句有回应、事事有落地。面对那些难以达到的生产目标，他从不轻言放弃，总是能够运用自己的智慧和经验，想出解决问题的方法，攻克难关，确保任务顺利完成。

特别是在双11备货旺季，生产计划紧张到极点，为保证能按时交货，邱有波更是将个人的休息时间置之度外，夜以继日地守在公司，亲自监督生产进度，确保每一个环节都不出差错。

在旺季团建聚餐的轻松时刻，当其他同事选择放松和享受时，邱有波却依然保持着对工作的高度责任感。聚餐结束后，他不辞辛劳地返回公司，继续致力于优化产线的安排，提升生产效率。在生产车间里，总能看到他在各个生产工序上研究琢磨，致力优化各个工序，让各个生产工序多节省时间。他深知，每一分钟的优化都可能转化为更高的产量，确保产品能够准时交付给客户。他的这种敬业精神和对企业的忠诚，无疑为公司树立了良好的榜样，也激励着每一位员工以更加饱满的热情投入到工作中。

邱有波的这种工作态度和无私奉献精神，在公司内部产生了深远的影响。他的班组长们都非常服从和敬佩他。他的同事们纷纷以他为榜样，学习他那种不畏艰难、勇于担当的精神。在他的带领下，整个生产团队形成了一种积极向上的工作氛围，大家齐心协力，共同面对挑战、解决问题。

随着时间的推移，公司的生产效率不断提高，产品质量也得到了显著提升。客户对公司的满意度和信任度也随之增加，为公司赢得了更多的业务和市场份额。这一切的成就，都离不开邱有波以及他团队的努力和付出。然而，邱有波并没有因为取得的成绩而骄傲自满，而是非常谦虚。市场竞争日益激烈，只有不断创新和改进，才能在行业中立于不败之地。因此，他继续保持着对工作的热情和专注，不断探索新的生产技术和管理方法，为公司的未来发展贡献自己的智慧和力量。

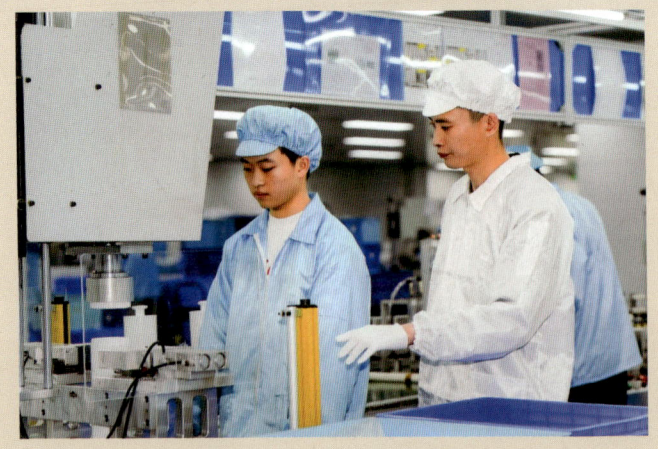

> 伦教篇

索奥斯
情系员工，夏送清凉

顺德的盛夏时节，常常烈日炎炎。

索奥斯工会心系职工，为切实守护索奥斯全体职工的身体健康，全力保障各项工作安全、有序进行，每到夏日，索奥斯工会就开展"情系员工，夏送清凉"慰问活动。

活动现场，大家有序领着各部门的防暑物资，一份冰爽的西瓜，一口透心凉的冷饮，一阵轻抚的微风，在炽热的夏日，索奥斯工会暖心地为大家送上夏日的清凉，让那汗水与闷热在这一刻消散，成为大家夏日里最美的记忆。

索奥斯工会将这份关爱也传到了千里之外正在出差工作的员工们身边，并为他们提供了清凉的冷饮，让他们在外也能感受到公司对他们的关怀和惦记。除此之外，生产车间提供物理降温，公司食堂也在夏季提供凉茶、糖水、绿豆沙等降暑饮品，帮助大家清凉度暑。

情系员工、夏送清凉的活动得到了员工们的一致好评，大家对工会在炎炎夏日里送来的清凉物资表示感谢。索奥斯工会用实际行动为广东索奥斯、芜湖索奥斯及索奥斯精密公司所有辛勤工作的员工送去清凉与关怀，切实提升员工的获得感、幸福感、安全感，确保职工防暑降温、安全生产工作两不误。

这项活动的开展也体现了工会对员工的深切关怀，以及对夏季防暑降温与劳动保护工作的高度重视。

> 伦教篇

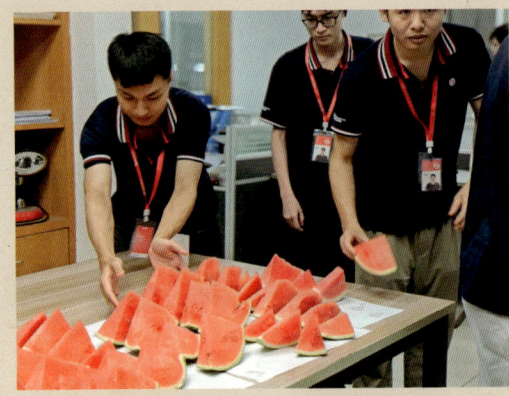

奋斗交织，
谱写追梦之路
—— 朱广富

朱广富，2011年入职索奥斯，现任索奥斯营销中心国内销售部区域经理。2011年，朱广富成功应聘为司机入职索奥斯。入职之后的10多年来，他通过自身努力，进行了多次转岗与提升，从司机到售后，从生产工艺（冷调）到销售，秉持着"干一行、爱一行、精一行"的理念，一路拼搏向上，书写了不平凡的10年，谱写了一名普通员工的追梦之路。

2011—2013年，作为一名司机，朱广富严格遵守公司规章制度，坚持每一次出车前的安全检查和车辆保养，做到准时出车、安全出车、稳定驾驶。他积极上进，怀揣梦想，不甘止步于此，便想去售后学习。有一次到了客户现场，他一刻也不耽误，积极和售后同事一起进行设备的安装、调试等工作，从最初只是简单的打打下手，到后来不断学习与沉淀，他对售后工作有了一定了解。

2013年，朱广富成功转岗售后，开启了他职业生涯的另一条路径。在这个过程中，他踏实肯干，勤奋好学，锲而不舍，不断突破自我，并得到工艺总工程师胡工的指导和鼓励。直至今日他仍记得胡工当年那句铿锵有力、鼓舞人心的话——"朱哥，你和其他司机不一样，你只要坚持努力学习下去，就一定会得到你想要的结果。"在胡工的耐心指导和帮助下，他积累了玻璃技术及钢化炉知识，也逐渐上手处理设备问题点。在工作中每一件被汗水浸湿了又干、干了又湿，到后来都起了白霜的战袍，见证了他对技术孜孜不倦的追求之心以及向前坚定迈出的每一步。

2017年底，为了将知识技术深化及应用，他又转岗到了车间，负责冷调工艺，严格践行精益理念，把关钢化炉的生产出货细节和质量。他时刻紧盯着冷调现场，仔细观察每台设备的运行情况，及时与技术人员探讨交流，并给出有效的建议。

人生没有任何白走的路，每一步都算数！从2019年至今，由于销售岗位有人员需求，他牢牢抓住机会参加内部竞聘，在有技术背景的加持下，再加上性格活跃外向、爱沟通交际，经过公司领导的评估，2019年他又转岗到了销售部。

在营销内部，他重新学习行业知识、市场行情、销售技巧、客户谈判，并结合自己对产品工艺、设备性能的了解，为客户提供满意的解决方案和优质高效的服务。2024年，朱广富主动请缨带领团队进军新市场，深入客户现场，立足一线了解客户生产情况、设备运作及产能效率，为客户提供降本增效的解决方案。客户的每一个电话、每一个需求，他都迅速反应，给客户提供全方位的服务。凭借着自己的专业和毅力，他攻克一个又一个客户，创下不平凡的业绩。

伦教篇

新通程交通
共唱"共情、共融、共赢"之歌

佛山市新通程交通科技服务有限公司前身于1998年在佛山经营出租车管理,现隶属佛山市顺德区口岸通程旅游汽车运输有限公司。经过二十多年的积极进取、开拓创新,新通程公司率先进行出租车公司化经营模式的探索并着手施行,积累了较成熟的出租车企业自营管理经验,在经营管理当中,建立了健全的安全生产、营运服务、驾驶员的招聘培训、车辆营运调度、突发事件应急预案、员工工资福利等各项管理制度,并严格规范执行。

信息登记、领取体检表,验血、量血压、B超、心电图等各项检查,新通程公司2024年员工健康体检活动有序开展。这样的体检每年一次,为广大驾驶员的身体健康保驾护航。"公司每年都会为员工进行健康体检,通过体检,企业员工不仅全面掌握了自己身体的健康状况,进一步认识到健康饮食、加强锻炼的重要性,还深刻感受到了公司的关爱与温暖。"驾驶员们如是说。

由于工作原因,出租车驾驶员精神高度紧张,久坐少动、缺少劳逸结合、熬夜、三餐不定时、饮食不规律,甚至上厕所的时间也不能保证。这些职业特点严重影响了他们的身体健康。对此,佛山市新通程交通科技服务有限公司每年开展职业健康体检,对驾驶员身心疾患早发现、早干预,赢得主动。此外,公司每年不定期开展职业健康讲座,普及常见急救知识、科学养生知识和健康生产生活方式,在防范和降低个人疾病风险、促进员工身心和谐的同时,提高驾驶员服务质量。

公司不定期开展驾驶员座谈会，就日常营运难点、如何提高收入、提升服务质量、公司政策讲解、出租客运行业健康可持续发展、巡网融合、黑车治理等广大驾驶员关注的问题展开讨论。座谈会的召开拉近了企业与驾驶员的距离，提高了安全管理人员与驾驶员之间的信任感，增强彼此之间的感情，真正做到"人到岗、心到岗"，实现了互相了解、互相支持、共同重视的目的。

通过举办及参与行业技能大赛，驾驶员有了更多展现自我的机会，原本枯燥的营运生活也变得丰富多彩。驾驶员在备赛及参赛环节，增进了彼此的交流，提高了竞争能力和团队合作精神，增强了职工的主人翁精神。

在平凡的岗位上勇获佳绩

—— 王见水

> 伦教篇

王见水，2011年开始从事出租车驾驶员工作。他礼貌服务、安全行车，在连续五届顺德区出租车行业技能大赛均获佳绩，两次被评为"顺德区职工岗位技术能手"，2019年入选了佛山最美的哥，2021年被评为广东省出租车"服务之星"，2022年荣获"文明标兵"称号，为出租车行业起到一个积极正面的引导作用。

王见水驾驶技术精湛，所获荣誉不断。作为一名出租车驾驶员，汽车驾驶技术是首要的基本功。王见水认真学习、刻苦训练驾驶技术，在多次比赛中均获佳绩。2015年获得顺德区出租车行业技能竞赛个人第十名；2017年获得顺德区出租车行业技能竞赛个人第六名；2019年获得顺德区出租车行业技能竞赛团队第一名和个人第二名，同时被授予"顺德区职工岗位技术能手"称号；2021年获得佛山市职工职业技能大赛出租车从业人员技能比赛团体冠军和个人优胜奖，同时获得顺德区职工职业技能大赛出租车从业人员技能比赛个人优胜奖，还被广东省城市公共交通协会评为广东省出租车"服务之星"；2022年与对班被评为"广东省五星级示范出租车"；在2022年滴滴出租车年度司机评选中荣获文明标兵称号；在"绿色出行 诚信服务"2023年顺德区职工职业技能大赛新能源网约车和巡游出租车驾驶员技能竞赛比赛中，获得个人优秀二等奖，所在团体荣获团体一等奖，个人被授予"顺德区职工岗位技术能手"称号。

在日常的经营服务当中，王见水坚持"安全文明、优质服务"的服务理念，以"只有乘客满意，我们的行业才有希望"为座右铭，对待乘客就像对待自己的家人一样热情，用诚信打造文明，用真情服务乘客。他把"乘客安全抵达，我心里就踏实了"作为一种快乐，那些乘坐过王见水出租车的乘客都会记下他的号码，希望下次还可以坐到他的车。王见水这种敬业精神不仅受到公司领导的赞扬，也受到了同行职工的一致好评。

王见水在出租车司机的岗位上遵章守纪、文明经营。他技术精湛、服务出色，是顺德这座城市一道每天流动的风景线。

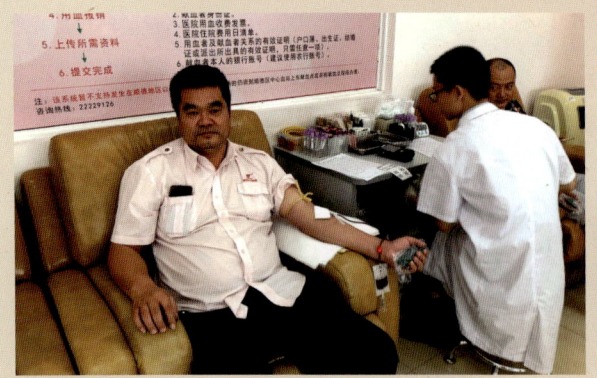

鼎华科技
雪中送炭，为员工解燃眉之急

2024年3月，广东鼎华科技股份有限公司得知集成服务部员工林培佳因母亲生病而需要大额医疗费用时，公司管理层第一时间对这位员工表达了深切的关怀，并送去了慰问金。管理层后又通过商议并决定，在无需担保和抵押的前提下，公司提供给林培佳本人一笔金额高达15万元的免息借款，分30个月还完借款。

这笔款项如同雪中送炭，帮助林培佳及时解决了家庭的燃眉之急。公司并特批假期让他能够更专注于母亲的陪护与治疗，无需为医疗费用缺口而忧心忡忡。这关心温暖之举，让林培佳及其家人深深感受到了来自公司的温暖与支持。

林培佳的家在伦教新塘村，受公司派驻，他此前的上班地点在顺德区政府大楼，为了便于林培佳有更多的时间陪护母亲，公司将他调回位于伦教羊额的公司本部上班。这个暖心的调动，可以节省林培佳往返路途的1个多小时时间，公司同时尽量不安排他加班。

公司的种种关心温暖之举，不仅彰显了公司对员工个人生活的重视与支持，也进一步增强了员工的归属感和团队的凝聚力，体现了公司为员工雪中送炭解燃眉之急的关怀。

> 伦教篇

爱企敬岗，追求卓越
——陈燚

　　广东鼎华科技股份有限公司工程服务部的陈燚，以其卓越的表现，成为员工爱企敬岗的典范。陈燚自加入工程服务工作以来，始终坚守岗位，勤勉工作，尽职尽责，从不计较个人得失，除非有特殊的工作任务安排，他总是每天最早到达公司的人。为了赶项目工期，遇到五一节假日需要加班的情况，他毫不犹豫地坚守在工作岗位上，无论项目施工地点距离多远，他都能迅速赶往现场，确保工作的顺利进行。

　　陈燚同志勇于创新、积极奉献，以严谨细致的工作态度确保工程项目的质量达到最优。项目实施很具复杂性，有时不单单是系统集成，还会有多行业、多工种的协同作业，他凭借丰富的经验，带领团队灵活变通，创造性地开发出一套适合的工作流程，有效应对项目工期。在赶工期间，他几乎将全部时间和精力都投入到了工作中，除了吃饭、睡觉就是工作，全心全意为公司项目的成功实施奉献了自己的一切。在他的带领下，团队不仅顺利完成了食品加工厂、宝林寺等监控运维工作，还出色地执行了公司安排的各项售前任务，展现了卓越的专业能力和团队精神。陈燚同志凭借其卓越的工作表现和无私的奉献精神，2021年度和2023年度均荣获公司"年度先进个人"荣誉。

　　陈燚家住容桂，距离公司较远。他为了避开交通高峰期，宁可自己早起，牺牲一点自己的时间，也从不迟到，总是第一个到达公司。在日常工作中，陈燚同志更是以身作则，积极倡导并推动部门同事提升业务技能。在他的带动下，多位同事主动报名参加了高空作业证的考试，不仅增强了个人专业能力，也为部门乃至公司安全生产的稳定开展奠定了坚实的基础。这种积极向上的学习氛围，成为公司企业文化中一道亮丽的风景线，有效推动了企业关爱员工与员工爱企敬岗氛围的营造。

　　尤为值得一提的是，在佛山市公共安全技术防范协会举办的智能安防职业技能竞赛中，陈燚同志作为团队领队，凭借出色的个人技术能力和卓越的团队协调能力，带领团队在激烈的竞争中脱颖而出，获得"安防技术能手奖"的荣誉。这不仅是陈燚同志个人能力的证明，也是整个工程服务部团队实力与协作精神的最好证明。

伦教篇

强立电器
和谐篇章散发互爱之光

在伦教街道总工会的指导下，佛山市顺德区强立电器公司在改善生产与工作环境、健全工会组织、丰富工会活动、关注员工生活等方面取得了突出成绩，提升了员工幸福感，增强了员工凝聚力，展现出了独特的魅力。

2023年7月，公司搬至伦教荔村新的厂房，这一举措极大地改善了员工的生产、劳动、学习条件和工作环境。新厂房在设计之初，就充分考虑到了员工的需求。生产车间宽敞明亮，通风良好，各类自动化设备的引入，不仅提高了生产效率，也降低了员工的劳动强度。

在学习条件方面，公司专门设立了员工培训室，配备了先进的多媒体设备和丰富的学习资料。定期组织各类技能培训和知识讲座，为员工提供了提升自我的平台。

此外，公司还打造了舒适的休息区域。配备了舒适的座椅、饮水机等设施，让员工在工作之余能够得到充分的放松。厂区内的绿化也做得十分出色，花草树木错落有致，为员工营造了一个优美的工作环境。

强立电器有限公司的工会组织健全、制度完善、工作规范、维权到位、作用明显。工会委员会由员工代表选举产生，他们来自不同的部门和岗位，能够充分代表员工的利益。在日常工作中，工会积极发挥桥梁纽带作用，及时了解员工的需求和意见，并向公司管理层反馈。同时，公司管理层也高度重视工会的意见和建议，积极采取措施加以解决。

在维权方面，工会更是不遗余力。当员工遇到劳动纠纷或权益受到侵害时，工会会第一时间介入，为员工提供法律援助和支持。通过与公司管理层的沟通协商，妥善解决问题，维护员工的合法权益。

为了丰富员工的业余生活，增强员工的凝聚力，公司工会组织了丰富多彩的活动。公司定期举办篮球赛、羽毛球赛、乒乓球赛等赛事。文化活动方面，工会组织了书法比赛、绘画比赛、摄影比赛等。员工们用自己的才华和创意，展现了对生活的热爱和对美的追求。此外，公司还举办了文艺晚会，员工们自编自演的节目精彩纷呈。

强立电器有限公司不仅在工作上关爱员工，还在生活上给予员工无微不至的关怀。公司为员工提供了免费的工作餐，菜品丰富，营养均衡。公益活动方面，公司积极组织员工参与社会公益活动，如义务植树、关爱孤寡老人、捐赠图书等。

奋进之爱铸就敬业精神

—— 马江涛

伦教篇

顺德区的非公企业中，有许多优秀的员工以他们的热爱与敬业，为企业的发展贡献着力量。其中，佛山市顺德区强立电器有限公司的自动化设备调机师傅马江涛就是一个突出的代表。马江涛于2012年5月入职，在自动化设备调试一线岗位上默默耕耘，展现出了非凡的敬业精神和专业素养。

自入职以来，马江涛始终保持着对工作的高度热情。每天，他总是早早地来到车间，认真检查设备的运行状态，为一天的工作做好准备。在工作中，他全神贯注，不放过任何一个细节。无论是对旧设备的日常维护，还是对新设备的调试，他都以严谨的态度和精湛的技术，确保设备的正常运行。

2023年7月，强立电器有限公司搬厂后引进了一批新的自动化设备。面对这些技术先进、操作复杂的新设备，马江涛没有丝毫畏惧。他主动承担起调试新设备的重任，加班加点地研究设备说明书，查阅相关技术资料，与厂家技术人员进行深入交流。在他的努力下，新设备很快就顺利投入生产，为公司的发展注入了新的动力。

在日常工作中，马江涛从不计较个人得失，总是以公司的利益为重。当生产任务紧张时，他主动放弃休息时间，坚守在岗位上，确保生产任务的按时完成。他的敬业精神和埋头苦干的态度，赢得了同事们的尊敬和领导的高度评价。

他不仅自己努力学习，还带动身边的同事一起进步。在车间里，他经常与同事们分享自己的学习心得和调试经验，帮助他们解决工作中遇到的问题。在公司组织的劳动竞赛中，马江涛凭借着扎实的专业知识和丰富的实践经验，多次在竞赛中取得优异成绩。

马江涛不仅在工作中表现出色，还积极为公司的健康发展建言献策。他结合自己在工作中的实际经验，提出了许多合理化建议。在工作中，马江涛总是以积极乐观的态度面对工作中的困难和挑战，与同事们友好相处、互相帮助。当同事之间出现矛盾时，他总是主动调解，化解矛盾，维护团队的和谐稳定。

裕顺福首饰
构筑温情港湾，共绘辉煌未来

在快节奏的现代生活中，企业不仅是经济活动的主体，也是员工的第二个家。一个真正关心员工、注重人文关怀的企业，能够激发员工的内在动力，促进团队和谐，营造出一种温馨、和谐的工作氛围，最终推动企业的持续健康发展。

佛山裕顺福首饰钻石有限公司就是这样一家企业，通过细致入微的关怀举措，如完善的社保公积金体系、额外的团体保险、温馨的生日庆祝、日常的关怀细节，以及在员工遭遇困难时的鼎力相助，构建出一个充满爱与温暖的工作环境。如员工刘观其的故事，展示了企业关爱如何转化为实实在在的支持与力量。

在谈及企业关爱时，首先不能忽视的是基础福利制度的建立和完善。社保与公积金，作为员工的基本生活保障，是企业责任感的直接体现。一家负责任的企业，会确保每位员工都能享受到国家规定的各项社会保险，包括养老保险、医疗保险、失业保险、工伤保险、生育保险以及住房公积金。这些制度不仅为员工解除了后顾之忧，也为他们的未来生活提供了稳定的预期。

除了制度性的保障，佛山裕顺福首饰钻石有限公司还通过一系列细致入微的活动和关怀，让员工感受到家的温暖。生日对于每个人来说都是一个特殊的日子，而企业为员工举办的生日会，正是这份特殊情感的最好表达。精心布置的场地、温馨的祝福语、精美的蛋糕和礼物，每一个细节都透露着企业对员工的重视与关爱。

该公司的关爱互助基金会自2008年成立以来，帮助了108位员工，捐助累计达26万元。员工刘观其的故事，就是企业关爱员工的一个生动例证。刘观其，一位在岗位上勤勉工作的普通员工，不幸被诊断出患有尿毒症，这一消息如同晴天霹雳，给他和他的家庭带来了巨大的打击。面对一周三次的透析治疗，他依然坚定地留在工作岗位上。后来虽然很幸运地找到了合适的肾源，但面对高昂的30万元治疗费用，刘观其一家陷入了深深的困境，四处筹借后还差近10万元。

在这个关键时刻，佛山裕顺福首饰钻石有限公司并没有袖手旁观，而是迅速行动起来，向集团周大福大福利基金申请借助5万元，同时，公司关爱互助基金会也向他伸出了援手，为他提供了额外的1万元捐助，公司发动同事们为他加油打气，共捐助28618.6元，企业用自己的行动诠释了"一方有难，八方支援"的人间大爱。最终，在公司和同事们的共同努力下，刘观其成功接受了手术，病情得到了有效控制。他重新回到了工作岗位，以更加饱满的热情投入到工作中去，用实际行动回报企业的关爱与帮助。

爱岗敬业，敢为人先

—— 蔡海森

　　蔡海森2009年毕业于中山大学。毕业后，蔡海森就加入了周大福旗下的佛山裕顺福首饰钻石有限公司，择一事终一生，不为繁华易匠心。至今，他已在此工作15年了。

　　劳模精神彰显职业道德建设的榜样力量，劳动精神契合职业道德建设的价值目标。公司每年都会评选"优秀新员工"和"优秀资深员工"。刚进公司，蔡海森就被这满满仪式感背后散发出的光芒给感染了。这是对获奖者的肯定，更是对旁观者的激励。当他终于获得优秀员工的殊荣时，他才体会到什么叫升华，他感觉身上是温暖的，似乎有微光发出，照耀着周围那些旁观者。

　　匠心制造是周大福每一件产品背后的助力。如切如磋，如琢如磨，周大福七十多年的钻石加工历史，积累下了大量的经验与心得。投入到这一份事业中，蔡海森拼命地汲取吸收前人留下的养分，从感叹钻石闪耀的美丽外观，到惊叹钻石切割蕴含的种种道理，由表及里、由浅入深，他终于认识到了什么叫"振兴工艺、技冠环宇"。

　　周大福是国内天然钻石加工的龙头企业，公司希望将七十多年的经验奉献给消费者，奉献给行业，让更多的消费者了解钻石背后的故事，让更多的从业者掌握钻石切割的技能。公司想要制定行业标准，填补行业空白。为此，公司交给蔡海森一项艰巨的任务。蔡海森明白，这是公司对他的信任与栽培，也是他进一步学习和提升自己的宝贵机会。

　　钻石美无止境的匠心密码，是数学+美学+哲学的完美结合。蔡海森是学材料物理出身，略有数学与物理的底子，否则这项任务的难度必将再上一个等级。蔡海森深有感触地说："我们与国检（NGTC）合作，经过四年多的不断完善，终于在2022年推出了两个行业标准——《钻石八心八箭效应·测试与分级》《钻石·花式切工技术规范》。本着敢为人先、不断创新的精神，我们对行标中的部分数学公式和钻石切工形状又做了调整和拓展，并于全球行业内出版发行了两部详细解析钻石花式形切工的书籍——《钻石花式形切工·Ⅰ》和《钻石花式形切工·Ⅱ》。"

| 伦教篇 |

冠宇达
妥善解决问题　增强关爱员工

　　佛山市顺德区冠宇达电源有限公司工会一直致力于打造一个温馨、和谐的工作环境，重视员工的身心健康和家庭幸福。为了进一步提升员工满意度和团队凝聚力，工会在2024年夏季实施了一系列关爱员工的活动，包括"送清凉"行动、青少年夏令营以及团建赋能活动。这些举措不仅提升了员工的工作热情，还增强了他们对公司的归属感。

　　随着夏季气温逐渐升高，公司管理层意识到高温天气可能对员工的身体健康和工作效率造成不利影响。因此，决定开展"送清凉"行动，确保每位员工都能在舒适的环境中工作。公司为所有员工准备了防暑降温用品，如清凉油、防晒霜、便携风扇等，并定期补充。同时，在办公区域安装了新的空调系统，并增加了多台空气净化器，保持室内空气清新凉爽。

　　该公司不仅调整了夏季的工作时间表，实行弹性上下班制度，避开高温时段，同时在休息区设立了免费的冰镇饮料站，提供绿茶、菊花茶等消暑饮品。通过这一系列措施，员工们普遍反映工作环境更加舒适，工作效率也得到了显著提升。

　　许多员工都是双职工家庭，暑期孩子的照顾成为一大难题。为此，该公司特别策划了为期两周的青少年夏令营，旨在解决员工子女托管问题，丰富孩子们的假期生活。通过与当地知名教育机构合作，设计了丰富多彩的课程内容，涵盖科学实验、艺术创作、体育锻炼等多个方面。家长们纷纷表示，这样的活动让他们感受到了公司的温暖和支持，更愿意将更多精力投入到工作中去。

为了增强团队协作能力、激发员工潜能，公司组织了一次主题为"团结奋进"的户外拓展训练，旨在通过一系列富有挑战性的任务，提高团队凝聚力和执行力。团建活动极大地促进了同事之间的相互了解和信任，很多员工表示通过此次活动找到了新的朋友，也发现了自己未曾察觉的优点。

冠宇达电源有限公司工会通过"送清凉"行动、青少年夏令营及团建赋能活动等一系列关爱员工的举措，不仅有效提升了员工的工作满意度和幸福感，也为公司的长远发展奠定了坚实的基础。

全年工作中实现发料零失误

——赵永州

> 伦教篇

顺德区冠宇达电源有限公司，有一位员工以其卓越的工作表现和无私的奉献精神赢得了同事们的广泛赞誉，他就是仓库员工赵永州。赵永州不仅在日常工作中表现出色，也在关键时刻展现了他对岗位的热爱与责任感。

赵永州在2024年的全年工作中，实现了发料0失误的记录。这不仅体现了他对工作的严谨态度，也反映了他对细节的高度关注。在仓库管理中，发料的准确性直接关系到生产效率和产品质量。赵永州通过严格的流程管理和细致的操作，确保了每一次发料的准确无误，为公司的正常运营提供了坚实保障。

除了日常的发料工作，赵永州还积极配合销售部门的需求而开展工作。在节假日或深夜，当公司接到紧急订单时，他总是第一时间响应，确保货物能够及时发出。

2024年一次台风来袭，仓库出现了积水情况，严重威胁到了存储的货物安全。面对这一突发状况，赵永州毫不犹豫地挺身而出，不顾个人安危，奋不顾身地展开货物保护工作。在他的带领下，仓库内的货物得到了最大程度的保护，避免了重大损失。

赵永州的事迹充分展示了什么是真正的爱岗敬业。他的认真负责、积极主动和无私奉献，不仅赢得了同事们的尊敬，更为公司树立了一个榜样。正是有了像赵永州这样的员工，冠宇达电源有限公司才能在激烈的市场竞争中稳步前行，不断取得新的成就。

海得曼
关爱员工生活　支持员工成长

佛山市顺德区海得曼电器有限公司自成立以来，始终秉持"以人为本、互利共赢、共同进步"的用人宗旨，通过实际行动和投入，深切关爱并助力员工的工作与生活，赢得了广大员工的一致好评。

2018年，公司特别设立员工"互助基金"，该基金主要为遭遇突发事件或身患严重慢性病的员工提供帮扶。公司每年定额注入资金，开辟员工捐款渠道，鼓励员工自愿参与捐款。公司与企业工会紧密合作，工会每月不定期收集困难员工信息，经核实后，在工会补助的基础上，"互助基金"再进行同等金额的补助。对于患有严重慢性病的员工，基金还会按月提供持续的补助。互助基金成立6年来，公司注资达18万元，已累计支出补助24.3万元，共帮助过12名员工，其中包括3名长期受资助的员工。

鉴于大部分员工在外住宿且多骑电动自行车上下班，而在出租屋对电动车进行充电存在较大的安全隐患，2023年，员工电动自行车充电问题经工会反馈至公司后，公司迅速响应，当月即投入19万元，在公司停车棚内安装了110个电动车充电桩，免费向所有员工开放。同时，公司采取定时监管措施，规定每天8：00至17：30之间提供充电服务，其他时间则自动断电，以确保充电安全。

公司每年还定期安排全体员工进行体检，为接触职业危害岗位的员工安排专门的职业健康体检。此外，公司每年固定组织全体员工外出旅游。在三八妇女节、劳动节、端午节、中秋节等法定节假日，公司向全体员工发放节日礼品或现金红包。每年春节前，公司还举办年会、抽奖等活动，以增添节日氛围。每年夏天，公司饭堂为员工免费提供防暑降温的凉茶、糖水等饮品，每月举办员工生日餐会等活动。

在员工成长方面，公司不断完善培训体系，建立健全了从一线员工到高级管理人员、高级技术人员的系列培养制度，平均每人每年至少接受40小时的脱产培训，公司还鼓励员工考证、考级，对成功取得证书的员工给予额外奖励。

注塑车间里大显身手

—— 李志猛

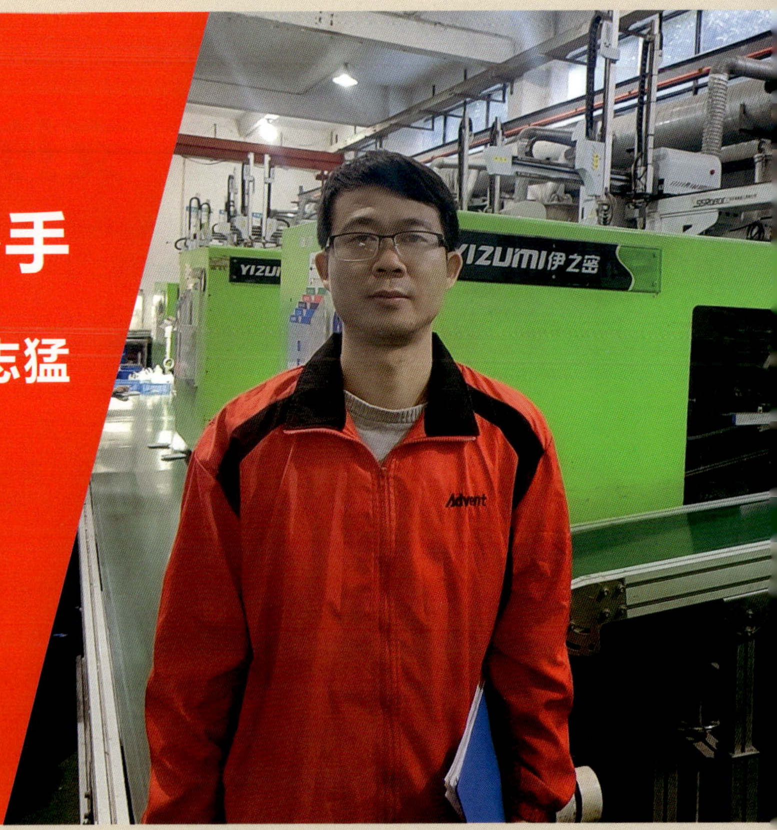

　　2015年，李志猛加入佛山市顺德区海得曼电器有限公司，担任车间技术员。多年来，他凭借勤劳实干、爱岗敬业、好学肯钻的精神，赢得了公司领导和同事的一致认可。

　　在注塑成型领域，李师傅深耕多年，始终保持对新技术、新设备的学习热情。通过不断的学习和实践，他掌握了多种注塑材料的特性和模具结构，能够熟练地进行对注塑机及周边设备的维护和调试。面对生产过程中的疑难问题，李师傅从不退缩，积极寻找解决方案。他通过改良模具、优化注塑参数等手段，成功提升了产品的产量和品质，降低了不良率和报废率，为企业节约了成本，提高了效益。一次，注塑机突发故障导致生产线停工，李师傅迅速组织团队抢修，经过连夜奋战，成功修复设备，恢复生产，避免了企业遭受重大经济损失。

　　李师傅深知产品质量是企业的生命线，在生产过程中始终坚持严格的质量控制标准。他积极参与产品检验，确保每一件产品都符合客户的要求。当发现产品质量问题时，他会迅速组织团队进行追溯和分析，找出问题的根源，采取措施加以解决，防止类似问题再次发生。

　　2019年，李师傅晋升为注塑车间主任。他特别注重团队建设，通过培训和指导提升团队成员的技术水平和综合素质。他鼓励团队成员相互学习、共同进步，营造了一个积极向上的工作氛围。同时，他采用科学管理方法，合理安排生产计划，优化生产流程，提高了生产效率。2022年，公司接到了一个高要求的项目订单，但现有的生产设备和工艺无法满足客户需求。李师傅带领团队进行了多次试验和改进，最终成功研发出一种新的生产工艺和设备配置方案，不仅满足了客户需求，还提高了生产效率和产品质量。

　　李师傅带头遵守公司的各项规章制度，以高标准要求自己。他用自己的实际行动践行了"干一行、爱一行、钻一行"的职业理念，为企业的发展和团队的成长做出了重要贡献。

伦教篇

裕达珠宝
践行"双爱" 打造和谐企业文化

佛山市顺德区裕达珠宝首饰制造有限公司坐落于周大福顺德匠心智造中心，现有员工约860人。周大福顺德匠心智造中心自1988年成立以来，已逾35载，是周大福珠宝集团的重要生产基地。

公司始终秉持依法用工的原则，规范劳动合同管理，确保员工入职当月100%签订劳动合同，全员足额购买社会保险和住房公积金。公司重视员工职业健康，设专职部门管理，提供安全舒适的工作环境，建立健全安全管理标准和制度，确保各项制度执行到位。在员工关系管理上，公司积极配合政府做好劳动就业工作，实现了企业劳动争议零纠纷。

公司依法组织工会，定期组织会议，重大决定均开展民主协商，确保员工权益得到充分保障。公司设有解困基金，对发生重大意外或疾病的困难员工提供资金帮扶。为了丰富员工业余生活，公司定期组织文体比赛和节日福利活动，并不定期开展技能竞赛、知识竞赛等，以提升员工综合素质。

工会作为员工的坚强后盾，始终致力于为员工办实事、办好事，以最大的诚意和努力为员工谋求更多、更优的福利。2013年，公司斥资建成占地2300平方米的员工康乐中心。该中心设有多功能会议室、KTV室、乒乓球室、桌球室、舞蹈室、器械室等，为员工提供了丰富的休闲娱乐场地。工会还出资聘请专业健身教练，每个工作日均开设如有氧健康操、搏击、瑜伽等健身课程，以满足不同员工的运动需求。仅2024年度，课程和场室使用超过2700人次。这些福利设施不仅提高了员工对健康的关注度，还激发了他们的工作热情，他们以更加强健的身体和更加饱满的精神状态投入到日常工作，继续为公司的建设与发展贡献力量。

作为一家负责任的企业，裕达珠宝不仅回馈社区、推动社会进步，还通过实际行动感染员工，使其铭记自己的社会责任。公司通过参与及举办各种爱心公益活动，发动员工和员工亲友参与其中，提升员工社会价值，营造互助氛围。值得一提的是，裕达珠宝连续十多年开展无偿献血活动，得到广大员工的大力支持，多次荣获顺德区中心血站颁发的"无偿献血促进单位"荣誉称号。

在"双爱"文化中成长，助力企业发展

—— 麦远帮

> 伦教篇

2012年，麦远帮踏入佛山市顺德区裕达珠宝首饰制造有限公司的大门。从此，他深深感受到公司爱员工、员工爱公司的企业文化。这种"双爱"文化不仅在日常工作中体现得淋漓尽致，也在每一名员工的成长和发展中得到了充分展现。

麦远帮所在的团队，是一个充满活力、创新和协作精神的集体，在这里，个人的成长与团队的合作、企业的长远发展是密不可分的。入职以来，在公司、部门领导和同事的悉心帮助下，麦远帮从一个普通的化验员逐渐成长为副主任化验工程师。通过一系列有针对性的内外部培训，麦远帮开阔了行业视野，提升了自身技术和管理能力，相继获得分析化学工程师职称、化学检验员高级技师（国家一级）、贵金属检测技师（国家二级）等职业技能等级证书。

麦远帮深感自己的成长与提升离不开公司领导的用心栽培，他常怀感恩之心，用实际行动来回馈公司的培养。在他看来，学习的目的不仅有完善和提升个人能力，还有更好地服务于公司的发展，将个人的成长与企业的繁荣紧密相连。

2023年，麦远帮以教练的身份，指导和带领同事参加了全国行业职业技能竞赛——"第十二届全国黄金行业职业技能竞赛贵金属首饰与宝玉石检测员（贵金属）"大赛。经过层层激烈比拼，参赛队伍最终斩获全国第七名，荣获全国黄金行业技术能手和团队优秀奖，为行业和企业培养输送了优秀的技能人才。

同年，麦远帮还受邀参加了在北京举行的第16届国际珠宝首饰学术交流会，作为学术专家，就珠宝行业最新研究成果发表了主题演讲。他的学术研究成果《浅谈贵金属增材制造粉末的制备及检验》荣获优秀奖，裕达珠宝成为佛山市唯一一家获此殊荣的企业，极大地提升了公司在珠宝行业中的专业形象。

公司鼓励员工积极提出合理化建议，为企业的健康发展建言献策。在工作中，麦远帮制定的改进方案和措施有效提升了工作效率，提高了技术操作能力，消除了安全隐患，还节省了企业成本，从而获得公司"驿站联盟"流程优化活动多个荣誉称号。麦远帮带动同事一起参与公司流程优化活动，树立了先锋模范形象。

银星智能
以关怀为翼 绘就员工幸福蓝图

在当今这个竞争激烈的市场环境中,佛山市银星智能制造有限公司始终秉持"用机器人使生活更美好"的核心理念,将关怀员工作为企业发展的重要基石,在关爱员工方面投入了大量心血,通过一系列贴近现实、深入人心的举措,赢得了广大员工的信赖与好评。

公司投入巨资,对厂房进行全面升级,引入先进的自动化设备,不仅显著提高了生产效率,还有效降低了员工的劳动强度。公司注重工作环境的通风与采光,确保员工在明亮、宽敞的环境中工作,有效减少了员工长时间工作后的疲劳感。公司还设置完善的安全防护设施,定期进行设备维护与检查,全方位确保员工的人身安全。

在佛山市银星智能制造有限公司,工会组织发挥着举足轻重的作用。工会干部由员工代表选举产生,他们来自不同的部门和岗位,能够充分代表员工的利益。工会制定了完善的规章制度,明确了工作职责与流程,积极发挥桥梁纽带作用,及时了解员工的需求与意见,并向公司管理层反馈。公司管理层高度重视工会的意见和建议,积极采取措施加以解决。在维权方面,工会更是员工坚强的后盾,当员工遇到劳动纠纷或权益受到侵害时,工会会第一时间介入,为员工提供法律援助与支持,确保员工的合法权益得到切实维护。

为了丰富员工的业余生活,增强员工的凝聚力与归属感,工会组织了丰富多彩的文化活动。在体育

伦教篇

活动方面，定期举办篮球赛、羽毛球赛等赛事，员工们积极参与，在赛场上挥洒汗水，展现出顽强拼搏的精神风貌。在文化活动方面，公司组织书法比赛、绘画比赛等，员工用自己的才华和创意，展现了对生活的热爱与追求。此外，公司还举办文艺晚会，员工自编自演的节目精彩纷呈，赢得了阵阵掌声。

在生活上，佛山市银星智能制造有限公司给予员工无微不至的关怀。公司为员工提供各类工作餐，菜品丰富，营养均衡，可满足来自不同地方员工的口味需求。公司为员工提供舒适的宿舍，宿舍内设施齐全，配备了空调、热水器等，员工在忙碌的工作之余能够享受到家的温馨。此外，公司还关注员工的家庭生活，每逢员工生日，公司都会送上生日祝福与礼物。当员工家庭遇到困难时，公司会及时伸出援手，给予帮助与支持。

公司不断创新方式方法，助力员工成长与发展。公司建立起完善的培训体系，定期组织各类技能培训与知识讲座，为员工提供提升自我的平台。为鼓励员工参与创新创造活动，公司设立了员工创新基金，大力支持员工的创新项目与技术研发。

力争每台设备处于最佳运转状态

—— 韦彩桂

2021年2月,韦彩桂加入佛山市银星智能制造有限公司,从此,她将自己的全部热情和精力投入到了总装车间生产一线,用辛勤的汗水和不懈的努力,诠释了爱岗敬业的真谛。

每天清晨,当车间里的机器还未完全苏醒时,韦彩桂已来到工作岗位,她仔细检查每一条生产线,确保每台设备都处于最佳状态。生产过程中,她更是以精益求精的态度对待每一个环节,无论是零件的组装还是产品的检测,她都力求做到尽善尽美。

面对公司引进的新技术和新设备,韦彩桂没有丝毫畏惧和退缩。她主动学习新知识,掌握新技能,迅速适应了新的生产环境。在她的努力下,总装车间的生产效率不断提高,产品质量也得到了显著提升。韦彩桂从不计较个人得失,当生产任务紧张时,她总是主动承担更多的工作,加班加点地奋战在生产一线。她的这种勤勉敬业、追求卓越的工作态度,赢得了同事们的尊敬和领导的高度评价。

韦彩桂不仅在工作中表现出色,还非常注重自己的职责和担当。她深知,作为一名一线员工,自己的每一个细微动作都关系到整个生产线的运行和产品的质量。因此,她始终保持着高度的警惕和责任心,对待工作一丝不苟。当同事遇到困难时,韦彩桂总是毫不犹豫地伸出援手。她用自己的实际行动诠释着无私奉献的精神,成了同事们心中的楷模。在她的影响下,总装车间的团队氛围更加和谐融洽,大家齐心协力,共同为公司的发展贡献着自己的力量。

韦彩桂注重公司的整体发展和创新。她结合自己的工作经验和观察,向公司提出了许多合理化建议和改进意见。这些建议涉及生产流程的优化、设备维护的加强以及产品质量的提升等多个方面,得到了公司领导的高度重视和认可。公司逐步采纳并实施,不仅提高了生产效率和质量,还降低了生产成本和风险。

韦彩桂就是这样一位敬业之星,她用自己的实际行动诠释着爱岗敬业的真谛,也展示出银星智能制造有限公司员工的优秀品质和崇高精神。在她的榜样引领下,越来越多的员工加入到爱岗敬业的行列中来,共同推动公司迈上新的台阶。

勒流篇

湛新树脂
打造可持续发展环境　与员工共创未来

　　湛新树脂（佛山）有限公司成立于2004年4月1日，是一家外资独资企业，母公司在全球拥有约30个生产基地，专业生产涂料用树脂、助剂和交联剂，是该行业中具备领导地位的集团企业。企业以顾客为中心，超越客户期待；勇于创新、追求质量，值得信赖；全力以赴、创造价值；开放、包容和诚实，通过多年的营造和发展，促使企业在提升员工水平、优化产品结构、不断改良生产环境和工艺技术的同时，实现了自身的可持续发展。

　　2017年，公司投入300万元，完成废气净化炉建设，收集净化生产尾气，为职工提供优良工作环境。2019年，公司投入100万元，更换有机热载体炉，提高能效，降低氮氧化物含量，生产效率得到提高，增加员工工资上涨空间。2019年，公司增产水性产品，优化产品结构，改善工作环境质量，提升员工工作满意度。2023年，公司投入200万元，完成电房整体搬迁，提升工厂生产安全系数，降低生产风险，通过参加安全生产活动，员工增强安全生产的责任感、使命感。同年，公司成立工会，组织员工开展技能培训、文体活动，维护员工权益。次年，公司为出现职业病趋势的员工调整岗位，更换一批老旧空调设备等，为员工提供更加优质的工作环境。

　　该公司持续开展精益生产行动，降低工厂的能源、资源消耗和废物产生，是清洁生产达标企业，营造人与自然和谐共处的生活环境，提高职工的认同感、使命感。同时组织员工参加急救医疗培训、消防应急体验，全体员工提升了安全意识和技能水平。公司历年为员工开展体检、医学健康营养等培训，增加员工健康管理能力，让员工学会关注自身健康，为未来的职业发展打下坚实的基础。

发挥专业技能
助企业发展

—— 钟志棠

> 勒流篇

钟志棠2010年入职公司以来,一直在生产经理和安全管理人员等职位上兢兢业业、勤勤恳恳地工作,他运用自己的专业知识和技能,持续把控公司生产工艺的安全执行和推广优化,推动着公司安全、质量和环境体系的协调发展。

钟志棠积极引进新产品、新工艺,落实ERP管理系统,开展和组织员工参与生产安全培训、竞赛,提高技术水平和安全意识,公司产品合格率稳步提升,不断推动公司经济效益增长。公司曾一度使用氨基、异氰酸酯固化等材料,使用氨基时要求在高温条件下烘烤,使用异氰酸酯后有残留成分对人体有害,而且价格昂贵。对此,钟志棠提出采用非异氰酸酯固化产品,操作这样的新材料,温度区间特别广,而且清洁环保、价格便宜。又如,钟志棠还建议公司选用二级分散体乳液,这种水性产品的主要介质是水,即使在低温下也能进行反应,对环境比较友好。

日常工作中,钟志棠善于排查隐患,积极组织异常处理和事故原因分析,协调设备改良,持续改善设备和工作环境。曾经有一次,公司有客户过来要求代加工产品,他们把好大一部分活性反应物直接放进反应壶里作反应,钟志棠发现后认为,大量活性反应物反应时,放热太快,温度突然飙升,可能导致现场生产安全不可控,于是要求公司拒绝为客户代加工,以确保车间生产安全。关于工业设备的改造,则覆盖公用工程很多方面,如有机液载体炉里面的一些连锁、关键参数的设置,钟志棠参与处理,以确保设备防爆、自动化程度更高。

钟志棠表现出的卓越工作能力,做出的重要贡献,他的工作态度、专业素养和团队合作精神都是职工学习的榜样,他激励越来越多的同事专注学习、提升业务,共同为公司的发展贡献力量。

骏达电子
40年专注做好一件事

  佛山市顺德区骏达电子有限公司创办于1983年，是一家内资私营企业。40年来，公司专心专注致力于印刷线路板专业生产，秉承"以人为本、全体参与、创造优质、取信客户"的经营理念，坚持"团结、进取、求实、开拓"的企业精神，以先进的技术装备、科学的管理、超前的环保意识和健全的环保体系，投入数千万元改善公司自动化生产设备和环保设施，为公司创造优良的产品品质，同时在各方面更好地服务广大客户。

  公司核心理念是"以人为本"，把员工的全面发展、能力发挥与自我价值实现作为核心目标，通过培养、发展和成就，促使企业在员工提升的同时实现自身的持续发展。该公司每年举行职业技能大赛，提升员工的理论水平和实操技能。同时开展"师傅带徒弟"培训，强调一对一现场个别指导，通过师傅的实际操作和言传身教，帮助徒弟掌握基本业务知识和操作技能，助力员工成长。

  该公司会根据员工的喜好和实际需求，精心挑选礼品，春节、妇女节、劳动节、中秋节时发放礼品，让员工感受到公司的温暖和关怀。公司定期为员工进行健康体检，及时发现员工的健康问题，并采取相应措施进行干预和治疗。根据员工服务公司的司龄给予相应的津贴，激励员工长期服务于公司，增强他们的归属感和忠诚度。对工作中表现突出的员工，公司给予表彰和奖励，为员工提供晋升机会和职业发展路径。

> 勒流篇

当员工或其家属遇到重大疾病等特殊情况时，公司组织发起筹款募捐倡议，筹得的善款直接交到困难员工手中，尽力帮助员工解决困难，给予最大的帮助和关怀。这不仅可以体现公司的社会责任感，还能增强员工对公司的信任和依赖，让员工感受到集体的温暖和力量。

公司还会定期举办各类职业技能比赛和文体活动，如篮球赛、羽毛球赛、乒乓球赛、趣味运动会等，以提高员工工作效率和能力、增进员工之间的友谊和协作能力、提高团队的凝聚力和向心力。同时，这些活动也能让员工在紧张的工作之余得到放松和娱乐，有助于缓解工作压力和提高工作效率。

以敬业爱岗的精神创造不凡

——梁碧娱

  从基层员工做起，当过洗网员、印刷员、工程绘图员，1996年，梁碧娱从学校毕业后，入职佛山市顺德区骏达电子有限公司研发部，28年来，为公司的科技进步和生产工艺顺畅付出了青春汗水。

  担任公司研发部经理以后，梁碧娱独自一人去深圳学习电脑绘图技术。原来需要手工绘图、拍片成像输出菲林，后来转变成电脑绘图，再将图形输入光绘机。现在她学会了运用自动出菲林的技术将图形转移到光绘机，并传授给一线的同事，使一线的同事将该技术融会贯通到公司的实际操作中。梁碧娱勇于创新、敢于实践，让研发部发生了翻天覆地的变化。在她的带领下，团队不断研发新产品，革新工艺技术，公司连续多年被评选为高新科技企业。梁碧娱认为，身为一名员工，就要把个人成长与企业发展紧紧联系起来，少计较个人得失，与企业一起成长。

  梁碧娱先后参加客户提供的技术交流平台，学习丰田汽车的精益生产管理，优化生产流程中原材料的拼版方案，提高生产利用率，带动本部门工程师在设计方面创造更高的附加值和经济效益，在企业产业发展中加大科技含量，简化生产工艺流程。

  梁碧娱不仅推进公司科技工作全面进步，还帮助健全公司的生产工艺流程，制定每年的产品QC工程图，推进质量、环境和职业健康三大贯标体系合并管理，提高技术创新能力。结合公司管理实际，主持ERP生产工艺、生产流转信息软件管理系统的开发应用。

  在公司全体员工技能大赛中，梁碧娱积极撰写培训材料，利用班后时间与同事演练提升技能，大赛前又到生产一线帮扶同事，为他们解答疑难，由浅入深讲解理论知识，通过实操验证方法有效性，使企业生产效率和生产质量有明显的提升。

铁人机械
关爱员工 做有温度的"铁人"

佛山市铁人木工机械设备有限公司创立于2012年，是一家集研发、生产、销售、售后于一体的生产实体企业。公司秉承"以厂为校，以厂为家"的理念管理公司职工，员工们即使面对着冷冰冰的铁块，也能感受到公司带来的温暖，每一位进入铁人公司的员工都能成为"有温度的铁人"。

铁人公司每年会安排员工到培训机构接受系统化管理培训学习，通过培训学习后的员工，在工作中更加有积极性，也懂得寻求不一样的方法去解决问题。通过询问走访员工的生活细节，他们也说，通过公司安排的培训学习，自己在家庭生活中也有了不一样的想法，能更懂得珍惜自己、爱护身边人。

每天早上，员工一回公司就朗诵"付出不亚于任何人的努力""要谦虚，不要骄傲"……该公司推出"六项精进"举措，好的内容总让人有所启发。公司不仅对员工的工作负责，也对他们的生活负责，员工能树立正确价值观回赠社会。公司为了提高员工阅读积极性，还组织晨读绩效考核PK，晨读内容包含工作、生活、家庭等各方面的优秀短句。每个月成绩突出的队伍，都会获得相应奖金，奖金用于队伍团建、聚餐等。晨读绩效考核PK不仅能提高员工对工作和生活的激情与热爱，还能增强团队的凝聚力和竞争力。

该公司成立工会，努力为员工谋福利，如争取节假日礼品补贴、生病住院慰问补贴、学习培训补贴、组织团建活动等。员工无论在工作还是生活上出现困难，公司都将给予一定的帮助，员工都能深切感受公司的温暖，并延续这份温暖，送给身边每一个人，大家都成为有温度的热心人。

> 勒流篇

做好身边小事，落实应尽责任

—— 谢培军

勒流篇

谢培军技工出身,从事木工机械行业有近30年经验,特别是在团队管理、文书写作方面比较优秀。2012年,谢培军加入佛山市铁人木工机械设备有限公司,担任行政经理,他常说把"身边的小事做好,把应尽的责任落实",这是他严于律己的工作准则。

在铁人公司,谢培军积极参加各种管理培训,不断提升自身管理水平,在生产部门里不断学习,无论细微到机械零件运用,还是复杂到图纸的设计、安装,他都有深入了解。为了节约公司用人成本,他还特意报考叉车驾驶,获得操作资格证。他希望帮助员工在安全情况下做好服务,节省时间,好好干活。没有感天动地的豪言壮语,只有屈身前行的不懈努力,谢培军用自己无言的行动,默默展现着自己的人生观、价值观,成为单位先锋岗上的优秀楷模。

在随后的工作中,因管理水平还有对生产流程相对比较熟悉,公司经过投票方式,选举谢培军担任铁人机械厂厂长。厂长岗位充满挑战,谢培军勇克难关,用良好的工作状态和旺盛的工作精力,做到了干一行、钻一行、精一行,始终一心为这个岗位服务,担起这个重任。在无数个日夜付出的辛劳和汗水,换来的是一系列的荣誉,那一张张荣誉证书就是他创先争优的写照!

谢培军爱岗敬业,不仅仅是甘于奉献,更重要的是他把团结协作当成一种应有的态度、应尽的责任,时刻记在心里,处处当好表率。在这个高效运作的生产部门,当人手不足时,总能看到谢培军的身影,员工遇到工作困扰时,总能得到他的细心指导与帮助。作为一厂之长,谢培军把服务扩大到各个部门,耐心细致地进行调整,让公司整个管理系统以及流程慢慢优化起来,使各个部门做事都能更加得心应手。谢培军相信,平凡人生每一份真诚的执着与奉献是一道亮丽的风景,每个不懈耕耘的员工都将拥有灿烂的明天。

屏荣食品
全面关爱员工职业发展

在当今竞争激烈的商业环境中，员工是每个公司的核心资产，他们的身心健康与职业发展直接关系到公司的长远发展。为此，佛山市顺德屏荣食品发展有限公司采取了系列措施来全面关爱员工。

公司高度关注员工的身心健康。为了提升员工的健康水平，公司邀请了专业的健身教练为员工举办健康讲座、开设健身课程。这些举措不仅帮助员工保持身体健康，还能提高他们的工作效率，减少病假和缺勤率。同时，身心健康的员工更具创造力和创新精神，能够为公司带来更多的价值。

为了提升员工的专业技能和综合素质，企业提供了多种培训课程和学习机会，包括内部培训、外部培训和在线学习等。这些培训不仅为员工的职业发展打下了坚实的基础，还有助于企业在市场中脱颖而出。

此外，公司还建立了公平、公正的晋升机制，为有能力、有业绩的员工提供晋升机会。企业帮助员工制定个人职业规划，引导他们明确自己的职业发展方向，从而激发员工的工作热情和积极性。

为了增强员工之间的沟通和交流，提高团队凝聚力，企业还组织了各种丰富多彩的员工活动，如团建活动、户外拓展等。这些活动不仅让员工在紧张的工作之余得到放松，还增强员工之间的友谊和合作精神。

该公司对员工的特殊情况给予特殊关怀。在员工生日、结婚、生育、生病等特殊时刻，公司会送上

> 勒流篇

关心和祝福，如送上生日祝福和礼物、探望生病员工等。这些举措增强了员工的归属感，提高了员工的忠诚度，为营造良好的企业文化奠定了坚实的基础。公司通过全面关爱员工，不仅提升了员工的身心健康和职业发展水平，还增强了企业的凝聚力和竞争力。

三十年如一日
守护产品品质

—— 廖冬霞

　　廖冬霞入职顺德屏荣食品发展有限公司三十年，坚守在品管岗位上，用实际行动诠释了责任与担当。廖冬霞对待工作认真负责、严谨细致，从不敷衍了事，也绝不推卸责任。在她看来，工作中的每一个细节都至关重要，她总是竭尽全力将每一件事做到最好。这种对工作的敬畏之心，让她在平凡的岗位上绽放出了别样的光芒。

　　她尊崇自己的职业，将工作视为事业来对待。她珍视每一个工作机会，不断提升自己的专业素养和技能，积极学习与品管工作相关的新知识、新技能。她勇于挑战自我，不断突破自己的舒适区，为提升工作质量做出了巨大贡献。

　　为了达成工作目标，她甘愿加班加点，牺牲休息时间，始终为保障产品质量而默默奉献，她的努力得到了同事和领导的广泛认可。廖冬霞善于学习、不断进取，在这个快速发展的时代，她深知只有持续学习，才能跟上时代的步伐。她积极学习与工作相关的新知识、新技能，不断提高自己的工作能力和业务水平。这种不断进取的精神，让她在工作中始终保持着竞争力。

　　廖冬霞能够与同事紧密协作，共同完成工作任务。她尊重同事的意见和建议，善于倾听他人的想法，积极参与团队的讨论和决策。在团队中，她发挥自己的优势，为团队的发展贡献了自己的力量。

　　三十年来，廖冬霞通过严格的品质把控，保证了产品的质量，为企业赢得了良好的声誉。她用实际行动证明了，即使在平凡的岗位上，也能创造出不平凡的业绩。廖冬霞是企业的品质守护者，是大家学习的榜样。

汤浅蓄电池
搭建沟通桥梁 共筑和谐企业

  汤浅蓄电池（顺德）有限公司，自2002年成立以来，一直专注于开发、制造和销售"YUASA汤浅"品牌的汽车与摩托车用铅酸蓄电池。在公司的发展历程中，工会始终扮演着重要的角色，为企业和员工之间搭建了一座沟通的桥梁。

  自公司成立之初，顺德汤浅就成立了工会小组，并挂靠在兄弟公司"广东汤浅"的工会委员会。2005年，顺德汤浅正式成立工会，历经二十余载，工会已经发展到了第六届。每一届工会都积极履行桥梁纽带职责，致力于实现企业与员工的双向奔赴。

  2023年，顺德汤浅迎来了一个重要的转折点。理士国际技术有限公司收购了公司70%的股权，并于当年10月31日正式完成交割。这一变革带来了管理方式与意识形态的改变，企业与员工面临着制度和文化冲突。在此关键时刻，公司工会及时介入，多次举办管理层与员工代表的恳谈会，通过交流确定最佳方案，最终双方达成一致，签订了协议书，明确了员工关注的工作时间、休假制度、社保、公积金、工龄工资等事项，让员工安心工作，为企业的发展贡献力量。

  2024年，顺德汤浅工会完成了换届选举，第六届工会委员会继续秉承工会理念，发挥桥梁纽带作用。工会成功举行了春节员工慰问、企业全体职工研学等活动，员工感受到了节日的幸福和工作的乐趣。工会开展"困难职工慰问""金秋助学"等公益活动，让困难职工感受工会的温暖。工会组织举办大型体育活动和"职代会",员工在休息之余收获健康和快乐,工会将员工关切的事情及时反馈给公司领导层并落实。

  过去二十年里,顺德汤浅工会的主席有变更,委员有交替,但工会的主体思想和为员工服务、搭建企业与员工之间沟通之桥的主要责任从未改变。未来,顺德汤浅工会将继续为员工和企业服务,以得到员工的拥护和公司的认可为目标,并为之不懈奋斗。在工会的协调下,顺德汤浅的工作关系越来越和谐,大家心往一处想,劲往一处使,共同推动企业和员工的共同成长与发展。

品质管理先锋
爱岗敬业典范

—— 张大卫

> 勒流篇

　　2007年，张大卫从北京工商大学自动化专业本科毕业后，加入汤浅蓄电池（顺德）有限公司，现任品质管理课主管。多年来，张大卫模范执行公司方针，遵守法律法规，立足岗位，积极进取，为公司产品品质提升与降低不良率做出了显著贡献。

　　在品质管理岗位上，张大卫追求极致。入职初期，他便发现现场检查员工作存在内容随机、时间浪费及分配不合理等问题。为此，他大胆提出作业组合票构思，得到领导支持。该方案旨在通过研究各检查岗位作业节拍及周期，优化人力资源分配，实现检查员工作标准化、合理化。历经两个月的精心策划与九个月的实地实施，他成功完成了作业组合票的制作。这一举措不仅优化了人员配置，还明确了各岗位工作内容、职责与权限，为高效品质管理奠定了坚实基础。依托此标准化检查方法，公司内部不良率逐年下降，节省了大量成本。

　　面对日益增长的整车厂品质要求与落后的供应商品质管理之间的矛盾，张大卫展现出刻苦钻研的精神。他迅速学习并掌握各整机厂的先进管理模式，如数据统计、现场管理、JUST IN TIME等，并考虑如何将这些知识传达给供应商。为了确保这些管理工具在供应商处得到有效落实，他深入供应商生产现场，掌握生产流程及工艺，明确品质问题发生原因，成为多家供应商的品质管理员。通过制定年度品质交流计划，他引导供应商进行品质改善，有效提升了供应商品质，降低了不良率。

　　张大卫还热心带教，传递品质管理经验。他创新培训方法，通过故事引领听众进入情景，在故事中穿插品质教育，使枯燥的品质教育变得生动有趣。这一方法得到了广大工友的一致好评，他也因此成为公司内首位厂级质量培训师。他培养出的工友已成为新的厂级质量培训师，其培训方法与内容得到了进一步传承。在知识传承过程中，他不断充实自己，取得了多项质量管理相关证书，并将所学分享给广大工友。

　　张大卫扎根现场、爱岗敬业。他坚守"生产能够得到顾客信赖与满足的产品"的质量方针，努力学习先进质量管理知识，并将其传递给公司内部及供应商，努力打造让顾客和社会满意的汽车产业供应链。他的敬业精神与卓越成就，为公司品质管理树立了典范。

碧丽饮水
深耕员工福祉与成长

2018年11月,广东碧丽饮水设备有限公司工会委员会成立,至今已有六个春秋。碧丽工会始终秉持"以人为本"的理念,致力于为员工谋福祉,倾听员工心声。

碧丽工会深知员工专业成长的重要性,因此积极组织员工开展各类学习活动。针对特种作业岗位,公司特别安排电工理论实操技能培训和焊工理论技能培训,分别于2024年1月5日和4月13日举行,员工在老师的指导下积极讨论、互相学习,最终在考核中脱颖而出,获得了相应的特殊作业工作证。这种不断的学习和提升,不仅为员工个人的职业发展带来了更多可能,也为企业的发展注入了新的活力。

为了丰富员工的业余生活,碧丽工会精心策划了一系列工会文化活动。4月至5月期间,公司举办运动会、游园会等丰富多彩的活动,包括拔河比赛、迎面接力赛、乒乓球比赛、篮球比赛、羽毛球比赛、王者荣耀争霸赛以及多项棋类比赛等。这些活动不仅增强了员工的体质,还促进了同事间的交流与合作,营造了积极向上的工作氛围。

工会还定期组织员工参加每月生日会,让员工在忙碌的工作之余感受到公司的关怀与温暖。妇女委员会也在3月8日妇女节当天组织了特别活动,让女性员工感受到了公司的尊重与关爱。

碧丽公司注重员工的福利待遇,不仅提供了优厚的薪酬福利,还建立了完善的福利制度,如生日活动、优秀荣誉评选、节日慰问、住宿关怀等,这些福利不仅是对员工物质上的回馈,更是对他们工作付

> 勒流篇

出的认可和鼓励。十年老员工赵成凤在活动中感叹："我非常欣赏公司对员工的关注和支持，不仅提供优厚的福利，还为员工的职业发展提供了很多机会，让我感到非常幸福和满足。公司的执行力非常强，注重产品质量，工作效率也非常高，公司的福利待遇让我们更加有归属感和工作动力。"

碧丽饮水公司注重企业文化建设，通过共同的认识和奋斗目标来激发员工的热情和积极性。新入职的员工受到企业文化氛围感染，形成了良好的心态，工作效率自然提高。在企业文化氛围内，员工贡献能够得到及时的肯定、赞赏和奖励，他们更加热爱自己的工作，以极大的热情投入工作中，激励效果显著。员工自觉参与企业文化建设和管理，促进了公司的良性发展。

广东碧丽饮水设备有限公司工会在过去六年，深耕员工福祉与成长，通过提供学习平台、丰富工会活动、完善福利制度以及企业文化建设等措施，有效提升员工的归属感和工作动力，为公司的持续发展奠定了坚实的基础。

 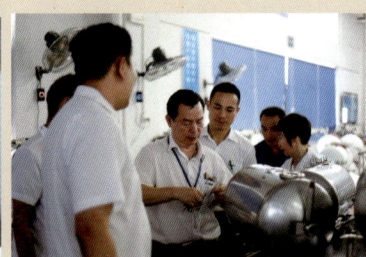 

以工匠精神引领团队成长

——刘青生

勒流篇

　　2009年2月，刘青生入职广东碧丽饮水设备有限公司，至今已服务超过15年，目前任公司总厂钣金焊接车间零部件焊接组组长，他凭卓越的工作表现和带队能力，赢得了公司广泛的赞誉。

　　工作期间，刘青生始终保持着对操作的精细追求，不断提升操作技能。他经常与同事讨论操作中的问题，通过不断的实践和改善，成功取得相关职位技能等级认证。在公司生产旺季，面对订单爆满的挑战，他带领团队成员按照排产计划有条不紊地生产，为下一个工序提供了稳定的保障。他放弃晚上的休息时间，延迟下班时间，甚至在星期日也带领团队在炎热的车间里辛勤工作，确保订单的顺利完成。他凭借出色管理统筹能力和敬业精神，获得了"旺季先进个人"和"年度标兵"等荣誉称号。

　　在年度荣誉颁奖中，刘青生以出色的表现获得"年度工匠精神"称号。他不仅把工作当作赚钱养家糊口的工具，而且树立了对职业的敬畏、对工作的执着和对产品负责的态度。他极度注重细节，不断追求完美和极致，将一丝不苟、精益求精的工匠精神融入每一个环节，做出了打动人心的一流产品。他用自己的行动诠释了工匠精神的核心价值，成为碧丽公司的典范。

　　工作中，刘青生非常注重帮助其他同事。他身体力行地把自己的操作技能及经验毫无保留地传授给徒弟和同事，竭尽全力提升团队的整体能力。在师傅带徒弟的考试中，刘青生的徒弟经常优秀地完成相关考试，这充分证明了他的教学能力和对团队的贡献。

　　作为一名小组长，刘青生凝聚一个小组的同事，全员满勤出席公司举办的各种活动，全员完成目标，引领团队取得了各项荣誉。他的领导能力和团队精神，为碧丽公司的发展注入了新的活力。刘青生是碧丽公司的工匠精神典范与团队引领者。他的敬业精神、教学能力和领导能力，为碧丽公司的发展做出了重要贡献。

勒流篇

华创兴电源
以人为本打造电源制造行业标杆

广东华创兴电源有限公司，是一家专注研发、生产及配套开关电源和电源适配器的制造企业。公司拥有独立的研发机构，产品不仅获得国内的CQC和CCC认证，还取得出口CB、CE、GS等多国认证，符合欧洲ROHS、WEEE指令系统配置要求。作为具备小、中、大功率规格开关电源技术的生产厂家，公司积累了丰富的行业应用经验和设计经验。

华创兴电源的研发团队根据不同产品的技术要求，为客户提供安全、稳定且具有市场竞争力的设计方案。经过多年的不懈努力，公司已成为国内外电源产品领域的知名生产商，与多个一流客户建立了良好的合作关系。公司始终秉承"以人为本、全体参与、创造优质、诚信赢得客户"的经营理念，坚持"团结、进取、求实、开拓"的企业精神。

"以人为本"是公司的核心理念，公司注重员工的全面发展，鼓励员工发挥个人能力，实现自我价值。通过培养、发展和成就员工，促使企业在员工提升的同时实现自身的持续发展。为此，公司致力于构建一个持续学习和成长的工作环境，定期组织职业技能大赛和理论知识培训，旨在全面提升员工的专业素养。

值得关注的是，公司引入"师傅带徒弟"的培训模式，这是一种极具实践性的个别指导方法。通过一对一的现场指导，经验丰富的师傅对徒弟进行个性化教学，让徒弟更直观地学习业务知识和操作技巧。

这种师徒制培训不仅帮助员工快速成长，还为公司培养了一批技术精湛、业务熟练的骨干力量。这种培训方法的实施，体现了公司对员工个人发展和职业规划的重视，也是公司打造学习型组织、提升核心竞争力的重要举措。

从行业新手成长为研发助理工程师

—— 卢烘

> 勒流篇

2020年，卢烘加入广东华创兴电源有限公司研发部，担任样品员一职。初入职场时，他在电子行业领域尚属新手，面对零基础的挑战，他并未退缩，反而展现出非凡的勇气和决心。

在公司的悉心指导和培训下，卢烘以惊人的学习能力和适应速度，仅用3个月就全面掌握了电源样品制作的流程。他对待工作的勤奋和专注，使他迅速成长为团队中的关键人物，能够在客户紧迫的交期要求下，准确无误地完成样品交付，赢得了客户的信任和满意，为公司树立了良好的行业形象。

卢烘并未满足于此，他利用业余时间自学了Altium Designer、CorelDRAW、Adobe Illustrator等绘图软件，积极参与专业知识培训，自行购买并深入阅读了大量电子产品制造的专业书籍。这种勇于学习、不畏艰难的精神，不仅巩固了他的专业知识，还帮助他在实践中不断探索和创新，提升了专业技能。他的努力和成果在团队中树立了榜样，激励着同事们共同追求进步。

到了2024年，卢烘因卓越的表现和专业能力，被升任为研发助理工程师。在这个新职位上，他能够根据客户需求进行市场调研和需求分析，设计出既符合技术规范又满足个性化需求的产品。他的设计方案在技术创新、成本控制和市场竞争力方面均表现出色，为客户带来了高性价比的解决方案。

卢烘的成长进步不仅是他个人努力的表现，也是对公司培养和激励员工政策的验证，其优秀事迹激励着更多的员工追求卓越，为公司的发展不断贡献力量。

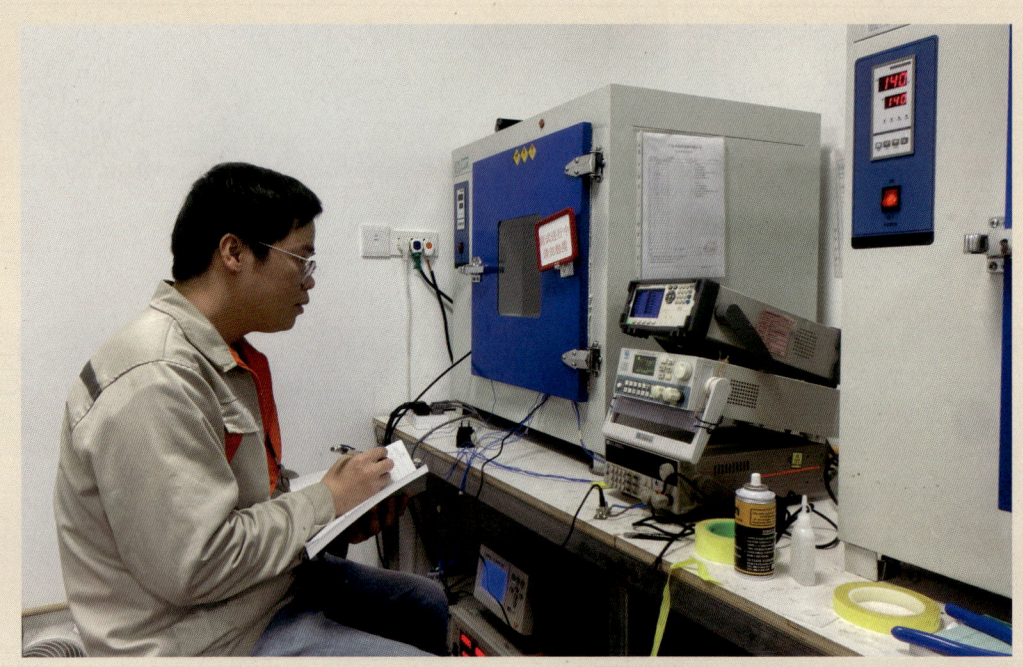

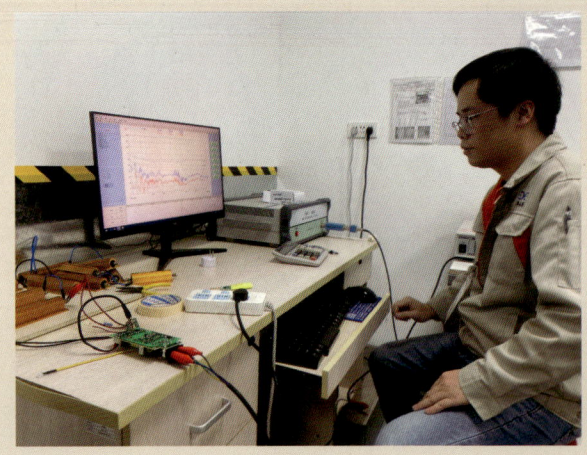
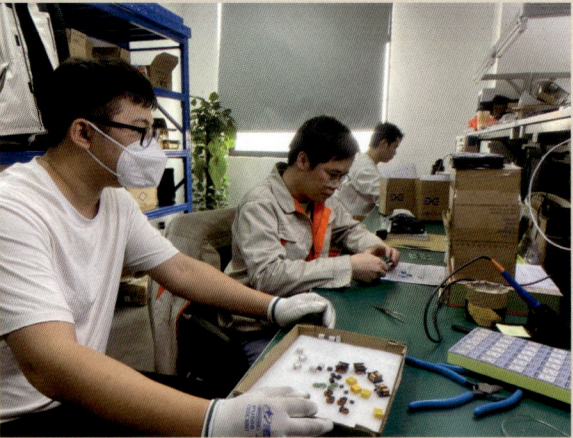

汇朋精密
实施健康管理　全方位关爱员工

佛山市汇朋精密五金有限公司，位于顺德区勒流街道清源工业大道8号。公司创建于2005年，是一家专业从事产品研发、设计、制造、销售的五金制品企业。公司专业生产的FGV系列、604系列、侧板、卡式系列等抽屉滑轨，主要应用于办公用具、橱柜及家用抽屉。目前，公司产品不仅畅销全国各地，还出口到欧洲、美洲和东南亚等地的国家。

20年来，汇朋精密公司以交期、质量、服务、创新作为企业发展核心竞争力。公司拥有强大的自主研发能力，掌握多项核心技术，参与多项机械研发，现已拥有实用型专利16项，高新产品6个。公司已获得ISO9001:2015质量管理体系认证，在业界得到了广泛的信赖和认可。

汇朋精密公司视员工为最重要的资本，在各个方面给予员工充分的关爱和支持。该公司为员工提供全面的健康保障，定期开展健康体检，建立员工健康档案，员工能及时了解自己的身体状况。与社区医疗卫生服务站达成合作，定期安排专业医疗团队上门宣讲，宣讲内容涵盖疾病预防、健康生活方式及急救知识等。

为员工提供晋升平台和培训机会，帮助员工拓展技能、提高专业素养。公司设立了"月度之星"奖项，每月对工作积极、表现突出的优秀员工给予奖励。公司定期给员工发放节日礼品。每到高温酷暑天气，公司为全体员工派发降温解暑茶、水果等，使员工在繁忙的工作之余也能保持心情愉悦。公司负责

> 勒流篇

人不定期深入基层，亲切慰问一线员工，倾听了解员工的所需所求，解决实际问题，并向一线员工派送慰问品，表达公司的关怀和感谢。

汇朋精密公司设立了总经理信箱，鼓励员工为推动公司发展积极提出建议和意见，给予员工充分表达的自由度。此外，公司还定期举办团建活动，增强同事之间的凝聚力。公司积极履行社会责任，高度重视环境保护，大力推行节能减排，强化废物管理，持续优化生产流程，降低生产运营对环境的影响。公司积极投身于各类公益事业，多次参与捐款捐物活动，带领员工参与志愿活动，共同为社会贡献正能量，增强员工的社会责任感。

展望未来，汇朋精密公司将继续秉承"以人为本"的经营理念，致力于构建积极、和谐的工作环境；尊重员工的价值，注重人才的培养，积极进行研发创新，不断提升核心竞争力，以更加优质的产品和服务回馈社会。

冲压车间里的敬业典范
—— 刘登银

  2011年，刘登银加入佛山市汇朋精密五金有限公司，现任冲压车间主管。13年来，伴随着公司的发展，他对待工作始终保持兢兢业业的态度，把工作看得高于一切，顾全公司发展的大局，为生产出高质量的产品而倾心奉献。身为一名生产管理者，刘登银深知自己身上的责任，时刻严把质量关，确保生产计划顺利完成。

  2019年初，冲压车间面临产品质量不稳定、成本持续上升的双重挑战，在生产部全体人员都无计可施时，刘登银挺身而出，带领冲压车间进行模具改良，优化生产流程，强化质量控制，在他的一再努力和坚持下，公司引入了自动化设备，生产效率大幅度提高，质量也得到了控制。刘登银还积极寻求降低成本的有效途径，减少浪费。

  在他的带领下，冲压车间面貌焕然一新，产品质量显著提升，客户满意度大幅提高。他坚定的改革决心和卓越的领导力，赢得了公司全体员工的赞扬。除了完成本职工作，刘登银还主动协助其他部门的工作，当其他车间遇到生产瓶颈时，他主动调动本车间的人员给予协助。2024年年初，公司未招到合适的叉车司机时，他主动包揽叉车司机的工作，帮助仓库出货，无论出货到多晚，他都毫无怨言，积极配合，他的这种无私奉献的精神感动了所有人。

  生活中，他还是员工的"贴心人"，每逢车间员工生病或受伤，他总是第一个站出来，热心给予帮助。记得有一名员工在上班时不慎受伤，他接到通知后迅速联系车子送受伤员工前往医院。得知该员工手机掉落在地上被踩碎了，为了方便该员工和家人联系，他还自掏腰包给这名员工买了新手机。员工们有事都愿意找他解决，哪怕是很小的事，他也乐此不疲、不厌其烦地去处理，他总是笑着说这是他的本职工作。

  榜样的力量是无穷的。他正是因为有着不怕苦、不怕累的劲头，才能在平凡的岗位上做出不平凡的成绩。

炬森精密
员工至上　共筑卓越未来

广东炬森精密科技股份有限公司，自2006年成立以来，便扎根于中国五金家居之都顺德区勒流街道，致力于高品质家居五金产品的研发与生产。作为中国航天事业合作伙伴及广东省制造业500强企业，炬森凭借约200项国家专利及德国红点大奖、德国iF设计大奖、美国IDEA设计大奖等殊荣，已成为国家高新技术企业和中国五金制品协会家居五金专委会执行会会长单位。

炬森的价值观——"诚信、共赢、奋斗、自省、创造可能性"，与"百年炬森，创造高品质家居生活"的崇高使命紧密相连，共同指引着公司向"成为全球家居五金行业领航者"的美好愿景迈进。在这一过程中，"员工至上，卓越前行"的核心理念始终贯穿其中，成为炬森企业文化的重要组成部分。

炬森深知员工是企业最宝贵的财富，是推动公司持续发展的关键力量。因此，公司致力于为员工提供良好的工作环境、广阔的发展空间及优厚的福利待遇，以实际行动践行"员工至上"的承诺。炬森的企业文化是一个相互关联、相互支撑的整体，它为员工提供了明确的工作目标和价值取向，激发了员工的工作热情和创造力，为实现公司的长远发展奠定了坚实基础。

在关爱员工方面，炬森采取了多项具体措施。炬森每年多次走访慰问困难员工，发放慰问金及物资，传递企业的关怀与温暖，鼓励员工保持积极乐观的态度。夏季，炬森将清凉送到一线，让坚守岗位的员工感受到公司的关心与关爱，激励他们为公司的高质量发展贡献力量。炬森为员工建立了宿舍、食堂、停车场、休闲区等，帮助员工实现工作与生活的完美平衡。宿舍如家般温馨，食堂食物美食多样，停车场便捷高效，休闲区绿意盎然。这些设施不仅提升了员工的生活质量，还彰显了企业对员工的关爱与重视。

炬森每年组织丰富多样的培训活动，涵盖专业技能培训与综合素质培训，助力员工在职场上不断精进，为未来的职业发展打下坚实基础。炬森还定期组织员工进行户外锻炼与休养活动，增强员工身体素质，培养团队合作精神，同时让员工在轻松愉快的氛围中释放压力、调整心态，以更加饱满的精神状态投入工作。

炬森以"员工至上，卓越前行"为核心理念，不断推动企业与员工的共同成长与发展。

以职业精神铸就企业辉煌篇章

—— 杨义秀

> 勒流篇

自2011年加入广东炬森精密科技股份有限公司以来，杨义秀便以满腔的热情和不懈的追求，将青春与智慧深深植根于公司的科技进步与生产流程优化之中。从基层岗位起步，她历经生产线工人、全能技术员、生产线组长、生产主管等多个职位的历练，如今已成长为制造部安装一科的负责人，其职业生涯充满了不懈的学习与成长。

在职业道路上，杨义秀始终保持着对知识的渴望与对技能的追求。她积极参与各类专业培训，如炬力班组训练营，不仅提升了团队协作与管理能力，还深化了对精益生产理念的理解与实践。通过S-OJT培训，她进一步增强了现场指导与培训技能，将所学知识灵活应用于公司日常运营中，展现出非凡的创新精神与实践勇气。在她的引领下，公司生产线实现了革命性变革，团队规模与技术水平均得到了大幅提升。

杨义秀认为个人成长与公司发展应相辅相成，她始终着眼大局，与企业共同成长。在她的努力下，公司成功建立了海福乐专线，创造了显著的经济效益。她的卓越表现和工作热情赢得了公司和同事的广泛赞誉，荣获2022年"优秀主管"荣誉称号，彰显了她的卓越领导力。2023年，她所带领的团队更是荣获"优秀部门"称号，这既是对她个人能力的肯定，也是对团队协作精神的最高赞誉。

杨义秀对工作的执着认真、积极主动，以及与同事的和谐相处，在团队合作中展现出的卓越能力，均为公司的发展做出了重要贡献。她的故事生动诠释了爱岗敬业的精神，以实际行动展现了真正的职业精神和对工作的无限热爱。在未来的日子里，相信她会继续以饱满的热情和坚定的信念，助力企业铸就更加辉煌的明天。

全兴水产
建设以关怀员工为核心的企业文化

佛山市顺德区全兴水产饲料有限公司,由全兴国际控股股份有限公司于1996年投资设立,率先研发出全程可用的加州鲈配合饲料,荣获"高新技术企业""安全生产标准化二级达标企业""龙腾企业""顺德制造业百强企业"等殊荣。在质量管理方面,顺德全兴通过了ISO9001、ISO220000等国家一级认证及全球BAP一级认证。

全兴水产坚持"专业、责任、环保、荣誉"的经营理念,秉承"创新、诚信、永续、合作"的价值观。在可持续发展过程中,公司将员工关怀视为保障持续发展的情感纽带,致力于创造和谐、舒适、具有成长性的工作环境,提升员工的幸福感和归属感。

该公司重视员工的培养与发展,提供平等的培训机会,鼓励员工通过各种途径提升自我竞争力,实现高绩效和个人成长。公司组织丰富多样的培训,包括授课式、交流式、体验式等,让员工全面了解企业及提升技能,为未来的职业发展注入强大动力和坚实基础。

全兴水产组织不定期的团建活动,如户外活动和员工运动会,以提高团队合作精神,增进沟通,激发创造性思考。同时,公司与周边体育活动场地商家合作,为员工提供多样化的运动场所,组织友邻互动交流,开阔员工眼界,营造和谐环境。除了免费提供员工宿舍、食堂、停车场、休闲场所等区域,配备舒适、设施齐全的宿舍和营养、多样化的工作餐,全兴水产还每季度举行员工庆生餐会,发放祝福金

> 勒流篇

及开展抽奖活动,并在各种节日送上应节慰问品。公司持续关注员工的工作环境,夏天定期提供防暑降温饮品,冬天关注员工防寒保暖,让员工在忙碌中得到舒适。

全兴水产对家庭有困难的员工提供帮助,鼓励他们保持积极、乐观的生活态度,并着力解决员工关心的突出问题。公司常态化开展员工关怀活动,增进员工福祉。全兴水产以员工关怀为核心的企业文化,不仅提升了员工的幸福感和归属感,也为公司的持续发展注入了强大动力。

品质岗位上
展示敬业风采
—— 麦标凤

 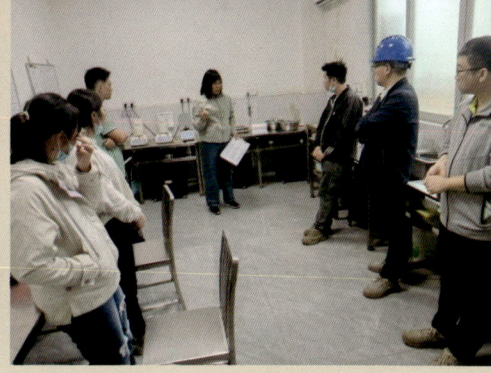 

麦标凤，佛山市顺德区全兴水产饲料有限公司品管部主管，拥有超过20年的质量管理经验。自加入全兴水产以来，她以深厚的专业知识、严谨的工作态度和出色的管理能力，迅速成为品管部的核心支柱。麦标凤坚信，质量是企业生存与发展的基石，也是赢得客户信任的关键。因此，她致力于提升产品质量、优化管理流程，以高度的责任心和敬业精神，引领品管部不断突破提升。

在麦标凤的带领下，品管部采取了一系列严格的质量控制措施。从原材料的入库检验到成品的出库检查，每一道工序都设置了精细的检验标准，确保产品质量的稳定性和一致性。她参与关键环节的检验，对任何不符合标准的产品采取"零容忍"态度，要求立即整改，直至达到要求。这种严格把关的态度，不仅显著提升了产品质量，还赢得了客户的广泛赞誉。

面对激烈的市场竞争，麦标凤意识到传统质量管理方法已难以满足现代企业的需求。因此，她积极引入先进的精益管理理念，结合公司实际情况，创新性地构建了一套适合全兴水产的质量管理体系。通过数据分析、持续改进和流程优化，有效降低了不良品率，提高了生产效率，为公司节省了大量成本。

麦标凤认为优秀的团队是提升品质管控能力的关键。她定期组织内部培训和技能提升活动，旨在不断提升团队成员的专业技能和综合素质。同时，她还建立了科学的激励机制，对表现突出的员工给予物质和精神上的双重奖励，极大地激发了团队的积极性和创造力。这种以人为本的管理方式，使得品管部团队士气高昂，战斗力十足。

在流程优化方面，麦标凤始终将其视为提升工作效率和质量的重要手段。她带领团队深入分析现有流程中的瓶颈和问题，通过引入自动化设备、优化工作流程等方式，不断提升工作效率和准确性。同时，她还建立了定期复盘机制，对每次的质量事件进行深入剖析，总结经验教训，为未来的工作提供借鉴。

在麦标凤的带领下，品管部取得了显著的成效，产品合格率大幅提升，客户投诉率明显下降。她因在质量管理方面的卓越贡献，被公司授予"年度优秀员工"等荣誉称号。麦标凤用自己的实际行动，展现了一个品管部主管应有的责任感和使命感。在她看来，爱岗敬业不仅是对职业的尊重，更是对自我价值的实现。她深知每一次的品质提升，都是对客户信任的坚守，对公司未来的投资。

瑞兴医药
创新驱动发展，共筑健康未来

广东瑞兴医药股份有限公司，作为一家集医药研发、精益生产、广泛销售及全方位服务于一体的综合型创新医药企业，其足迹遍布全国，以广东为根基，辐射全国市场。公司不仅构建了覆盖广泛且高效运行的市场营销网络，还配备了先进的管理体系，确保每一环节都精益求精。瑞兴医药麾下汇聚了华威药业、美欣制药、康正德药业及瑞兴创享中心等核心板块，共同驱动企业的持续发展与壮大。

在业务布局上，瑞兴医药展现出了高度的多元化与专业性。公司不仅涉足医药进出口领域，还专注于自有产品的研发与销售，特别是在妇科、儿科、骨科、眼科、皮肤科等专科疾病治疗领域，瑞兴医药凭借深厚的技术积累与卓越的产品质量，已稳固占据市场领先地位。其中，华威药业与美欣制药作为国家级高新技术企业，专注于高质量药品的生产；而康正德药业则在进出口药品批发领域发挥着重要作用，进一步拓宽了公司的业务范围。

瑞兴医药的总部——瑞兴创享中心，坐落于佛山顺德陈村新城这一经济活力地带，不仅是陈村重点招商引资的璀璨明珠，也是广东省的重点建设项目。作为陈村推动高质量发展的标志性成果，瑞兴创享中心以其超5万平方米的宏伟规模，以及前沿的设计理念，吸引了包括上药控股佛山、陈村希尔顿欢朋酒店等多家知名企业入驻，共同书写区域经济发展的新篇章。

秉承"以诚信立足，用创新致远"的经营理念，瑞兴医药始终坚持"合作、共赢、创新、发展"的企业精神，并深入践行"做好人，做好药"的核心价值观。通过文化引领、产品创新、人才培育与管理升级四轮并驱的战略布局，瑞兴医药正稳步迈向国际化，致力于成为具有全球影响力的医药领军企业。未来，瑞兴医药将继续携手全体员工及广大合作伙伴，共同开创健康美好的未来，为人类的健康事业贡献力量。

以创新思维引领企业文化建设与技能提升

—— 仇泳栩

仇泳栩自2023年5月加入广东瑞兴医药股份有限公司人事行政部以来，便以其卓越的工作效率、结果导向的工作态度以及对新领域的探索精神，赢得了领导和同事们的广泛赞誉。她不仅在日常工作中展现出非凡的能力，更在企业文化建设和技能提升方面做出了突出的贡献。

在数据处理方面，仇泳栩的才华尤为明显。通过日常工作的细致观察，部门领导发现了她在这一领域的深厚功底。经过深入沟通与探讨，公司决定邀请仇泳栩担任主讲人，组织开展一系列旨在提高数据处理能力的培训课程。2024年8月，一场别开生面的EXCEL专题培训课程在公司内部成功举办。仇泳栩以其通俗易懂的教学风格和实用的课程内容，不仅帮助办公室文职岗位的同事们更新了数据处理知识，更在提高工作效率和准确度方面取得了显著成效，为公司的整体运营效率提升贡献了重要力量。

除了数据处理方面的卓越表现，仇泳栩在创新活动方面也展现出了非凡的才华。面对公司"融合创新、降本增效"的活动要求，她联合部门同事，以拍摄短视频的方式完美诠释了这一精神。2024年7月，她们精心制作的短视频在活动现场大放异彩，赢得了所有人的高度赞誉。视频内容暖心、走心且富有创新性，不仅展现了瑞兴员工的风采，更传递了公司积极向上的企业文化。工会主席更是将这部视频发送至其他关联企业，共同学习借鉴，进一步扩大了瑞兴企业文化的影响力。

仇泳栩以她的实际行动诠释了什么是真正的职场精英。她不仅具备扎实的专业技能，更拥有敢于创新、勇于挑战的精神。她的加入，无疑为瑞兴人事行政部乃至整个公司注入了新的活力与动力。

力源盈泽
工会助力职工成长与幸福

在这个忙碌与奋斗交织的时代,每一位职工都是企业大家庭中不可或缺的一分子。佛山市顺德区力源盈泽物业管理有限公司行政部门与工会始终关注着大家的辛勤付出与默默奉献。工会,作为大家温暖的港湾,把每一位员工的福祉放在心上,用实际行动诠释着"娘家人"的温馨与力量。

节日庆典,共享欢乐时光。每逢春节、中秋等传统佳节以及员工生日,该公司及工会总是第一时间行动起来,精心筹备节日慰问活动,每一项活动都蕴含着公司及工会对职工的深情厚谊。每一年,公司及工会都会组织职工旅游活动,放松紧绷的工作状态。这些看似简单的慰问与活动,实则承载了企业对职工辛勤付出的认可与尊重,让职工在忙碌的工作之余,也能感受到来自企业的关怀与温暖,增强了职工的归属感和凝聚力。

公司及工会关注每一位职工的成长与发展,通过技能培训、职业规划辅导等项目,为每一位职工的职业生涯铺设坚实的基石。公司及工会每周对物管队人员进行消防培训,提高职业技能水平。公司及工会积极参加上级开展的技能比拼活动,并在顺德区消防演练中取得第三名佳绩。

公司及工会优化改善职工的工作环境,依法提供相关劳保用品。高温炎热期间,公司及工会开展高温送清凉慰问活动,助力职工安全度夏。在工作期间,除为职工购买社保外,公司为电工岗位的职工增购团体意外险,全方位、多措施保障职工健康权益。

> 陈村篇

　　未来，力源盈泽物业管理有限公司将继续深化服务内涵，创新服务模式，努力构建一个更加和谐、温馨、有活力的企业大家庭，提升职工的归属感和幸福感，实现个人价值与企业发展的双赢。

二十载匠心铸就"金牌电工"
—— 邹解良

  邹解良，一位在力源公司默默奉献了二十载春秋的资深电工师傅，他的职业生涯如同一部充满热爱与执着的电力史诗。二十年的风雨兼程，他不仅见证了电力行业的飞速发展，更以自身不懈的努力和深厚的技艺，成为力源公司不可或缺的中流砥柱。

  在这漫长的岁月里，邹解良始终坚守在电力维修的第一线，无论严寒酷暑，他都以高度的责任感和使命感，守护着市场的光明与安全。烈日下，他高空作业，汗水如注，却目光如炬，双手稳健，每一次精准的操作都是对电力精神的最好诠释。当市场因线路故障陷入黑暗时，正是他挺身而出，历经数小时的艰苦奋战，最终点亮万家灯火，赢得商户们的热烈掌声。

  邹解良不仅是技艺高超的工匠，更是团队的灵魂人物。平日里，他对年轻同事倾囊相授，无论是复杂设备的操作技巧，还是日常维护保养的知识，他都耐心讲解，亲手示范，用自己的经验为新人铺就成长之路。他常说："电力安全无小事，多一分技能，就多一分保障。"这份无私与热忱，让团队中的每一个人都受益匪浅。

  在团队合作中，邹解良更是展现出了卓越的领导力和团队精神。他勇于担当，面对艰巨任务总是身先士卒，同时，他善于发掘每个人的优势，合理分配工作，确保团队高效协同，每一次任务都能圆满完成。在他的带领下，力源电工团队如同一台精密的机器，每个部件都发挥着最大效能，共同书写着电力行业的辉煌篇章。

  邹解良，这位电力守护者，用他的专业、敬业、热心与担当，赢得了同事们的广泛赞誉，成为大家心中永远的榜样。他的故事，激励着每一位电力人不断前行，共同照亮未来的道路。

陈村篇

德和信餐饮
关爱员工从生活小事开始

佛山市德和信餐饮管理服务有限公司，作为业界知名的餐饮管理服务提供商，一直将员工的健康与生活品质视为企业发展的基石。员工的幸福与满意是企业持续发展的动力源泉，德和信餐饮采取了一系列切实有效的措施，从生活的细微之处入手，全方位关爱每一位员工。

为了全面保障员工的身体健康，公司特别为工作满一年的员工提供全面的健康体检服务，且所有费用均由公司承担。这一举措不仅让员工及时了解自己的身体状况，也为公司提供了员工健康管理的数据支持，体现了公司对员工健康的深度关怀与高度重视。在炎炎夏日，公司更是贴心地为员工准备了防暑饮料和新鲜水果，从每年6月至10月不间断供应，有效缓解了高温环境下员工的工作压力，保障了员工的身体健康。

在改善员工居住环境方面，公司同样不遗余力。所有员工宿舍均安装了空调和热水器，确保员工在宿舍内能享受到温馨舒适的生活环境。这一细节上的关怀，让员工在忙碌的工作之余，能够得到充分的休息与放松，从而以更加饱满的精神状态投入工作中。

此外，德和信餐饮公司还注重员工的情感关怀与团队建设。每季度为员工派发生日红包，让员工在特殊的日子里感受到公司的温暖与祝福。同时，公司定期组织团建活动，不仅增强了团队凝聚力，也促进了员工之间的交流与理解，营造了和谐融洽的工作氛围。

陈村篇

　　在员工个人成长方面，公司同样给予了大力支持。公司通过开展各类培训活动，帮助员工提升技能水平，让员工在专业技能上不断进步，并取得相应证书。这一举措不仅提升了员工的专业素养，也为公司的持续发展培养了高素质的人才队伍。

　　这些措施的实施，不仅显著提高了员工的工作积极性和生产力，更极大地提升了员工的满意度和幸福感。员工们深感被重视与关心，对公司的归属感和凝聚力得到了显著增强。这样的企业文化，不仅为企业的发展奠定了坚实的基础，更为德和信餐饮的未来注入了强大的动力，让德和信餐饮在激烈的市场竞争中，始终保持着蓬勃的生命力与竞争力。

从普通员工成长为餐饮公司的佼佼者

——陈嘉敏

> 陈村篇

在佛山市德和信餐饮有限公司，有这样一位员工，她用九年的青春与汗水，书写了一段关于热爱、执着与奉献的动人篇章。她，就是陈嘉敏，一个始终坚守岗位，为企业日常运营和管理倾注了无尽心血的名字。

九年来，陈嘉敏怀揣着对餐饮行业的深厚热爱，以埋头苦干的精神，默默耕耘在公司的每一个角落。她深知，企业的长远发展离不开每一个员工的辛勤付出与不懈努力。因此，无论是面对日常的餐饮管理，还是复杂的业务挑战，陈嘉敏都能以一丝不苟的态度，高效专业地完成各项任务。她的身影，成为公司稳定发展道路上的一道亮丽风景线。

作为争先创优的先锋，陈嘉敏始终保持着对新知识、新技能的强烈渴望。入职多年，她凭借不懈的学习与努力，取得了多个相关证书，为公司在各项业务开展中赢得了更高的评分与认可。在陈嘉敏的带领下，同事们也被她的学习热情所感染，纷纷积极投身于业务技能的提升与综合素质的增强之中，形成了一股浓厚的学习氛围。

除了个人能力的卓越表现，陈嘉敏还非常注重维护企业的稳定与团队的和谐。她深知，一个团结一心的团队，是企业面对各种挑战与困难时的坚强后盾。因此，她总是以身作则，积极协调团队关系，化解矛盾，使团队始终保持着一种和谐、稳定且充满活力的状态。

九年的坚守与奉献，让陈嘉敏从一名普通员工成长为德和信餐饮公司的佼佼者。她用实际行动诠释了什么是真正的热爱企业、埋头苦干、争先创优。她的努力和付出，不仅为公司的发展注入了强大的动力，更为广大职工树立了榜样，激励着每一个人在自己的岗位上发光发热，共同书写企业发展的辉煌篇章。

宏誉盛集团
让员工感受到家的温暖

宏誉盛集团工会委员会一直秉持以人为本的人才理念，致力于为员工创造一个和谐、稳定、积极向上的工作环境。为了实现这一目标，工会委员会采取了一系列切实可行的措施，从多个维度关爱员工、关注员工需求，让员工感受到家的温暖。

员工是企业发展的基石，宏誉盛集团特别重视员工的实际需求与困难。为此，该公司工会成立了济困帮扶爱心基金，旨在通过凝聚各方力量，为员工提供更直接、更贴心的帮助。工会密切关注员工的工作生活动态，深入了解员工家庭情况，一旦发现员工因特殊原因陷入困境，便迅速行动，提供必要的经济援助和心理支持，帮助员工渡过难关。这种及时有效的帮扶措施，不仅解决了员工的燃眉之急，也增强了员工的归属感和忠诚度。

针对夏季高温天气对一线职工的影响，工会采取积极的应对措施。每年夏天，工会都会精心准备消暑清凉物资，如西瓜、凉茶等，及时送到一线职工手中。这一举措不仅体现了工会对职工健康的深切关怀，也有效缓解了高温天气给职工带来的不适，提升了职工的工作积极性和满意度。

工会深知职工身体健康对于企业发展的重要性。因此，工会定期组织丰富多彩的健身活动，如篮球、羽毛球、游泳等，旨在鼓励职工积极参与体育锻炼，增强体质。这些活动不仅丰富了职工的业余生活，也促进了职工之间的交流与合作，增强了团队的凝聚力和向心力。同时，通过健身活动，职工能够

> 陈村篇

更好地释放工作压力，保持愉悦的心情，从而以更加饱满的热情投入工作中去。

宏誉盛集团工会委员会在坚持以人为本的人才理念方面做出了积极努力，通过成立济困帮扶爱心基金、夏日送清凉以及组织健身活动等多种方式，切实关爱员工、关注员工需求，为企业营造了和谐、稳定、积极向上的工作氛围。这些举措不仅提升了员工的幸福感和归属感，也为企业的发展注入了新的活力和动力。

用技术与责任心铸就卓越

—— 黄锦锋

黄锦锋，一个地道的广东人，自2019年3月带着11年的维修经验加入了宏誉盛集团这个大家庭，初来时担任机修电工的角色。那时的宏誉盛集团，机械设备经过数年的连续运转，已暴露出不少显性和隐性的问题，急需专业人员进行系统性维护与改进。

11年的维修生涯，让黄锦锋练就了一身过硬的技术本领。在宏誉盛集团，他更是将这份技能发挥得淋漓尽致。无论是哪个车间的设备出现问题，只要接到通知，无论白天黑夜、严寒酷暑，黄锦锋总是第一时间赶到现场，仿佛故障就是他的集结号。大型设备的维修工作强度大，尤其是在炎炎夏日，他常常浑身油污，汗流浃背，但黄锦锋从未有过半句怨言，总是默默无闻地完成任务，确保生产线的顺畅运行。

时间回溯到2021年11月27日凌晨2点，一场突如其来的设备故障考验着整个团队的应急响应能力。磨砂设备突发故障，导致磨砂作业暂停，而这批订单即将于次日装柜出口，时间紧迫。关键时刻，黄锦锋接到了电话，他毫不犹豫地从温暖的被窝中爬起，驱车赶往公司。经过近三个半小时的紧张抢修，凌晨5点多，故障终于被顺利排除，确保了产品的按时出货。令人敬佩的是，当天早上9点多，黄锦锋没有选择休息，而是直接回到工作岗位，继续投入新一天的工作中。

黄锦锋的闪光点不仅仅在于他高超的维修技术，更在于他那颗永远向上的心。在繁忙的维修工作之余，他还主动请缨，协助各机台操作，虚心向技术人员学习，不断提升自己的综合能力。如今，他不仅精通小平板机、大平板机的操作，还能独立驾驭磨砂机、分条机，真正做到了"一专多能"。此外，他还利用业余时间自学焊接技术，从理论到实践，一步步探索，最终成功考取了焊工证，进一步拓宽了自己的技能边界。

黄锦锋始终将"保障生产、服务一线"作为自己的工作信条，对自己高标准、严要求，脏活累活抢着干，成为同事们心中的标杆。他的付出与努力得到了公司的认可，连续两年被评为集团优秀员工，2021年晋升为生产保障主管，2024年更是荣升副厂长。

在技术创新的道路上，黄锦锋同样留下了自己的足迹。他参与了5尺板机整平机的技术改造项目，见证了2021年新装4尺平板生产线的落成，以及2024年新装5尺磨砂机生产线的成功投运。每一项工作的背后，都凝聚着他对技术创新的不断探索与实践。步入2024年，黄锦锋又获得了"优秀管理人员"的称号，这是对他过去几年辛勤付出的最好回馈。

> 陈村篇

松川机械
全面提升员工工作生活质量

佛山市松川机械设备有限公司，作为行业内的佼佼者，始终将员工的福祉视为企业发展的核心动力。自2020年起，公司积极响应国家关于提升员工福利的政策号召，投入大量资源，对内部员工宿舍、食堂、工作车间及办公环境进行了全面而细致的装修改造，旨在为员工营造一个更加舒适、健康、高效的工作与生活环境。

员工宿舍的改造，堪称一次颠覆性的升级。公司参照公寓式酒店的高标准，对宿舍进行了精心设计与装修，不仅提供了宽敞明亮、设施完备的居住环境，还特别增设了健身房和洗衣房。这些贴心的配置不仅满足了员工日常生活的基本需求，更为员工提供了锻炼身体的便利，有助于促进员工的身体健康与心理健康，实现工作与生活的平衡。

员工食堂的改造同样令人瞩目。经过统一规划与装修，食堂的用餐环境焕然一新，变得更加明亮干净，令人食欲大增。同时，食堂内还安装了中央空调，使得就餐环境更加舒适宜人，为员工提供了一个更加优质的休息与交流空间。良好的就餐环境不仅提升了员工的满意度，更在无形中促进了工作效率与团队合作精神的提升，营造了和谐融洽的工作氛围。

该公司特别注重工作环境的改善，为车间配备了先进的空调与通风系统，确保员工在炎热的天气下也能保持良好的工作状态。这一举措不仅有效减少了高温对员工健康的不良影响，更在无形中提高了工作效率与安全性,为员工创造了一个更加安全、健康的工作环境。

　　这些措施的实施,不仅显著提升了员工的工作与生活品质,更在无形中增强了公司的整体凝聚力与员工的归属感。通过这些实实在在的行动,佛山市松川机械设备有限公司向全体员工乃至社会各界展示了其对员工福祉的高度重视与承诺。这不仅有助于吸引和留住优秀人才,提升企业的核心竞争力,更在无形中提升了企业的社会形象与品牌价值,为企业的长远发展奠定了坚实的基础。

引领创新浪潮,推动生产自动化新纪元

—— 潘志锋

在佛山市松川机械设备有限公司这片充满活力的工业热土上,潘志锋的名字如同一颗璀璨的星辰,照亮了公司技术创新与生产效率提升的道路。自2017年踏入这片充满机遇与挑战的土地,从最初的车间电器装配岗位起步,潘志锋凭借不懈的努力与持续的学习,逐步成长为车间管理的中流砥柱,特别是在套袋机车间的生产工作中,他的贡献尤为显著,为公司的发展蓝图添上了浓墨重彩的一笔。

潘志锋的职业生涯轨迹,是一部关于成长与变革的生动篇章。从2017年初入职场,到2020年成功转型为车间总检与调试专家,每一步都凝聚着他对技术的热爱与对卓越的追求。2021年,随着部门新套装机的推出,潘志锋被赋予了更重大的责任——担任理料线中包套袋车间主任,这一角色不仅要求他具备深厚的技术功底,更考验其管理智慧与团队协作能力。

面对这一全新挑战,潘志锋展现出了非凡的领导力与创新能力。他深入市场一线,开展详尽的调研工作,准确把握行业动态与客户需求;同时,他带领团队攻克技术难关,不断优化产品性能,最终成功研发出自动套袋封口系统,并顺利获得研发专利,这一成就不仅为公司赢得了技术上的领先地位,更为客户带来了实实在在的效益提升。

在技术创新的道路上,潘志锋从未停歇。2022年,他积极参与立式套袋机的研发项目,这一创新成果有效填补了卧式机在散装物料包装领域的空白,实现了散装物料包装的自动化,极大地提高了生产效率与包装质量。紧接着,2023年,潘志锋又将目光投向了更为细分的市场领域,主导了三角形蛋糕、面包套袋机的研发工作,并于2024年成功推向市场,这一创新产品不仅满足了特定行业的需求,更推动了整个食品包装行业的自动化进程,使得客户生产线人员大幅减少,从原先的70多人缩减至28人左右,赢得了市场的广泛赞誉与客户的深度信赖。

在团队管理上,潘志锋同样展现出了卓越的管理才能。他坚持以人为本,根据每位员工的技术专长与工作特性进行合理配置,激发团队潜能,营造了一个既高效又和谐的工作氛围。他身体力行,以自己的实际行动为员工树立榜样,倡导"人人为公司,公司为大家"的企业文化。这种正向的企业文化不仅增强了团队的凝聚力,也激发了员工的归属感与创造力,为公司的长远发展奠定了坚实的基础。

潘志锋的故事,是每一位追求卓越、勇于创新者的缩影。在佛山市松川机械设备有限公司这片沃土上,他用自己的智慧与汗水,书写着推动生产自动化新纪元的辉煌篇章。

上药控股佛山
打造佛山区域优质医药供应链服务平台

上药控股佛山有限公司，位于顺德区陈村镇景成路8号瑞兴创享大楼B座21楼，隶属于"《财富》世界500强、全球制药企业50强、全国医药行业第二"的上海医药集团，集医疗机构药品、检验试剂、医疗器械、设备耗材销售及配送，SPD供应链项目服务，医美产品、特医食品销售，商业调拨服务于一体，是一家实力雄厚、经营范围广泛、市场影响力较大的医药流通企业。

该公司的战略规划，是以创新和精益为基石升级服务，通过服务、平台、区域、组织这四层战略，打造佛山区域优质供应链服务平台。公司的发展规划，是不断突破销售规模，以新分销、新服务，适应国家政策变化，为上下游客户提供与时俱进的药品，以及器械、试剂、设备耗材销售，还有SPD多元化服务等。在管理提升方面，公司不断优化与完善质量管理、风控管理、安全管理，愿让股东放心、政府放心、客户放心。

公司曾中标多个医疗设备和试剂的采购项目，如佛山市顺德区第四人民医院的高端彩色多普勒超声诊断仪设备采购等，显示了公司在医药流通和医疗设备销售方面的实力。

2023年，公司销售规模超8亿元，现有医疗机构客户500多家，遍及佛山五区及周边重点城市，与国内1200余家供应商保持密切的业务关系，经营品种达2000余种。公司致力于为员工创造良好的工作环境，包括舒适的办公空间、先进的办公设备以及和谐的团队氛围。

> 陈村篇

公司注重人才培养和储备，为员工提供专业的培训和晋升机会，员工可以通过自身努力和表现获得更高的职位和更广阔的发展舞台，实现个人价值。

敬业奉献
成为公司典范

—— 肖秋媚

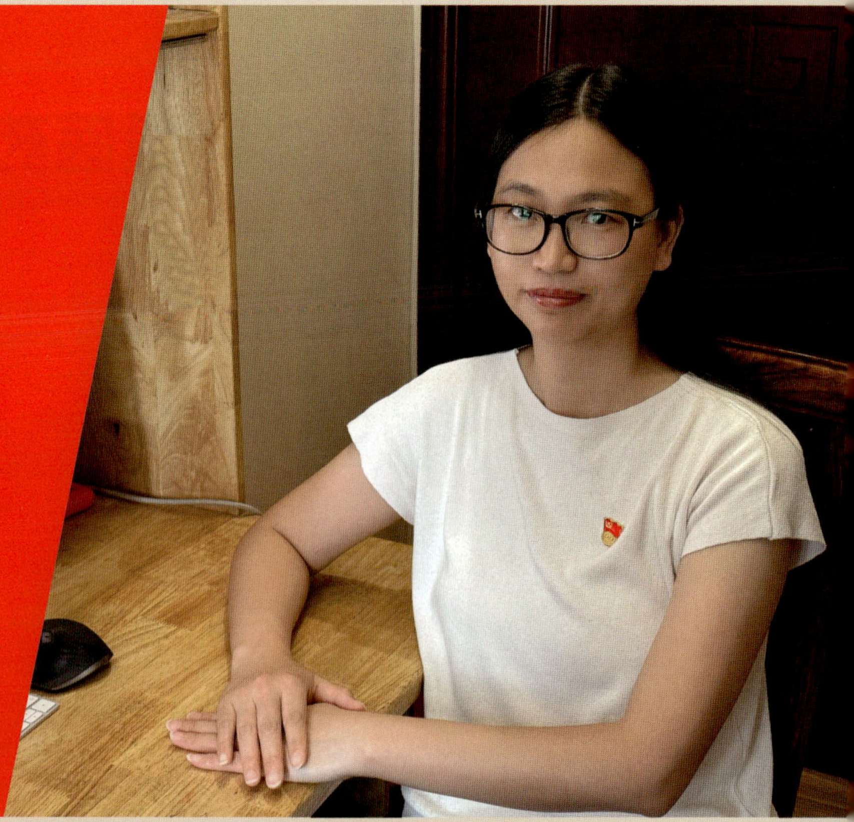

2015年4月，肖秋媚加入上药控股佛山有限公司销售部，现任区域经理。肖秋媚遵循公司提出的业务精细化、优质化、准确化的工作思路，爱岗敬业、积极主动，在岗位上取得了显著成绩，从而赢得各医院科室的高度评价。

作为党员，肖秋媚充分发挥党员先锋模范作用，坚持理论学习，不断提升自身的政治素质和业务水平，无私奉献，乐于助人，常利用个人休息时间参与志愿服务。在提升自我方面，肖秋媚积极参与党内学习。2023年5月，通过参加"严肃党内政治生活"专题党课，她深刻理解了党员身份与工作的紧密联系，意识到要用党员的高度觉悟推动工作。同年9月，在"心怀责任，勇于担当"专题党课中，她进一步认识到党员在团队中的引领作用，明确了要在务实高效、强化责任上不断进取。

工作中，肖秋媚勇于开拓创新。2023年4月，作为南方医科大学顺德医院耗材SPD项目的执行负责人，她全程参与沟通会议，耐心解答客户疑问，有效沟通各职能科室，确保任务执行到位。至2023年底，该院业绩同比增长175%，超额完成公司预期目标。

肖秋媚心系群众，积极参与服务民生活动。2023年8月，她参与了对环卫工作者的慰问活动，深刻体会到所有辛勤劳动者的价值。同年12月，通过参加"走近120"主题党日活动，她近距离了解急救人员的工作细节，学习抢救技巧，增强了挽救生命的责任感。

在廉洁自律方面，肖秋媚始终牢记党员身份，严格遵守党的规章制度，保持严谨的生活态度和优良的工作作风。她的遵纪守法、合规经营、廉洁自律为公司树立了良好形象，赢得了行业内外的高度认可。

肖秋媚以其敬业奉献的精神、党员先锋的模范作用，不仅在工作中取得了优异成绩，更在社会责任和公益活动中展现了高尚情怀，是党员中的佼佼者，为公司和社会树立了典范。

铂尔曼酒店
企业的关爱在工作的每一个瞬间

　　佛山顺德铂尔曼酒店以卓越的服务和舒适的住宿体验闻名遐迩。作为一家由国际知名的雅高酒店集团管理的五星级酒店，佛山顺德铂尔曼酒店不仅在服务上追求卓越，更在员工关怀方面不遗余力。酒店深知员工是企业最宝贵的财富，只有关心和关爱员工，才能激发员工的工作激情和创造力，为企业带来更大的发展空间和竞争优势。

　　员工的专业技能和服务水平直接影响到客人的满意度，因此酒店为全体员工提供全面的培训计划，涵盖职业技能培训、个人素质提升以及团队协作等多个方面。通过系统的培训，员工不仅能够提升自己的专业技能，还能增强工作的自信心，从而为客人提供更优质的服务。

　　酒店的培训计划不仅注重理论知识的传授，更强调实践操作的重要性。员工在实际工作中不断积累经验，提升自己的服务水平。这种全面的培训体系，不但帮助新员工快速适应工作环境，而且也为老员工提供了持续学习和提升的机会。酒店除了关注员工的短期表现，同样注重员工的长期发展。酒店为员工提供清晰的职业发展规划，包括但不限于持续的晋升机会和跨部门的职业转型机会。另外，公司每季度对员工的工作表现进行评估以及辅导，使得员工可以更好地了解自己在工作中的优势和不足，从而制订出适合自己的个人发展计划。

　　这种个性化的职业发展规划，不仅帮助员工找到适合自己的职业方向，还增强了员工对工作的投入感和归属感。员工们在酒店的支持下，能够不断探索自己的潜力，实现自我价值。

员工的工作与生活平衡对员工的幸福感和工作效率也至关重要，因此酒店结合行业的运营情况，实行弹性工作制度。员工可以根据个人情况和需求灵活调整工作时间，以更好地适应个人生活需要。

这种弹性工作制度，不仅让员工在工作上有更多的自主性，还减少了员工的工作压力，使他们能够更好地平衡工作与生活。员工们在工作之余，有更多的时间陪伴家人和朋友、享受生活，从而以更饱满的精神状态投入工作中。

酒店不仅在工作上支持员工，更在福利待遇上给予员工全方位的关怀。酒店不仅依法为全体员工购买五险一金，还为全体员工额外购买了商业保险，为员工的身体健康提供额外的保障。此外，酒店还为员工提供了丰富多样的福利活动，包括但不限于节假日庆祝活动及礼品发放、季度生日会、企业年会、员工年度旅游奖励以及全球雅高品牌住宿折扣等。

从细微到卓越
体现敬业风采

—— 麦丽桃

北滘篇

佛山顺德铂尔曼酒店有这样一位员工,她以细致入微的关怀和无私奉献的精神,为员工们营造了一个温馨舒适的"家",大家都亲切地称呼她为桃姐,她就是员工宿舍管理员麦丽桃。虽然她的岗位并不在前台或客房等对客服务一线,但她所做的一切却深深影响着每位员工的工作和生活,成为酒店"关爱文化"的生动体现。

麦丽桃的工作看似平凡,却充满了挑战。从宿舍的清洁卫生到设施维护,从员工的生活需求到心理关怀,麦丽桃都事无巨细一一落实。每天清晨,当员工还在梦乡时,麦丽桃已经开始了一天的工作。她需要检查宿舍的水电设施是否正常,确保员工起床后能正常使用热水和空调等设备;定期组织宿舍大扫除,保持宿舍环境的整洁与卫生。对于员工提出无论是修缮家具还是更换灯泡等各种需求,她总是第一时间响应,从不推诿。

麦丽桃不仅在生活上关心员工,更在精神上给予他们支持。她知道员工在工作中可能会遇到各种压力和挑战,因此她经常主动与员工交流,倾听他们的烦恼和心声,给予鼓励和建议。

在酒店举办的各种活动中,麦丽桃总是积极组织员工参与。每次活动前她都会全力协助主办部门,从场地布置到活动道具,不放过每一个细节。有一次酒店组织员工户外拓展活动,她考虑到户外活动可能会遇到的各种情况,准备了充足的饮用水、急救药品和防晒用品。活动结束后,员工纷纷感谢她的细心安排。

麦丽桃的敬业精神不仅体现在对员工的关怀上,更体现在对工作的高度负责上。她深知员工宿舍管理不仅仅是打扫卫生和设施维修,更是一项需要用心经营的工作。因此她不断学习和提升自己的管理能力,努力为员工创造一个更好的生活环境。她除了定期组织宿舍安全培训,增强员工的安全意识,还制定了详细的宿舍管理规定,确保宿舍的秩序和安全。在她的管理下,员工宿舍从未发生过重大安全事故,成为员工们放松身心的港湾。

麦丽桃的敬业精神也得到了酒店管理层的认可。她多次被评为酒店的"优秀员工",并被推荐参加集团的培训和交流活动。她的成功经验也为其他酒店提供了借鉴,成为酒店管理中的一个亮点。

阿塔卡化工
用爱筑起温暖的企业家园

  阿塔卡化工（佛山）有限公司以其独特的企业文化和对员工的深切关怀，生动诠释了"以人为本"的管理理念，成为众多企业学习的榜样。阿塔卡化工一直秉持"欣赏、开放、授权、信任"的工作文化，当一线员工李丙生不幸身患重大疾病时，公司迅速采取了一系列关爱行动，彰显了企业对员工的重视和关怀。

  得知李丙生的病情后，公司高层领导高度重视，立即指示相关部门委派专人前往医院探望。代表们不仅带去了公司的慰问和祝福，还详细了解了他的病情和治疗进展。在与李丙生的交谈中，他们用温暖的话语和鼓励的眼神，传递着公司的关怀与支持。这种人性化的关怀，不仅让李丙生感受到了公司大家庭的温暖，也让其他员工看到了公司对员工的真诚与关爱。

  公司并没有止步于此，而是通过内部通信、邮件等方式，向全体员工通报了李丙生的情况，并呼吁大家伸出援手，共同为他加油打气。这种团结一致、共同面对困难的精神，不仅增强了团队的凝聚力和向心力，也让员工们深刻体会到公司大家庭的力量。员工们纷纷响应公司的号召，通过各种方式表达对李丙生的支持和鼓励，让他感受到了同事们的关心与关爱。

  阿塔卡化工对李丙生的关怀不仅限于身体健康方面，更延伸到心理健康层面。公司鼓励他以平和的心态面对恢复过程，展现出公司对员工身心健康的全面关怀。公司深知，员工的健康是公司有效运营的

> 北滘篇

保障，因此在面对李丙生的特殊情况时，公司采取了更加人性化的管理方式。公司通过合理调整工作时间和岗位，既减轻了李丙生的工作负担，又避免了因他暂时无法全负荷工作而对公司运营造成的影响。

在李丙生身体逐渐康复的过程中，公司积极策划并邀请他参与部门团建活动，旨在帮助他逐步回归工作环境，重新融入大家庭。通过参与团建活动，李丙生与同事们有了更多的交流与互动。

阿塔卡化工的这一系列举措不仅赢得了李丙生及其家人的衷心感激，更在团队内部树立了正面的榜样。员工们看到公司对员工的关怀与支持，感受到了公司的温暖与力量，从而增强了对公司的归属感与忠诚度。这种积极向上的企业文化氛围将激励更多员工为公司的发展贡献自己的力量。

公司通过实际行动向全体员工传递了一个明确的信息：在这个大家庭里，每一位成员的健康和幸福都是公司最宝贵的财富。该公司的负责人表示，阿塔卡化工将继续秉承"欣赏、开放、授权、信任"的工作文化，增强员工的幸福感，共同创造更加美好的未来。

用热情与担当书写工会主席的责任篇章

—— 胡燕君

在阿塔卡化工（佛山）有限公司，有一位备受员工尊敬与爱戴的工会主席——胡燕君。她以满腔的热情和强烈的责任感，为公司工会的发展倾注了无数心血，为员工的权益保障和幸福生活筑起了一道坚实的防线。

公司工会发展初期，组织架构缺失，面临着诸多困难与挑战。胡燕君主席毅然决然地挑起了这副重担。为了搭建起完善的工会架构，她深入研究国家关于工会的相关法律法规，确保工会工作的合法性和规范性。她紧密结合公司内部实际情况，通过广泛的上下沟通，逐步形成了对公司工会架构的清晰认识。她制定了详细的工会章程草案，并广泛征求公司员工的意见和建议。经过多次修订和完善，最终形成了一套架构完整、功能齐全的工会体系。

在推进员工入会工作方面，只有让员工充分认识到工会的重要性，才能吸引更多员工积极参与工会活动。为此，她带领工会干部积极组织宣传活动，通过面对面的沟通、发放宣传资料等多种形式，普及工会的重要性和作用。她和工会干部们与员工面对面交流，耐心解答员工的疑问，引导员工积极参与工会活动。通过不懈努力，公司实现了入会率85%的良好成绩，为工会工作的顺利开展奠定了坚实基础。

胡燕君始终把员工的身心健康放在首位。她大力推进职工互助保障计划，参保重大疾病、女职工安康假、职工医疗假等互助保险，构建了多重保障体系。不仅如此，胡燕君时刻关注员工的生活状况，积极推进困难职工帮扶政策。她积极帮助因疾病、意外事故、子女就学等原因致困的职工本人及家庭，向上级工会申请给予帮扶、救助和慰问。她积极与职工家庭沟通，了解他们的实际困难，为他们送去慰问金和生活用品，鼓励他们树立信心，战胜困难。她的行动不仅为困难职工带来了物质上的帮助，更给予了他们精神上的支持，让他们感受到了工会大家庭的温暖。

为了让员工在工作之余能够放松身心，工会组织了丰富多彩的文体活动，如跨部门团建、篮球赛、旅游等活动，满足员工的业余文化生活需求。工会还建立了职工活动场所，为员工提供展示自我、交流互动的平台。这些活动不仅丰富了员工的业余生活，还提升了员工的健康幸福指数，增强了员工之间的凝聚力和向心力。

> 北滘篇

太火红鸟
打造了一个充满活力、
关怀备至的工作环境

在当今快速发展的时代，企业不仅要追求经济效益，更要注重员工的幸福感和发展空间。佛山市太火红鸟科技有限公司深刻认识到这一点，并将其作为企业文化的核心，为每一位员工的个人成长和职业发展提供了坚实的支持。

在太火红鸟科技有限公司，员工的业余生活从未单调。公司工会积极组织各类员工活动，充分利用社区资源，为员工打造了一个丰富多彩的业余生活平台。在户外拓展中，员工们通过合作完成各种挑战任务，学会了团队协作的重要性；这些活动不仅让员工们在紧张的工作之余得到了放松，更让他们感受到了公司大家庭的温暖。

太火红鸟科技有限公司建立了涵盖新员工入职培训、岗位技能培训、管理培训等在内的全方位培训体系。这一培训体系不仅为新员工提供了快速融入公司的渠道，也为在职员工提供了持续提升的机会。新员工入职培训是员工进入公司的第一课。公司通过系统的入职培训，让新员工快速了解公司的文化、规章制度以及业务流程，帮助他们尽快适应新的工作环境。岗位技能培训则根据员工的具体岗位需求，提供针对性的培训课程。

公司还鼓励员工参与外部培训和党建学习交流活动，以拓宽视野、提升能力，为公司的持续发展储备人才。通过这些培训，员工不仅实现了个人成长，也为公司的发展贡献了更大的力量，真正实现了个人与公司的双赢发展。

在太火红鸟科技有限公司，员工的福利不仅仅是薪酬和奖金，更是一种全方位的关怀。公司在传统节日期间，会向员工派发具有传统特色的节日礼品，传递公司的关怀与温暖。公司还设有专人负责日常关注员工生活，及时关注员工的生活困难，并与上级工会联动开展定向帮扶工作。这种贴心的关怀确保了每位员工都能感受到公司的支持。

太火红鸟科技有限公司通过一系列丰富多彩的员工活动、完善的培训体系以及体贴入微的员工福利，为员工打造了一个充满活力、关怀备至的工作环境。这些举措不仅丰富了员工的业余生活，提升了员工的职业技能和综合素质，更体现了公司对员工的深切关怀与尊重。在这样的企业文化下，员工们感受到了家的温暖，也更加愿意为公司的发展贡献自己的力量。

以初心为笔，绘就事业华章

—— 冯结玲

北滘篇

在佛山市太火红鸟科技有限公司，有这样一位女性，她用坚定的初心和不懈的努力，在招商运营和党支部书记的岗位上，书写了属于自己的精彩篇章。她就是冯结玲，一位1984年出生的党员，用她的专业能力和奉献精神，为公司的发展注入了源源不断的动力。

早在加入佛山市太火红鸟科技有限公司之前，冯结玲已经在文化创意主题园区运营服务领域深耕了多年。2020年，冯结玲带着这份初心加入了佛山市太火红鸟科技有限公司。在这里，她不仅担任招商运营的重要职务，还肩负起党支部书记的重任。面对新的挑战，她没有丝毫退缩，而是迅速调整状态，将自己多年积累的经验和专业知识运用到实际工作中。招商运营不仅是公司发展的关键环节，更是推动文化创意产业落地生根的重要手段。因此，她全身心投入工作中，从市场调研到项目策划，从客户对接到项目落地，每一个环节都倾注了她的心血。

在冯结玲的领导下，佛山市太火红鸟科技有限公司的招商运营工作取得了显著成效。她敏锐地捕捉市场动态，结合公司战略，制定了一系列切实可行的招商策略。她带领团队深入市场一线，与各大企业、创业者进行面对面的交流，了解他们的需求，提供个性化的解决方案。她的努力不仅赢得了客户的信任，也为公司赢得了良好的口碑。

冯结玲非常注重团队建设和人才培养。她通过组织内部培训、分享会等活动，不断提升团队成员的专业素养和业务能力。她鼓励团队成员大胆创新，勇于尝试，营造了一个积极向上、充满活力的工作氛围。在她的带领下，团队成员们各司其职，又紧密协作，共同推动了公司项目的顺利实施。

冯结玲带领团队成功推动了太火鸟（顺德）设计科技联合加速基地的建设。这个项目不仅得到了当地政府的高度认可，还获得了"顺德工业设计主题园区""佛山市工业设计集聚区"等一系列重要荣誉。这些荣誉的获得，不仅是对冯结玲个人能力的肯定，更是对公司整体实力和社会影响力的有力证明。

文化创意产业是一个充满活力和挑战的领域，只有不断创新，才能在激烈的市场竞争中立于不败之地。因此，她积极推动公司在业务模式、服务内容等方面的创新。在她的努力下，佛山市太火红鸟科技有限公司不仅在招商运营方面取得了显著成效，还在多个领域获得了多项荣誉。公司荣获了"顺德区创业孵化基地""顺德区科技企业孵化器""顺德区巾帼创业创新基地"等称号。

希塔变频技术
用"家文化"温暖每一位员工

广东希塔变频技术有限公司一直秉承"快乐工作、幸福生活"的"家文化",用心用情提升员工的幸福指数。这种文化不仅体现在日常的关怀中,更在关键时刻彰显出企业的温暖与担当。

当基层员工蒙诗婷遭遇不幸时,广东希塔变频技术有限公司迅速响应,第一时间委派代表前往医院探望。关怀不仅停留在表面,更体现在对细节的关注上。该公司从询问蒙诗婷的需求到叮嘱她注意休息与营养,不仅关注她的身体健康,也重视她的心理健康。

在蒙诗婷恢复期间,广东希塔变频技术有限公司展现了高度的灵活性和人性化管理。公司考虑到蒙诗婷的实际状况,提出调整工作安排或远程办公的建议。这种灵活的安排既保障了蒙诗婷的恢复时间,又确保了工作的连续性,体现了公司在管理与人性之间的巧妙平衡。

在面对蒙诗婷的特殊情况时,公司没有选择简单的替代或忽视,而是采取了更加人性化的管理方式。通过合理调整工作时间和岗位,公司既减轻了蒙诗婷的工作负担,又避免了因她暂时无法全负荷工作而对公司运营造成的影响。

广东希塔变频技术有限公司主动承担起蒙诗婷缺席期间的工作,有效减轻了她及其家人的心理负担。这种主动担当的精神,不仅让蒙诗婷感受到公司的支持,也让她的家人对公司的信任倍增。公司通过这种方式,传递了一个明确的信息:在这个大家庭里,每一位成员的健康和幸福都是公司最宝贵的财富。

在蒙诗婷逐渐康复的过程中，广东希塔变频技术有限公司积极策划并邀请她参与团队活动。通过参与这些活动，蒙诗婷不仅逐步回归了工作环境，还增强了团队凝聚力，让她深刻感受到自己是团队不可或缺的一员。通过这种方式，公司不仅帮助蒙诗婷重拾了信心，也增强了团队的凝聚力和向心力。

广东希塔变频技术有限公司通过一系列温暖而有力的举措，诠释了"家文化"的深刻内涵。公司不仅在蒙诗婷遭遇不幸时给予了她及时的关怀和支持，更通过灵活的管理方式和人性化的安排，帮助她顺利康复并重新融入团队。未来，广东希塔变频技术有限公司将继续秉承"快乐工作、幸福生活"的"家文化"，用心用情提升每一位员工的幸福指数，共同创造更加美好的未来。

用责任与热忱"点亮"仓库管理之路

—— 雷明超

雷明超，这位广东希塔变频技术有限公司的仓库组长，以其高度的爱岗敬业精神、卓越的专业能力和出色的领导才能，为广东希塔变频技术有限公司仓库管理工作做出了重要贡献。

雷明超对工作的热情，从他每天的作息中便可窥见一斑。他是仓库里第一个到达工作岗位的人，也是最后一个离开的人。这种对工作的执着和热情，不仅仅体现在早出晚归的时间上，更体现在他对每一项工作的全身心投入中。

在日常工作中，雷明超总是主动加班处理紧急事务，确保仓库运营的连续性和稳定性。无论是货物的入库、出库，还是库存的盘点和整理，他都亲力亲为，从不推诿。在账务处理方面，他严格核对每一笔出入库记录，确保账目的准确无误。他深知，仓库账务的准确性直接关系到公司的资产安全和运营效率。

作为仓库组长，他负责的不仅仅是日常的货物管理，还包括仓库的整体规划和运营效率的提升。在仓库管理方面，雷明超凭借其丰富的仓储管理经验和深厚的专业知识，能够合理规划仓库空间，提高存储效率。他熟悉各类货物的存放规则，能够确保货物在仓库中的安全存储。同时，他还善于运用现代管理方法，如条码系统等，使库存管理更加精准高效，确保了账实相符。

作为团队的领导者，雷明超不仅注重个人的专业成长，更注重团队的整体发展。雷明超善于发现并培养团队成员的潜力。他定期组织培训，提高团队成员的专业技能和综合素质。他根据每个成员的特点和优势，制订个性化的培训计划，帮助他们提升自己的能力。在他的带领下，团队成员们不断进步，整体实力得到了显著提升。

雷明超还非常注重团队凝聚力的培养。他通过定期组织团队建设活动，增强团队成员之间的信任和合作。他经常组织团队成员进行户外拓展训练、趣味运动会等活动，让大家在轻松愉快的氛围中增进彼此之间的感情。

广东水护盾
以温情守护员工，共筑和谐企业

在当今快速变化的商业环境中，企业的成功不仅依赖于技术创新、市场拓展和产品质量，更在于如何构建和谐、稳定的劳动关系，提升员工的幸福感和归属感。广东水护盾健康科技有限公司（以下简称"广东水护盾"）在这一方面树立了典范，通过一系列细致入微的关爱措施，不仅改善了员工的生产、劳动、学习条件和环境，还建立了健全的工会组织和劳动调解机制，实现了企业与员工的共赢。

良好的工作环境是提升员工幸福感和工作效率的关键。为此，广东水护盾投入大量资金对生产线进行改造，对工作区域进行了全面优化。例如，在工作区域增添空调、风扇等设备，让员工在夏日高温天气下也能保持良好的工作状态。此外，公司还设置了员工休息区、茶水间，并摆放绿植，为员工营造了一个现代化、舒适、放松的工作环境。公司建造了设施齐全的员工宿舍，宿舍内配备了空调、热水器、网络等设施，确保员工在工作之余能够享受到舒适的住宿条件。

广东水护盾高度重视员工的需求和意见，建立了畅通的沟通机制。公司定期与员工代表进行面对面的沟通，了解员工的诉求和意见。在沟通过程中，公司充分尊重员工的需求，对于员工提出的合理建议，公司都会认真考虑并尽快落实。

此外，广东水护盾还设立了劳动争议调解委员会，由公司党组织、工厂及工会组织的负责人组成，并配合建立全面的员工投诉平台，确保员工诉求得到及时响应与处理，维护了企业和谐的劳动关系，保障了员工的合法权益。

广东水护盾高度重视工会组织的建设和发展，不仅配备了专职的工会干部，还设立了多个工会小组，确保工会工作能够覆盖到每一位员工。工会组织的建立，为员工提供了一个表达诉求、维护权益的重要平台，也为公司内部的和谐稳定奠定了坚实基础。

为了丰富员工的业余生活，增强员工的凝聚力和向心力，广东水护盾工会定期举办各类文体活动，这些活动不仅让员工在紧张的工作之余得到了放松和娱乐，还促进了员工之间的交流和友谊。工会还制定了完善的工会工作制度和流程，确保工会工作的规范化、制度化。除了定期组织丰富多彩的工会活动，工会还设立了爱心基金管理办法，明确规定对会员患重疾、会员生病住院、会员家庭成员患重疾等进行经济上的补助。对于家庭困难的职工，工会还会额外申请补助，让会员体会到工会的温情。

用敬岗敬业书写员工与企业的共成长故事

—— 吴美琪

北滘篇

在广东水护盾健康科技有限公司,有这样一位令人敬佩的员工,她以高度的责任感、无私的奉献精神和卓越的协调能力,为公司的发展和员工的幸福贡献了巨大的力量。她就是吴美琪,一位在平凡岗位上创造不凡价值的优秀员工。

广东水护盾健康科技有限公司在发展初期,工会组织尚不完善,员工缺乏一个有效的沟通和权益保障平台。面对这一现状,吴美琪积极投身于工会架构的搭建工作。她深入研究相关法律法规,结合公司实际情况,制定了详细的工会章程和规章制度。

在工会搭建过程中,吴美琪广泛开展员工调研和意见征集活动,确保工会工作的民主性和代表性。她与员工们面对面交流,倾听他们的声音,了解他们的需求和期望。截至2024年9月底,工会入会率达到了85%,这一成绩的取得,离不开吴美琪的辛勤付出和不懈努力。

工会的建立只是第一步,如何通过工会为员工提供实实在在的帮助和支持,是吴美琪一直在思考的问题。因此,她主导设立了德尔玛爱心互助基金。吴美琪多次发起倡议,呼吁公司同事互帮互助,为多名患病同事募捐。经过一系列的努力,德尔玛爱心互助基金于2021年12月正式成立。该基金主要用于帮助遇到突发困难或重大疾病的员工及其家庭,为他们提供及时的援助和支持。截至目前,爱心互助基金已成功帮助了超过100名员工及其家庭成员,赢得了广泛赞誉。

作为工会的委员及党员,吴美琪不仅关注公司的发展,还时刻关心着基层员工的成长与幸福。她定期组织工会委员们走访车间、部门,慰问一线员工,了解员工的工作和生活状况,及时反映并解决问题。每年高温时期,她积极推出一系列防暑降温的举措,保障职工身体健康。同时,她还组织各类文体活动、技能培训、公益活动等,营造积极向上、活跃文艺的企业氛围,提升员工的技能水平和综合素质。

吴美琪不仅在公司内部积极作为,还积极参与并致力于塑造与传播公司的正面形象。在疫情期间,吴美琪以身作则,主动担当起志愿者,协助公司慷慨捐赠物资,为北滘一线抗疫工作提供紧急支援,展现了责任与担当。同时,她还代表公司,积极响应并全身心投入政府的"百千万工程"之中,亲自前往帮扶村居进行实地考察,深入了解当地的实际困难与需求。

台塑智能
科技之光与人文情怀并蓄的温馨家园

　　广东台塑智能科技有限公司是一家致力于智能科技研发与应用的企业，不仅以其前沿的产品和服务引领行业发展，更在日常的运营中，将员工视为最宝贵的财富，用心营造了一个充满爱与温暖的大家庭。

　　台塑公司的温情故事，如同一幅细腻的画卷，缓缓展开在每一位员工的心中。近年来，公司面对员工及其家庭遭遇的重大疾病等困境，总是第一时间伸出援手。除了紧急援助，台塑公司在日常中也始终将员工的幸福放在首位。公司设有专门的员工关怀部门，负责关注员工的身心健康和生活需求。每当有员工生日来临，关怀部门都会提前准备精美的生日蛋糕和贺卡，为员工送上生日的惊喜与祝福。此外，公司还会定期组织员工生日会，让员工在忙碌的工作之余，感受到家的温暖和欢乐。

　　过年时，台塑公司的关怀更是无微不至。考虑到许多员工需要回家过年，公司每年都会组织专车，将需要前往火车站或机场的员工安全送至目的地。这一举措不仅解决了员工的后顾之忧，更让他们带着满满的幸福感与归属感踏上归途。在春节期间，公司还会为留守的员工准备丰盛的年夜饭和精彩的娱乐活动，让他们在异乡也能感受到家的温暖和节日的喜庆。

　　台塑公司的温情文化，不仅体现在对员工的关怀上，更渗透到了公司的每一个角落。在这里，员工们不仅找到了施展才华的舞台，更收获了一个温暖如家的港湾。公司注重培养员工的团队合作精神和互

[北溠篇]

助精神，定期组织各种团队建设活动和公益活动，让员工在参与中增进了解、加深友谊。

在台塑公司，员工们不仅享受着优厚的福利待遇和广阔的发展空间，更收获了一份来自公司的真挚关怀。公司深知，只有让员工感受到家的温暖和关怀，才能激发他们更大的工作热情和创造力。因此，台塑公司始终将人文关怀作为企业文化的重要组成部分，不断深化和拓展人文关怀的内涵和外延。

展望未来，台塑公司将继续秉承"科技之光与人文情怀并蓄"的发展理念，不断提升技术实力和服务水平。公司将进一步完善员工关怀体系，关注员工的身心健康和生活需求，为员工提供更加全面、贴心的关怀和支持。

以温暖为桥，连接员工与企业

—— 郭晓川

郭晓川是广东台塑智能科技有限公司的一位HR经理，他用七年的时间，默默耕耘，成为员工与企业之间温暖的纽带和桥梁。

2004年的盛夏，郭晓川带着对南方的憧憬和梦想，从河北承德来到了顺德北滘镇。时光荏苒，转眼间，他已经在这里扎根二十年。七年前，他加入台塑公司，担任HR经理一职。在这个岗位上，他见证了无数员工与企业的故事，也处理了各种各样的矛盾和纠纷。但无论面对何种情况，他总是以冷静和理智的态度，将冷冰冰的矛盾和火爆的场面消于无形。

郭晓川深知，HR经理的职责不仅仅是处理矛盾和纠纷，更是要做员工与企业之间的桥梁，传递温暖和关怀。他始终秉持着这一信念，用心倾听每一位员工的诉求和建议，尽自己最大的努力来平衡员工权益和企业利益。在他的努力下，许多看似棘手的问题都得到了妥善解决，员工与企业之间的关系也变得更加和谐融洽。

郭晓川说："HR经理不仅仅是一个职位，更是一份责任。我们要用心倾听每一位员工的声音，关注他们的需求和诉求。同时，我们也要积极与企业沟通协作，共同为员工创造一个更加和谐、美好的工作环境。"

2021年冬的一个深夜，公司夜班员工因疾病突发去世。接到消息后，郭晓川冒着小雨迅速赶往公司，配合急救和公安处理后续事宜。在第二天家属到来后，他又亲自接待安抚，从衣食住行上给予力所能及的帮助。那几天，他几乎不眠不休，身心都感到极度疲惫。但当他将手捧遗物归乡的家属送上返程的那一刻，他深深体会到了员工、管理员与企业之间相依相偎的深厚情感。这次经历让他更加坚定了要做好HR经理的决心和信念。

类似的事情还发生在2020年的春天。当时，一名员工突发颈椎扭伤事故，从下午送医到第二天被推进手术室，郭晓川度过了不眠不休的17个小时。手术室外，他又陪同家属等待了四个多小时。当医生宣布手术成功、没有后遗症时，他才终于松了一口气。但这只是开始，接下来的三个月里，他往返于公司和医院之间无数次，帮助员工认定工伤、商谈后续补偿。他深知这名员工是家里的顶梁柱，如果瘫倒，那将给家庭带来无法承受的困难。因此，他用心向公司汇报该员工的特殊家庭情况，并商谈给予最大的补偿。最终，公司从责任和人道出发，同意了他提出的补偿方案。

十多年的人力资源管理行业经验让郭晓川深深体会到了义务、责任和情感的重要性。作为HR经理，他深知这个职位注定是人与人交流的桥梁，工作的大部分时间都是处理员工与企业之间的矛盾、诉求和建议。

浦罗迪克
把员工捧在心里，员工把公司放在心上

"所有员工，只要在浦罗迪克待上三个月，没有不长胖的。"在浦罗迪克采访时，一位员工对记者说起公司福利，脸上洋溢着满满的幸福感。虽然这是一句玩笑话，却从一个侧面反映了公司对员工的关怀备受好评。

在当今激烈的市场竞争中，企业要获取成功，不仅依赖于技术创新和市场拓展，更依赖于以人为本的企业文化建设。广东顺德浦罗迪克智能科技有限公司作为智能科技领域的佼佼者，深刻理解到员工是企业最宝贵的财富，把"以人为本"的企业文化贯穿于管理的全过程，构建了一套全面的员工关怀体系，极大地提升了员工的幸福感和归属感，为企业发展注入了强劲动力。

在浦罗迪克，每一位员工的生日都被视为特别的日子。每当有员工过生日，公司都会精心准备一份生日礼物，并附上温馨的生日贺卡，由直接上级或人力资源部门亲自送到员工手中。礼物虽轻，却满载着公司对员工个人价值的认可与祝福，让员工感受到家的温暖。

至于春节、端午、中秋等传统佳节，那就更不用说，浦罗迪克不仅放假让员工与家人团聚，还会发放丰厚的节日福利。每到这个时候，公司老板都会亲手奉上精美的购物卡、沉甸甸的节日礼盒，送到每位员工手上，让员工在享受节日氛围的同时，也能感受到公司的关怀与感激。此外，为了回报员工们的辛勤付出，公司每个月还会额外发放一份小福利，包括水果、面包、牛奶、零食等等，让生活充满惊喜。

浦罗迪克公司还高度重视员工的身体健康，每年定期组织全体员工进行免费全面体检。从基础健康检查到特定疾病筛查，实现了体检项目全覆盖，确保每位员工都能及时了解自己的身体状况，早发现、早预防。公司还为员工建立健康档案，提供个性化的健康建议。

为了激发员工的职业发展潜力，浦罗迪克建立了公平、透明的晋升机制，鼓励内部竞争与合作。公司通过定期的技能培训和绩效评估，识别并培养有潜力的员工，为他们提供广阔的晋升空间和个人成长机会。这种机制不仅激发了员工的工作热情，也促进了公司人才的持续成长。

公司高度重视员工的生产劳动安全，不断加大安全投入，完善安全管理制度。定期对生产设备进行维护和保养，确保设备的正常运行，减少安全隐患。此外，公司还积极改善车间的工作环境，加强通风换气，降低噪音，同时为员工配备了齐全的劳动防护用品，定期组织员工进行安全培训和应急演练，降低粉尘污染对员工的危害，为员工创造一个良好的工作氛围。

身兼数职立奇功

—— 苏鹏飞

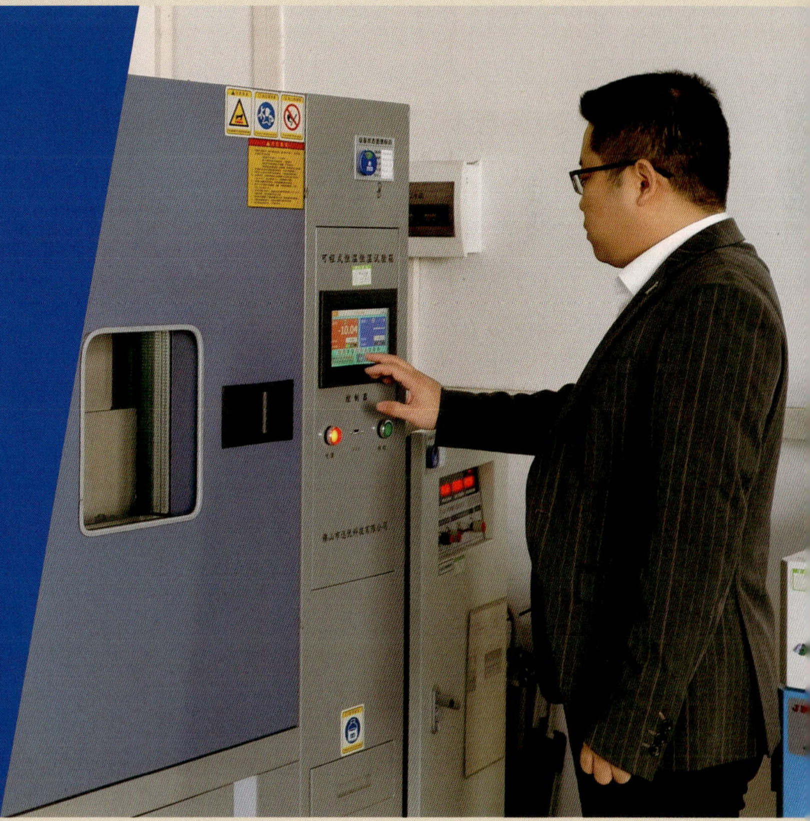

北滘篇

近几年，家电之都顺德飙出一匹"黑马"，他们生产的家用及商用吸尘器，畅销欧美、中东和东南亚市场。这匹"黑马"就是顺德浦罗迪克智能科技有限公司。公司品质部经理苏鹏飞就是众多驾驭这匹"黑马"的杰出"骑手"之一。

2017年底，浦罗迪克公司在顺德北滘成立。"万事开头难"。作为一家初创公司，当时人员不足50人，从组织架构、人员培训、生产管理等各方面，一切都要从头开始，从零起步。当时，正在南海某大型企业从事品质管理工作的苏鹏飞，被公司老板招入麾中。

接到任务后，苏鹏飞二话不说，说干就干，一人身兼数职。为了让企业尽快产生经济效益，公司刚开业的那几个月，苏鹏飞带领团队几名骨干人员，吃住在公司，白天在车间试生产，晚上回到办公室继续完善设计，每天熬夜至深夜十一二点钟。在苏鹏飞及其团队的努力下，浦罗迪克公司首款拥有自主知识产权的吸尘器终于成功问世，实现了当年设计当年量产，当年实现产值3000余万元。

在进入浦罗迪克公司前，苏鹏飞有着在多家上市公司工作的经验，熟悉企业规范化管理的流程。进入浦罗迪克后，苏鹏飞向公司老板提出建议，作为一家创业公司，从一开始就要建立健全一整套完善的管理架构和管理机制，用现代企业制度规范企业管理。老板听了苏鹏飞的话之后，觉得他的建议既有前瞻性又有操作性，就让他设计公司的管理架构，制定相应的管理制度。公司实行规范化管理之后，各项制度落实起来非常顺畅，从没有出现"肠梗阻""中梗阻"等现象，杜绝了一些常见的"企业病"，真正起到了"吹糠见米"的成效。

在此基础上，苏鹏飞又建议老板投入巨资，以便公司建立自己的高规格实验室，实现产品从设计、开发、生产到实验的一条龙全流程质量控制。浦罗迪克高品质的产品，也吸引了同行业龙头企业的目光，近年来，艾美特、TCL等大企业纷纷向浦罗迪克伸出橄榄枝，与他们开展技术合作，提升了企业的知名度和美誉度。短短七年时间，浦罗迪克公司从小到大，由弱到强，现在已经发展成为一家拥有280余名员工、颇有名气的专业制造清洁家电的规上企业，产品畅销国际市场。

说起苏鹏飞的点点滴滴，公司行政部经理梁碧霞感慨地说："浦罗迪克公司能有今天的发展，与苏经理以厂为家、身兼数职、乐于奉献是分不开的。苏经理出的力、流的汗，我们都看在眼里。有这样的好员工，浦罗迪克何愁不能发展！"

美的生活电器
以心为本，共筑温暖家园

在美的，企业不仅为员工提供了良好的工作环境和福利，还构建了全方位的成长发展路径和学习培训体系，促进企业与员工共赢。

公司始终坚信"员工是企业最宝贵的财富"，以用户思维打造有温度的员工管理。公司始终将"以人为本"的理念贯穿于企业管理之中，通过全方位的员工关怀举措，打造一个有温度、有归属感的工作环境，让每一位员工都能在这里实现自我价值，与企业共同成长。

公司高度重视员工的身心健康，定期组织全员健康体检，并针对不同岗位提供专项健康指导。此外，公司设立心理咨询热线，帮助员工缓解工作压力，提升心理韧性。公司倡导"高效工作，快乐生活"的理念，让员工能够更好地兼顾工作与家庭责任，提升整体幸福感。公司公寓/全球创新中心等地设有健身房、篮球、乒乓球场、羽毛球馆、游泳馆等设施，并定期举办员工趣味活动、体育赛事、户外团建活动等，鼓励员工养成健康的生活方式，增强团队凝聚力。公司不仅关爱员工本人，也关注员工的家庭。公司举办子女教育、家庭开放日等活动，增强员工家庭的幸福感。公司设立员工互助基金，为遇到突发困难的同事提供经济援助，传递企业大家庭的温暖与支持。

公司始终重视员工的意见与建议，通过定期员工满意度调查、总经理信箱、座谈会等形式，搭建畅通的沟通渠道，确保每一位员工的声音都能被听见，每一份建议都能被认真对待。

公司为员工提供丰富的学习资源，包括内部培训、外部进修、行业峰会等，帮助员工不断提升专业技能和综合素质。公司结合实际，通过"通用力、领导力、新生力、专业力"等几个方面的培训，把建设"学习型组织"落到实处，深化专业人才梯队建设，打造面向未来的高端、智能制造人才队伍，提升制造专业能力，进一步支撑制造转型升级。

——通用力培训。在通用力培训中，公司采取讲师和导师制度，通过沟通能力培训、团队协作能力培训、问题解决能力培训、决策能力培训和学习能力培训，使员工在不同工作场景和岗位中都具备通用的关键能力。

——领导力培训。这一培训是为培养和提升各级员工领导能力而开展的培训项目，包括团队建设与管理，决策制定与风险管理，沟通技巧与影响力等。在培训方式上，采用线上、线下相结合的方式。线上利用云学堂企业培训平台，员工可根据自身时间安排随时随地学习，平台还会根据学习进度和兴趣推荐课程，提供个性化学习路径。线下则通过小组讨论、角色扮演、案例分析等互动教学方式，让学员在实际情境中锻炼领导能力。

——新生力培训。新生力培训主要是面向新员工等群体开展的培训项目，以帮助他们更好地适应企业环境，提升个人能力和实现职业发展，涉及产品知识培训、团队合作培训、行业知识培训等，目的就是让新员工了解行业发展趋势、市场需求、竞争情况等，增强员工的团队协作和沟通能力，以及对实际问题的分析解决能力。

——专业力培训。培训内容涵盖生产工艺、操作流程，销售人员的销售技巧以及客户关系管理等行业知识培训，帮助员工了解家电行业及相关领域的发展趋势、市场动态、竞争态势、政策法规等。培训体系从基础知识开始，包括初、中级精益师级训练营，管理主线训练营，以及工艺专业力、EHS专业力培训等，旨在提高员工的专业能力。

在建立"学习型组织"过程中，美的生活电器制造有限公司顺德区域可谓"不遗余力"，不惜投入大量的人力物力。据统计，仅在2024年，就开展培训场次719次，培训学时722.9小时，参训人次 5312人次，讲师授课251人，课程满意度达到96.3%。

"明星"是如何炼成的？

—— 汪德朝

在2024年度美的集团第二十九届科技月活动中，美的生活电器制造有限公司工艺工程师汪德朝喜获"制造明星"光荣称号。7年来，汪德朝经历了一条艰难的转型之路，付出了常人所不能想象的艰辛与努力，终于站在了集团最高的领奖台上，获此荣誉实至名归。

汪德朝刚入职时，产品迭代很快，热水壶生产线适应不了新产品生产要求，经常出现停产停线等问题，每天需要解决的现场问题很多，工程部的人员经常要到现场"救火"。如何解决这一矛盾？作为一个工艺工程师，汪德朝看在眼里急在心里。经过仔细分析，他感到出现这一问题的原因，就在于产线设计不合理，导致稳定性较差，于是，他和团队成员改变思路，对症下药，拿出了对整个产线进行改良的解决方案；同时，他利用自己多年从事产品研发积累的经验，与产品设计人员一起对新产品设计提出合理化建议，在不影响新产品功能的前提下，尽量提高产品生产过程中的可操作性。经过一段时间的努力，产线稳定了，生产速度跑起来了，产量实现了翻番，公司效益也得到了极大的提高。

从2019年初开始，汪德朝提出了构建"极致平台"的理念，在不影响产品功能实现及性能要求、不改变客户感知的产品外观体验的前提下，通过对零部件的工程价值分析，运用ECRS方法进行降维设计，以"制造人"的视角，逆向构建出工艺简单、能匹配简易自动化LCIM线体的生产方案，生产出成本低、效率高、品质优的极致产品。这一想法得到了公司及集团领导的高度肯定。在公司领导支持下，汪德朝和团队一起，研发出了第一代水壶极致平台，同时设计了集团首条LCIM样板线。这一极致平台的构建成功，使得公司水壶单台成本降低2块多、新增月订单40多万台，年订单超500万台的好成绩。

在完成极致平台研究后，汪德朝又把目光投向了如何降本增效。养生壶是公司开发的一款新产品，但是由于玻璃特性的原因，一直采用手工线体生产，效率低下，成本居高不下。面对这一现状，汪德朝大胆提出了加大养生壶玻璃杯尺寸的容差、提高玻璃杯一次验收合格率、降低玻璃杯供应成本的想法，得到了公司领导和同事的认可，接着，他又对工艺、设计、生产等各环节进行颠覆性改革与创新，使工厂养生壶生产实现了由0到1的突破，自制量由8.7万台/年提升至300万台/年，产线生产人员也减少了一半，经济效益明显提升。

七年来，汪德朝先后取得了21项发明专利和新型实用专利，获得了集团"发明之星奖""匠心独运奖"及"战斗者"等荣誉称号。同时，他也进入了集团专家组，多次协同帮扶，为集团其他主营品类提供集成化现场解决方案，为集团发展贡献自己的力量。

锡山家具
企业文化成就行业地位

　　佛山市顺德区锡山家具有限公司是一家专门设计、生产、销售美式休闲家具的综合性、国际化家具企业，是锡山集团旗下最具市场公信力和行业影响力的品牌之一。1989年，锡山公司进入大陆市场。35年来，风雨兼程，企业不断发展壮大的背后，凝聚了劳资双方的共同心血，更是企业弘扬以人为本管理理念的结果。数十年来，公司将这一理念贯穿于企业管理的全过程之中。

　　日前，笔者走进锡山公司研磨车间实地采访，让人印象深刻的是，这里根本不像传统家具厂，看不到粉尘飞舞，听不到刺耳的噪音，地面上一尘不染，车床机器光亮如新……公司管理部经理尹啸对记者说，为了改善生产作业环境，公司投入巨资，在业内率先引进水帘柜湿式除尘降温方式，更新工艺流程，粉尘治理达到国际一流标准，大大减少了粉尘和高温对员工身体健康的危害。

　　公司高层认为，关爱员工不能仅仅体现在搞一些浮于表面的文体活动，而要体现在实实在在的行动之中。多年以来，公司以工会组织为媒介，通过支持组织举办各种活动来关爱员工，增强员工的凝聚力和向心力。

　　资材部老员工蒋生万的家人患有罕见疾病长达十几年。高昂的医疗费用，就像一个无底洞，把原本就不富裕的蒋生万家庭压得喘不过气。公司工会得知这一情况后，及时启动困难员工慰问帮扶机制，同时积极向镇、区两级工会组织寻求帮助。由于不断得到公司工会和上级工会的帮扶，蒋生万家庭逐步走出了困境。

近些年，经济大环境有了一些变化，许多公司都采取裁员方式来降低企业成本。然而，让人意想不到的是，顺德锡山公司成立三十多年来，没有主动裁减一名员工，与之相反，对那些已经退休的老员工，只要他们有再就业的意向，公司一律接受返聘。据介绍，顺德锡山公司员工的稳定率一直很高，从而极大地保证了公司的正常生产秩序。

公司好不好，员工最有发言权。作为一名在锡山公司工作了几十年的管理人员，尹啸感慨地说，锡山公司员工的流失率如此之低，忠诚度如此之高，与公司对员工的无微不至的关怀密不可分。没有公司对他们的关爱，就没有今天锡山公司的健康发展，更没有锡山公司今天的行业地位和成就。

节约能手　创新高人
——佘九洲

北滘篇

在国内外户外家具界，有一个响当当的企业，那就是佛山市顺德区锡山家具有限公司，他们生产的户外家具畅销欧美市场三十多年，是实打实的户外家具"金字招牌"；在户外家具行业内，有一位闻名遐迩的技术能手，那就是锡山家具模具部经理佘九洲，凡是从事户外家具制造的技术人员，知道他的都不得不尊称他一声"大师傅"！

今年52岁的佘九洲，进入锡山之前，曾有20余年的五金模具行业经验。2010年，一个偶然的机会，锡山公司得知有这么一位技术高深的人才，想方设法把他从上海某企业挖了过来。来到锡山公司之后，佘九洲很快就摸清了公司模具制作的短板和痛点，经过短暂的磨合期之后，立即对模具工艺进行了大刀阔斧的改革。

原先，锡山公司要推出一款新品，所有模具都是外发模具专业公司进行开发，公司每年在这一块的开支就高达300余万元。佘九洲深知，公司聘请自己来，是对人才的极大尊重，是对创新的极大尊重，自己必须拿出实实在在的成果，为公司创造实实在在的效益。为此，他向公司建议，利用自己的技术优势，带领部门全体同事一起开展工作，今后公司所有的产品模具，都由自己的部门进行开发制作，不再采取模具外包方式，避免受制于人。这一提议得到了公司总经理肖建文的极力支持和鼓励，单独组建一个部门，要人给人，要钱给钱。

在2012年，也就是模具部成立的第一年，几个月的时间，佘九洲和他的团队除收回模具成本外，还为公司节约模具制作成本约240万元，极大地提高了企业的经济效益。为提高模具制作效率，2013年，佘九洲对工厂所有多功能自制模具工艺方法进行改进，使模具制作效率有很大的提升，仅此一项，减少模具设计制作人员50%，模具一次性成功率达到95%以上，试模材料成本节省98%以上，受到了公司领导的高度认可。

佘九洲说，生产未动，模具先行。而模具创新不但是企业的生命，更是一个模具开发技术人员的生命。佘九洲带领团队始终瞄准前沿技术，改进工艺流程。模具开发是一项极其精细的工作，产品精确度必须达到厘米级甚至毫米级，技术要求非常高。领导和同事对佘九洲评价道："佘工就像一台精度达到毫米级的模具，对工作精益求精，有这样的员工，何愁企业不发展？"

入职锡山公司14年来，佘九洲先后获得优秀员工奖、成本节约创新特等奖、工艺改良创新特等奖等诸多荣誉。面对荣誉，佘九洲没有沉浸在喜悦之中，他想得更多的是，如何为企业节省更多的成本，创造更多的效益。"只有企业好了，我们员工才会更好。"他说。

丰明电子
助员工成长促企业发展

2025年1月上旬,来到位于顺德北滘的广东丰明电子科技有限公司,顿觉眼前一亮,现代化建筑栉比鳞次、高大巍峨,厂区大院内绿树成荫,桂花飘香;花园式厂房,宽敞的道路两旁,车辆排放有序,与人们印象中的低矮铁皮厂房形成强烈反差。

公司人资部的小钟介绍说,广东丰明电子科技有限公司是一家成立于2000年的港资企业,集研发、生产、销售为一体的金属化薄膜电容器的研发制造商,年产能超10亿只,产品广泛应用于电磁炉、电风扇、空调等家用电器及光伏、风能和新能源汽车领域。

随后的采访中,让笔者印象更深、更感兴趣的,不是丰明公司优越的工作环境,而是公司对员工的关爱之情。为了促使员工尽快成长,适应公司发展新要求,公司每个月都会举办专业类、技能类、安全类等培训课程,不定期举行技术沙龙和主题训练营,让员工在交流中学习新知识,掌握新技能,拓宽视野,提升员工的协作能力和沟通能力,增强团队凝聚力。

建设人人参与的企业文化,是丰明公司努力的方向。公司这几年发展迅速,每年有较多的新员工上岗,他们来自不同地方,存在着生活、经历、文化的差异。公司经常组织员工开展生日会、趣味运动会、文体比赛、座谈会、读书会、创意工作坊等活动,邀请不同成长背景和文化背景的同事,分享自己的成长和文化故事,促进多元文化的融合与交流。创意工作坊则邀请专业导师进行手工艺等创意工作坊，让员工在动手实践中发挥创意，增进同事之间的相互了解。

公司认为，要实现持续稳定发展，还需要做到事业留人，让员工在丰明有成就感，有获得感。公司提供具有竞争力的薪酬及奋斗者激励机制，实施年度项目激励措施（KCP）和绩优颁奖，对那些在工作中做出贡献的优秀员工与标杆团队，予以奖金激励，有效地激发了各级员工的积极性和创造性。

对于一个公司而言，最大的财富不是机器和厂房，而是公司的专业人才和熟练员工，真正做到待遇留人、感情留人。2024年9月的一天，一名员工在下班途中不慎被一辆急速行驶的货车撞伤，导致右侧大小腿骨折，住进了医院ICU病房。公司领导得知情况后，第一时间赶往现场和医院，协商治疗，送上了公司工会的慰问金。事后，又在公司内部发动募捐活动，极大缓解了这名员工的医疗费用压力。出院后，他感激地说，感谢公司及时出手相救，同时感谢所有参与募捐献爱心的同事们。目前，该员工正在康复之中。他表示，回到工作岗位后，一定要更加努力工作，回报公司的关心与帮助。

勤勉尽责好"扬帆"

—— 陆春帆

在广东丰明电子科技有限公司，只要说起陆春帆，熟悉她的人都竖起大拇指：出勤率居车间之首，J级良品率99.9%，事业部大家认可的生产能手，入职公司不到四年，却连续两年被评为公司优秀员工标兵。

隆冬季节，记者在丰明公司见到了这位来自云南文山的女工。初看上去，三十岁左右的陆春帆，个子不高，言谈举止间透出朴素、能干、坚毅的神情。公司人资部的小钟介绍说，别看春帆年龄不大，但已经是两个孩子的妈妈了。

1992年出生的陆春帆，曾在福建厦门一家电子厂工作了近十年时间。为了离家乡更近一点，2021年3月，她放弃了厦门的工作，来到丰明公司，被分配到了卷绕车间。面对陌生的环境和全新的工种，陆春帆首先就是向车间老同事虚心学习，不懂就问，用最短的时间、最快的速度掌握了新设备和新工艺。在刚刚入职的那几个月里，陆春帆除了吃饭睡觉，一个人就像着了魔似的，每天围着设备转，一定要弄清楚设备的工作原理和卷绕的操作流程，短短几个月，陆春帆就成为卷绕车间的生产能手。据车间同事介绍，自从进入丰明公司以来，陆春帆从不去逛街、从不请事假，除了每年春节回家团聚之外，其他时间都在公司泡着。看到陆春帆这股钻劲、拼劲，车间负责人心疼她，让她悠着点。陆春帆却回答说：我这个人就喜欢干活，而且要干就要干得漂亮！

正是抱着要把工作干得漂亮这样朴素的理念，陆春帆在平时的工作中非常注重学习、善于总结，她对每一台设备的工作原理都搞得明明白白、每一项操作规程都弄得清清楚楚，从而确保了每一次操作都能达到最佳效果。在她的努力下，公司成功将原计划2个月的调试期缩短至40天，大大提高了设备调试效率。此外，她还通过优化操作流程的方式，显著提升了本岗位的产品合格率，为卷绕车间工序的产能和质量贡献一份力量。

陆春帆不仅要求自己把工作干得漂漂亮亮，还带动了周围同事把工作干得漂亮。她深知团队协作的重要性，碰到新同事她会耐心指导，分享自己的心得和经验，带动新同事共同提升技能水平。在她的带动下，该工序团队的凝聚力和战斗力大大增强。同时，她还积极参与车间的设备保养、故障抢修等工作，有效提高了设备的稳定性。

乐从篇

创誉律师事务所
同事就是自己的亲人

传递律所关爱，赋能员工成长。成立于1994年5月的广东创誉律师事务所（以下简称"创誉所"），是佛山市首批合伙制律师事务所之一，提供全方位律师事务。三十年来，创誉所一直高度重视员工的成长，通过组织一系列的员工培训和关怀活动，为全体员工营造了一个温馨、和谐的工作环境。

针对女员工比较多的情况，创誉所经常说，女员工是创誉所的宝贵财富，走出去就代表了创誉所的形象。基于这样一种理念，创誉所对女员工可谓是"精心安排"，在为女员工谋取福利的同时，还致力于对女员工进行各类培训，让女员工在创誉所发挥出"巾帼力量"，担起创誉所的一片天。一是定期组织瑜伽课程培训，帮助女员工们缓解工作压力，提高身体的柔韧性和协调性；二是邀请礼仪老师进行专业培训，提升她们的职业素养和人际交往能力。这些活动不仅丰富了员工的精神文化生活，也为她们提供了一个全面发展的平台。

"每一位员工都是亲人，正是凝聚团结力量，创誉所才不断攻坚克难、砥砺前行。"创誉所主任坚持以人为本的管理理念，致力于为员工创造一个舒适的办公环境，投入巨资，在佛山新城高档写字楼打造了一个面积两千多平方米，可媲美北上广深的一流的、舒适的办公区。工作之余，站在写字楼的第十七层窗边，美丽的东平河从眼前缓缓流过，绿树成荫的佛山新城一览无遗，让人心旷神怡。

为了保障全体员工的身心健康，增强律所的凝聚力和向心力，每逢节假日，所里都会举办各种不同形式的团建活动，来自全国各地的上百名员工，欢聚一堂，其乐融融。可以说，创誉所就是员工们的另一个大家庭，永远都温暖如春，因为这里凝聚了来自五湖四海的关怀。

"同事就是自己亲人"的管理理念，使广东创誉律师事务所得到快速发展。成立三十年来，广东创誉律师事务所业务蒸蒸日上，来自新疆的员工小李律师说，在创誉所工作，让自己真正感受到了家的温暖，工作的快乐！

律所的"好管家"
律师的"勤务员"

—— 罗沛怡

乐从篇

罗沛怡，广东创誉律师事务所行政主管，别看她年纪不大，但是在所里从事行政工作已经有十几个年头了。这些年，创誉所不断发展壮大，离不开罗沛怡久久为功、绵绵用力。

创誉所是顺德区乃至佛山市一家规模较大、名气颇高的律师事务所，人员总数一直保持在一百人上下；律师的业务范围也极其广泛，涉及房地产、金融和政府事务等多个板块，种类繁多。2012年，罗沛怡大学毕业来到创誉所工作后，律所主任根据她执行力强、亲和力强等特点，安排她从事行政管理工作。熟悉律所工作的人都知道，律师要开展好工作，行政部门必须积极配合。大到标书制作，小到员工租房，不一而足，大事小情，都离不开行政管理人员的配合协调。罗沛怡二话不说，就接下了这项工作，而且一干就是十几年，从不间断，栉风沐雨，无怨无悔。

罗沛怡深知这一工作对创誉所发展的重要意义，甘当绿叶，做好律所的管家，当好律师的勤务员。按照以往的惯例，所里每制作一份标书，需要进行多次研讨，甚至可能要进行实地调查研判、搜集往年案例、撰写定制法律意见，这个过程，最少需要一周时间。

2023年上半年，所里接到标书制作任务，要求律所在一周之内制作三份标书。听到这个消息大家都面色凝重。然而，作为行政负责人的罗沛怡并没有被困难所吓倒，她立即召集相关律师开会，根据各位律师的业务特长，按组别分工协作，各组别讨论需要收集的案例方向、调查情况，在撰写标书前，主动与投标方沟通，详细了解项目背景和需求，根据每一份投标文件的要求，量身定制了所有投标文件。罗沛怡带领的全体行政人员，严谨细致，逐字逐句检查标书，完成标书的打印、制作、排版和包装。

在罗沛怡的影响下，大家连续熬了三个通宵，凝心聚力、攻坚克难，终于在规定的时间内，完成了制作标书的任务。经此一战，不仅为所里带来了良好的经济效益，展现了律师和行政人员的专业素养和敬业精神，而且树立了创誉所良好的形象。

创誉所人员来自全国各地，远的甚至来自新疆、内蒙古。为了让这些远离家乡的律师在创誉所感受家的温暖，罗沛怡为此没有少花心思。律师小刘，家在内蒙古，来到南国佛山，人生地不熟，两眼一抹黑，刚入职一段时间，总是闷闷不乐。罗沛怡得知这一情况之后，经常找小刘谈心，帮助他解决生活中的实际困难，介绍佛山的美食美景，规划职业生涯。

罗沛怡，用她的勤勤恳恳、她的辛劳付出，把员工关爱工作做实做细做深。她用爱心的力量，凝聚和团结了创誉所全体力量，让创誉所不断砥砺前行，在新征程上取得新的更大成就。

嘉乐华印刷
双向奔赴成就事业

随着市场竞争日趋激烈,传统的包装印刷行业压力巨大,每一份订单都来之不易。然而,佛山市顺德区嘉乐华印刷有限公司在老总罗志滔的带领下,企业与员工的双向奔赴,员工与企业并肩作战,生产经营实现了稳定发展。

作为传统的印刷企业,令老板最头疼的就是员工流失率高。但是,在嘉乐华,员工队伍却非常稳定,许多都是从建厂开始就在这里工作的老员工。在上级工会的帮助下,2000年嘉乐华成立了工会组织。尽管公司规模不大,但是公司工会制度完善、规范,先后建立了协商谈判、集体合同制度,成立了劳动争议调解委员会。

几年前,一位来自广西的韦姓员工不幸罹患肝癌。彷徨之际,他第一个想到了罗总,打电话请求罗总帮忙。罗总得知情况后,亲自安排他住院进行手术治疗,垫付了几万元医药费,并发动员工捐款;待他出院后,又帮助他办理了停薪留职手续。在此期间,公司还连续两年出资帮他购买了全额社保,直至他去世。去世前,韦姓员工和家人曾经专程回到公司致谢,握着罗总的手说,自己一生最大的幸运就是遇到了一家好公司、一个好老板!

罗志滔经常说,作为企业老总,就是要时刻为员工撑起一把伞,为他们遮阴挡雨。2022年4月的一个晚上,员工老黄的妻子突患急性肠胃炎,疼痛难忍,睡在床上打滚。急得满头大汗的老黄试着给罗志滔打了一个电话，请求公司派车送他的妻子去医院。罗总听后二话没说，立即安排司机出车，把老黄两口子送到医院。

企业对员工最贴心的关爱莫过于安全生产，安全生产也是对员工最好的保护。为了确保员工有一个良好的作业空间和安全生产环境，在企业困难的情况下，嘉乐华仍然不惜投入巨资，从德国进口了先进的生产设备，改造原有的生产配套设施，引入ERP印证软件管理系统，高效配置生产资源；在关键工序实现了"机器代人"，有效降低劳动强度，大大提高了生产效率，大幅降低环境污染，让员工有一个安全良好的作业空间。

罗志滔认为，企业与员工是一种相互依存的关系，企业和员工双向奔赴，才能和谐发展。只要把员工放在心上，员工才会把企业放在心上。公司制定并实施"绩效奖励"机制，奖罚分明，多劳多得，公司还提高了工龄奖、技术岗位补贴、产量奖、误餐费、租房补贴等福利，极大地调动了员工的生产积极性。

用心用情"打好杂"

—— 陈智婷

既是工会负责人,又是公司财务主管,还是公司安全主管,更是人力行政主管、妇女主任……在佛山市顺德区嘉乐华印刷有限公司就有这样一位女能人,入职公司24年来,身兼数职,无怨无悔,用心用情做好每一项工作,得到了公司上上下下的一致好评。这位女能人就是陈智婷。

嘉乐华印刷有限公司是一家专业从事包装印刷的企业。2001年,陈智婷放弃金融机构的工作,来到嘉乐华从事财务管理工作。没想到,这个工作一干就是24年。随着时间的推移,陈智婷的岗位也从单纯的财务工作,变成了多个岗位。现在的她,不仅要负责财务工作,同时,还肩负着企业安全生产、工会工作及人力行政资源管理、妇女工作等等。尽管身兼多职,她却丝毫没有忽视任何一项分管的工作。面对纷繁复杂的工作,陈智婷索性将自己定位为一个"打杂"的。她经常对家人和同事说,自己既然接受了这些工作,就要做好。

虽然公司规模不大,但是大公司里面该有的财务管理项目,嘉乐华一项不少,岗位定量、成本核算、各种审计等等,这些都要耗费大量的时间和精力去做。为了把公司财务工作做好,每个周末加班,成了陈智婷的家常便饭。为此,她的孩子还有不少怨言。

安全生产是印刷行业的"生命线"。进入公司20多年来,作为公司安全生产的负责人,陈智婷每天上班第一件事就是在车间、仓库巡视,查看安全隐患和人员状态,一有问题就马上安排人员进行处理。

在陈智婷的"日程表"里,她从来就没有上下班和节假日的概念。每到假期,都是别人最悠闲的时刻,对于陈智婷来说,却是最忙碌的时刻。假期里的每一天,她都会抽时间回公司巡视,有问题及时处理;工作日下班后,她的手机24小时开机,遇到问题,她就会随时上岗。

作为公司工会和妇女工作的负责人,陈智婷认为,自己应该做员工最好的聆听者,与员工情同手足。公司员工在工作、生活中遇到问题或困难,甚至是感情生活方面的事情,都会向陈智婷倾诉,而陈智婷总是把他们的问题和困难当作自己的事情,尽心尽力帮助解决。

乐华恒业厨卫
只有员工满意，企业才有大发展

　　员工是企业的宝贵财富，是推动企业前行的坚实基石。佛山市乐华恒业厨卫有限公司秉持"以人为本，协作共赢"的价值观，致力于为全体员工打造一个既高效又温馨的工作与生活环境，通过细致入微的关怀与实际行动，不断提升员工的满意度与归属感，让每一位员工都能深切感受到来自企业的温暖与关怀。

　　"无尘车间"是乐华恒业的一个亮点。走进车间，犹如走进了高端写字楼。在这里，流水线上，工人们在那里安静地操作着设备；车间上看不到杂乱无章的物料，地面上洁净如新，一尘不染。车间负责人告诉我们，公司为了打造这个"无尘车间"，投入了巨额资金，并严格执行5S管理体系，确保了车间环境的整洁与高效。同时，公司在各车间设立了装备完善的员工休息区，不仅配备了桌椅、文化宣传栏及物品存放架，更以其人性化的设计促进了员工间的交流，为员工提供了宝贵的休憩空间。

　　为了让员工在公司安心工作，公司还投入巨资建设了舒适雅致的员工公寓与智慧餐厅。公寓采用二人间设计，房间里配备齐全的生活设施与家电；公寓区域内部，设有健身房、篮球场、羽毛球场及活动室等多元化休闲设施，极大地丰富了员工的业余生活。智慧餐厅则以其丰富多样的菜品选择与优雅的就餐环境，为员工提供了高品质的就餐体验。

　　为了活跃员工的文体生活，乐华恒业还通过举办员工生日会、座谈会、运动比赛、节庆活动及榜样荣誉评比等丰富多彩的活动，在各个方面给予员工深切的关怀与激励。定期召开座谈会，为员工与管理层搭建了沟通的桥梁；每月举办生日会，则让员工在欢乐与温馨中感受到家的温暖；各类运动比赛的举办，更是展现了员工健康向上、团结协作的精神风貌。

公司十分注重员工的身心健康。公司每年定期组织职业健康体检与在职员工体检，确保员工能够及时了解自己的健康状况。2024年7月的体检活动中，员工们纷纷表示，通过体检不仅深刻感受到了公司的深切关怀与温暖，也让自己更加珍视健康。

谈及企业不遗余力关爱员工的话题时，公司负责人说，只有员工满意了，企业才会有大发展。乐华恒业还建立了完善的培训体系与晋升通道，从新员工入职培训到技能提升、班组长培养、多能工发展、技能比武、管理专项培训及核心骨干选拔培养等各个环节，公司都倾注了大量心血，致力于构建人才梯队培养机制，为员工的职业发展提供强有力的支持。

爱企敬岗
默默奉献铸辉煌

——朱华歆

今年43岁的朱华歆，5年前入职佛山市乐华恒业厨卫有限公司感应器分厂。从没有在工厂干过的朱华歆，入职公司后，十分珍惜这份工作，迅速调整心态，以"人一我十"的精神刻苦学习专业技能，在很短时间里就成长为分厂的一名技术骨干并担任了组长。

随着业务不断发展，前两年，感应器分厂从高明搬迁至顺德。工厂规模扩大了，新员工数量成倍增加。新环境、新员工、新产线，给感应器分厂的稳定运营带来了一定的挑战。根据这一情况，朱华歆不等不靠，针对新的产线实际，创新工作思路，采取传帮带的方法，把着力点放在培训新员工的操作技能上，亲自上阵培训每位新同事组员，帮助他们尽快熟悉产品操作流程，提升工作效率。在朱华歆的努力下，组里的新员工很快成长起来了，像邱梓平、侯德福等一些新员工，也逐渐成长为组里的技术骨干，从而促使新产线以最快速度平稳过渡，确保了分厂生产的顺畅开展。

朱华歆意识到，新生产线要尽快提高生产效率，必须在班组管理上下功夫。为此，朱华歆还刻苦钻研管理知识，对人员进行科学管理。在每一次的紧急生产任务面前，他总是能够沉着冷静，凭借对生产计划的精准把控，将任务科学分解至每位组员，全组生产效率迅速提升，产能从每小时120套增加到每小时175套，全组日产能迅速攀升。

身为组长，朱华歆深知熟练掌握感应器专业知识的重要性。经过几年的摸索，朱华歆对于产品的生产工艺及生产流程，可谓是烂熟于心。型号为4316的感应水龙头，是分厂的一个重点产品，由于种种原因，产品不良率一直高居在4.8%左右，优良率始终得不到提高。为了突破这一难题，朱华歆和同事一起，反复分析原因，改进生产工艺流程，在经过反反复复的试验之后，难题终于得到破解。现在，该产品的优良率稳定在99.2%以上，为公司节约了大量成本，效益得到明显提升。

作为分厂最基层的管理者，朱华歆事事走在同事们前面。他每天都会提前半个小时来到车间，对所有设备进行巡视，检查物料是否齐全、设备状态如何，了解人员到岗情况，从而把好每一关。他时常告诫自己，作为一名组长，尽管"官"不大，但是肩上的责任不小。2024年5月份的一天，他在进行产品质量检查时，发现某型号产品的5AD-519感应器元器件装配出现误差，如果不及时处理，很可能导致不合格的这批产品流入市场。朱华歆发现这一问题后，及时进行了处理，从而避免了一起可能导致公司品牌形象受损的质量事故。

乐从篇

美洁卫生用品
员工就是自己的亲人

　　广东美洁卫生用品有限公司成立三十余年来，老板和员工亲如一家，从没有主动辞退一名员工，围绕"学习、互助、创新、领先"的企业文化目标，公司领导和员工双向奔赴，推动企业在行业内始终保持领先地位。该公司工会负责人庞晓华表示，员工队伍之所以能够保持稳定，与公司领导对员工无微不至的关怀分不开，用公司领导的话来说，对待员工，就是要"爱如珍宝"，把他们当亲人。

　　为适应市场的不断变化，卫生用品生产技术也随之不断提高，公司每年都会更新设备，开展技术创新。为此，公司经常开展全员业务技能培训，让员工尽快了解新设备、掌握新技能。员工对这项举措大为赞赏，都说在美洁工作，不仅能学到新技术，个人也会得到成长。"只有员工成长了，企业才能壮大。"公司领导如是说。

　　美洁公司的员工竟然人人都有"家庭医生"，这让笔者始料未及。美洁公司除了每年为员工进行例行的免费健康体检外，还定期举办卫生、职业病培训讲座，提高职工的健康知识水平。今年公司还与道教卫生所合作，开展家庭医生活动，每位职工都有自己的健康档案，他们有头疼脑热的问题，任何时间都可以与自己的"家庭医生"联系。做好这件事，尽管少不了投入，但是公司领导说，比起公司的效益，员工的身体健康更加重要！

　　美洁公司的员工大部分来自粤西和广西，远离家乡亲人。为了营造家一样的氛围，每逢重大节日，

> 乐从篇

公司都会精心准备节日礼品和慰问品；每个季度，公司都要举行职工茶话会，让职工放下工作，在享受茶点时，能畅所欲言分享传递自身的工作经验；公司每月还会举办职工生日会，为每位职工送上生日蛋糕。

公司搬迁至道教工业区后，由于条件所限，空间比较局促，员工用餐体验感不好。公司领导看在眼里急在心上，立即投资数十万元，对旧食堂进行翻新改造，添置了中央空调和不锈钢餐座椅，面积扩大了一倍以上，可以同时容纳两百人用餐；此后，又在厂区内投资建设了一个面积数百平方米的水景花园，开辟了娱乐室、健身房，让员工在工作之余有一个惬意的休憩、锻炼场所。每年五一劳动节期间，公司都要举办职工趣味运动会或技能比赛，让职工们通过团队竞技比赛增加交流，同时也能在大家的笑声中缓解工作压力。

三十多年来，公司领导始终把员工待如亲人，没有主动辞退一名员工；也正是由于公司领导对员工无微不至的关怀，三十多年来，企业没有一名员工主动辞职。企业与员工亲如一家，共同进步，共同发展。

爱厂如家做表率

—— 林东

　　在广东美洁卫生用品有限公司，有这样一位员工，入职公司25年来，爱厂如家，通过自己的不断学习成长，逐渐成为公司骨干人员，走上了管理岗位，为企业发展奉献自己的光和热。他就是生产部车间主任林东。

　　1999年10月，林东进入广东美洁卫生有限公司工作。他自己也没想到，从机器操作工开始，在这里一干就是25年。林东认为，美洁公司的老板人品好，工作环境好，同事之间关系好，进入美洁公司，是自己最好的选择。所以自己要把美洁公司当成自己终生奋斗的地方，为美洁发展尽自己最大的力量。

　　美洁公司以前的设备，都是以手工操作为主。员工要从接触机器到熟练掌握操作规程，生产出合格产品，至少需要一到两年。刚进厂时，林东也为此感到很困惑。为了尽快掌握机器原理，他每天蹲在车间，摆弄着机器，不懂就问，向同事请教机器的工作原理。靠着自己的勤奋和苦学，靠着多动手多交流，仅用半年时间，林东就熟练掌握了操作的全过程，很快就成为公司的技术能手。

　　由于技术过硬，林东被公司提拔为生产部车间主任。这几年，随着企业发展，公司的设备自动化程度越来越高，对员工的技术要求也越来越高。每当新设备进厂，林东就带领大家一起坐下来研究新设备的操作要领，以最短时间发挥设备的最大效率。2017年，公司新进了一台日用卫生巾的生产设备，自动化程度非常高。负责这台设备的员工小李，感到很吃力，当时就想打退堂鼓。林东得知此事后，针对小李遇到的问题，与他一起分析原因，手把手教他如何操作，同时，鼓励他要勇于面对困难。在林东的耐心指导下，小李终于克服了胆怯心理，掌握了新设备的操作要领。如今，小李也成为公司的技术骨干，并担任了班长。像小李一样，25年来，经过林东培养的优秀技术人员一茬又一茬，一批又一批，得到公司上下的好评。

　　林东担任车间主任后，不仅注重为公司培养人才，还把很大一部分精力放在生产管理上，创新管理思路，组织开展技术创新，带领团队人员严格生产出高质量的产品。公司根据他的建议，对班组长进行轮流培训，并在车间的每个班组实行AB角制度，从而避免了由于而个别班组长缺勤而无法正常生产的问题，有效地提高了公司的生产效能。与此同时，在林东的建议和牵头组织下，公司优化设备操作流程，对设备进行合理化改造，改变材料进口顺序，使产品成品率提高至97%以上，大大节约了生产成本。

美丽华家具
打造家具行业的"三好"企业

　　成立于1984年的佛山市顺德区乐从镇美丽华家具厂，是顺德区内最早从事家具生产的企业之一。四十年来，世事变幻，斗转星移，虽然员工换了一批又一批，但是厂里对员工的关爱之情却始终如一。美丽华家具厂的老板深知，没有安全的生产环境，就留不住员工，企业发展更是无从谈起。从工厂成立的第一天开始，厂里就把安全生产放在首位。

　　厂房的变迁，见证了美丽华家具厂对安全生产的重视。创业之初，厂房只是搭建在鱼塘旁的简易竹棚。随着工厂生产经营的不断稳定和发展，现如今，美丽华家具厂已经建成为水泥框架结构的大型现代化标准厂房，工厂生产环境发生了根本性变化，为安全生产提供了强有力的保障。

　　为了创造一个良好的生产环境，多年以来，美丽华家具厂不计成本，投入了大量资金，引进现代化的生产设备。如今，在美丽华家具厂的生产车间里，看不到飞舞的粉尘，听不到烦人的噪音，喷涂车间的VOC排放更是远低于国家标准限量值。据介绍，厂里每年都会安排职业场所卫生检测，评估岗位的废气粉尘浓度是否达标，确保工作场所的安全洁净；每月按时发放耳塞、防尘(毒)口罩等防护用品，减少伤害；每年5月定期进行职业病危害健康体检，建立职工健康档案，跟踪员工身体状况。厂里还加大了保险的力度，除了工伤保险外，还购买了职工安责险、人身意外险、公众责任险，为员工放心工作提供了有力支撑。仅此一项，每年的投入就高达数万元。另外，对身患重疾或家庭突发变故的职工，厂里都会给予

2000元到2万元不等的慰问。

为了让员工体会到厂里的温暖，美丽华家具厂还实行了"带薪休假"制度，在法定休假期间，员工每日可领取80元的假期工资，这在行业内几乎是第一家。每逢员工家里有喜事，工厂都会送上贺礼。2023年，来自江西的一名员工，他的儿子结婚，厂里得知此事后，送上了3800元的大红包……类似的事情还有很多，美丽华把关爱员工真正落到了实处。说到这里，工厂负责人吴池安告诉笔者，现在很多家具厂都存在招工难的情况，但是美丽华却没有这样的困惑，厂里的老员工看到厂里的生产环境这么好，每年都会介绍自己的亲戚朋友过来求职。

美丽华家具厂员工福利好、食堂伙食好、老板人品好，在乐从家具生产行业可谓众所周知。多年来，厂里持续投入，改善员工的生活条件。厂里先后建设了高标准的公寓式宿舍和食堂等，让员工不为吃住而烦恼。

不忘初心勇向前

—— 吴池安

乐从篇

乐从是顺德家具产业的发源地。40多年前，乐从家具产业如日中天，遍地开花。40多年过去了，乐从家具产业发生了翻天覆地的变化，第一批家具人也已经寥寥无几。然而，仍有一部分人坚守在这个行业，为这个行业的发展壮大，奉献自己的力量。美丽华家具厂厂长吴池安就是其中一位杰出的代表。

吴池安常说，自己对家具行业有着一种说不清、道不明的不解之缘，1986年，高中毕业后的吴池安，主动放弃了进入银行等单位的机会，进入美丽华家具厂工作。当时，就有人问他为何要选择做家具行业。吴池安说，不能说是冥冥之中的安排吧，更多的是因对自己对这个行业的热爱。

把对行业的热爱变成对事业的追求，显示出吴池安与常人不一样的情怀。进厂后，他从普工开始做起，经过主管、厂长等多个岗位历练。2019年，也就是在家具行业进入竞争最激烈、发展最困难的时期，吴池安开始担任美丽华家具厂总经理。

美丽华家具厂是一家生产实木家具的老牌企业，其品牌"蓝鹰家具"虽然在行业内具有一定的知名度和美誉度，但是品牌影响力也存在一定的不足。接过总经理的位置后，吴池安对企业的情况进行了认真的分析，并对市场进行了长时间的调查研究，发现个性化、时尚化、定制化是未来家具市场的新趋势和新方向，他果断提出了"稳定老品牌，创立新品牌"的企业发展战略。

"两条腿走路"的品牌战略，使美丽华家具厂实现了质的飞跃。但是，"酒香也怕巷子深"，为让好产品更好地走向市场，吴池安改革销售模式，把目光投向了新媒体平台，实现线上线下销售的有机融合。近几年，美丽华每年在抖音、小红书等平台投入20多万元，引流客户，同时与兄弟企业建设共享展厅，实现优势互补。

担任总经理后，吴池安想得最多的就是如何稳定员工队伍，实现企业可持续发展。几年来，吴池安不断优化企业管理模式，按照工业4.0要求，先后推行了ISO质量管理体系、6S管理模式和清洁生产模式；积极引进先进生产设备，投入数百万元，购置生产、环保设备。通过这些举措，企业的安全生产、环境保护和员工职业卫生健康等，都跃上了一个新台阶。

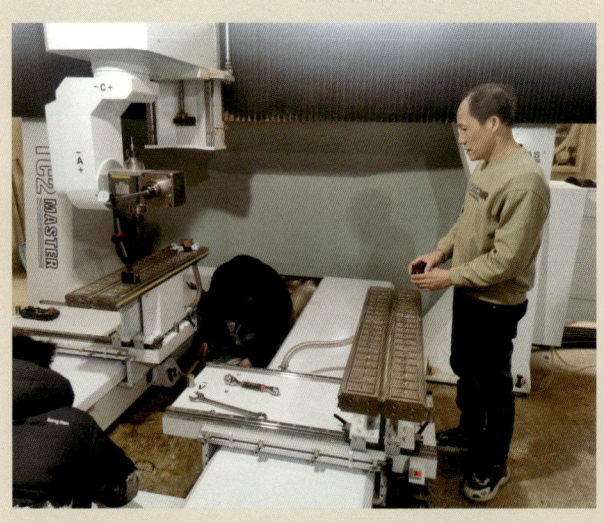

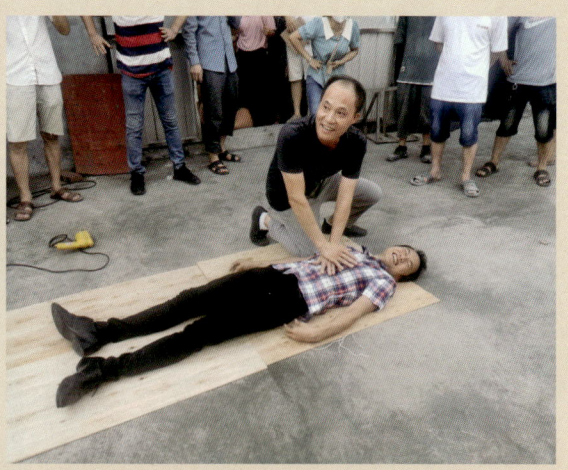

木月智能家居
人性关怀让"木月"生辉

顺德乐从是全球知名的家具之都，众多的知名家具品牌，犹如璀璨星河，熠熠生辉。广东木月智能家居科技有限公司成立于2012年，以其独具匠心的创意产品、独具特色的线上线下相结合的营销模式，深受消费者青睐。据介绍，木月家具年销售额超3亿元，拥有数百个注册商标，获得100多项具有自主知识产权的外观设计专利，产品畅销国内外市场。

一个成立仅仅十余年的年轻公司，如何在市场上取得如此巨大的成功？带着这个问题，笔者日前走访了木月公司。这哪像一家家具公司？没有印象中的机器轰鸣，没有概念里的机械设备，没有穿梭来往的木工师傅……开放式的办公区域内，整齐划一的工位上，端坐着一位位手握鼠标的白领！

该公司刚创立时就把木月家具公司的企业文化理念明确为"绿色木月，健康生活"。他们不仅将这一理念贯穿于产品的设计生产之中，也融入企业经营管理之中。公司在设计办公区域时，就充分考虑到采光通风等因素，融入年轻、时尚的元素，营造出一个宜人的氛围，让员工能够在愉悦的环境中工作；每个工位配备了可以平躺的人体工学办公椅，让员工中午可以舒适地躺在办公椅上午休。

让员工在"AI"的环境中成长，是木月公司快速发展的关键所在。该公司的理念迭代为"木月家居，生来有AI"。为了让员工尽快适应变化了的新形势，公司采取走出去请进来等方式，聘请专家学者举办"AI"知识讲座和技能培训，与此同时，结合消费者需求，迅速设计出一系列智能家居产品推向市场，成

> 乐从篇

为国内首批智能家居设计生产、运营商，饮到了智能家具"头啖汤"。

让员工在"爱"的氛围里生活，这是木月公司走向成功的又一路径。公司绝大部分员工是"90后""00后"，大多数从事设计、电商运营工作，每逢"6·18""双11""双12"等大型营销活动时，对体力的消耗可想而知。为了保证员工有一个健康的体魄，公司投入资金，开办食堂，为员工提供健康营养的饮食。公司董事长方鹏说，木月公司不能一味地追求业绩，放在公司第一位的永远是员工的健康。食堂办起来后，由于食材健康，口味适合年轻人，不仅得到木月公司员工好评，还吸引了其他兄弟公司员工前来用餐。

木月公司常年举办生日会、篮球赛、羽毛球赛、外出旅游等活动，尤为值得一提的是，在木月公司工作的员工，其家属也可以享受免费的体检、免费的旅游，让员工在这里真正感受到了家的温暖。此外，结合公司发展实际，木月公司还开展各类技能比赛。

用心用情带团队

——陈金垒

今年32岁的陈金垒，在家居设计行业深耕已有十年，积累了丰富的经验。2019年底，广东木月智能家居科技有限公司领导三顾茅庐，把陈金垒从广州一家公司挖到公司，担任公司品牌中心美术指导。陈金垒深感公司领导对自己寄予厚望，五年多来，他勤勉耕耘，用自己的实际行动，回报公司领导的厚爱。

当今时代，家居设计行业日新月异，各种设计理念、设计形式层出不穷。陈金垒的一大优势，就是善于学习，把握设计行业新趋势。从2023年开始，"AI"（人工智能）理念逐渐兴起，ChatGTP、Khroma、Lancy、Canva、DALL-E2等设计类工具得到普遍应用，传统的设计工具已经难以满足设计行业需求。陈金垒敏锐地注意到这个新趋势，意识到家居行业设计将面临巨大而深刻的变革。他向公司领导建议，在木月公司全员开展AI设计知识培训，以新技术拥抱新时代。公司领导听取建议后，立即组织设计人员投入AI培训，陈金垒自告奋勇当起了培训老师。一方面，他把自己运用AI工具开展设计的案例分享给大家，另一方面，辅导同事们学习AI基础知识和应用方法。很快，公司就形成了学习、应用AI开展设计的浓厚氛围，如今公司的设计人员大多熟练掌握了使用AI写文案、找图等技能。与此同时，公司根据人工智能发展趋势和人员实际，重新定位公司发展战略，把产品设计、生产、经营的重心和方向转为智能家居，抢抓市场先机。

陈金垒是个"多面手"。除了设计是他的强项之外，他还熟知企业策划营销。进入木月公司之后，他就着手对木月公司的视觉VI系统进行了全面梳理和升级。五年来，公司的产品设计理念从"绿色木月 健康生活"，到"创造你的与众不同"，再到"木月家居 生来有AI"，一步步升级，更加契合"90后""00后"的消费群体，这凝聚了陈金垒的一片心血。

善于分享，是陈金垒的又一个特点。他不仅在产品设计上有着自己超强的能力，还对网页设计、摄影、剪辑、三维建模、电商运营、新媒体渠道等有着自己独特的见解。公司的同事在制作PPT、剪辑视频时，每当遇到困难，陈金垒都会不吝指教，把自己的经验悉数分享给他们。

每年的"6·18""双11""双12"等电商高峰期，是公司业务最为繁忙的时刻。每当这个时候，熟知电商运营等知识的陈金垒都会主动投入这一工作中去，身兼数职，对运营人员进行指导。运营部门的同事说，在这个紧张的时刻，只要陈金垒这个"八边形战士"站在身旁，就再也不会觉得紧张了。

乐从篇

维通利华
为创造全公司更健康的生活而奋斗

广东维通利华实验动物技术有限公司成立于2021年,是一家充满活力与人文关怀的现代化企业。公司现有员工146人,其中女员工90人,占比超过60%。自成立以来,公司始终严格遵守《劳动法》《合同法》等相关法律法规,将员工的权益保障放在首位,努力营造一个和谐、健康、积极的工作环境,也因此赢得了员工的一致好评。

在公司管理方面,管理层对劳动合同的签订极为重视,明确规定每一位员工在入职时都必须与公司签订规范的劳动合同,并足额购买社保。除了全员购买社保外,公司还为所有员工额外购买了补充医疗保险和意外险,为员工的健康和安全提供了更全面的保障。公司注重员工的休息与福利,所有员工均享有每年12天及以上的年假,12天全薪病假,并且每年都有调薪机会。公司设立了各种奖项,鼓励员工在工作中争先创优。在薪酬发放方面,公司坚持每月最后一个工作日按时足额发放员工当月工资,从未发生过拖欠工资的现象,切实保障了员工的经济权益。

在追求生产效益的同时,公司始终坚持"以人为本"的管理方针,为员工提供良好的劳动安全卫生条件和劳动保护用品。公司定期为一线员工进行职业健康体检及福利体检,确保员工的身体健康得到及时的关注和保障。为了改善员工的生活条件,公司配备了员工宿舍和自助餐厅,还设有羽毛球场、乒乓球室等文体活动设施,为员工的居住、饮食和业余活动创造了良好的条件。特别值得一提的是,公司设立了

"妈妈岗"，为女员工提供了更加灵活的工作选择，充分体现了公司对员工家庭的关怀和支持。同时，公司还为员工建立健全了培训和晋升体系，激励员工不断提升自我，争先创优，为个人的职业发展提供了广阔的空间。

在传统节日如妇女节、中秋节、国庆节等，公司都会精心准备节日慰问礼品或纪念品，发放给每一位员工，让员工感受到公司的温暖和关怀。此外，公司还会结合公司公益主题月组织员工进行团建、会餐、文艺表演等集体活动，丰富员工的业余生活，增强员工之间的凝聚力和归属感。

公司不仅在内部营造了良好的工作环境和企业文化，还积极参与社会公益活动，为公司所在地琴湖社区的公益事业捐赠资金，组织员工为户外劳动者送清凉饮料，开展植树活动，联合水藤村举办公益健康主题宣讲等。这些活动不仅为社会贡献了力量，也赢得了社会各界的广泛赞誉和好评。

用敬业来诠释爱岗的真谛

—— 曾庆燕

乐从篇

曾庆燕是广东维通利华实验动物技术有限公司人事行政部主管。三年多时间里，她工作认真，踏实稳重，业务能力强，严格遵守公司的各项规章制度，勇于创新，积极进取，遇事从不推诿，工作能力得到领导及同事的一致认可。

2021年年底，当时公司还未投入正式运营，只设有生产经理、设备主管和人事主管3人。按照总部的运营计划和生产进度要求，2022年春节前必须招到20人到北京和浙江的兄弟公司进行培训学习。临近春节，大部分求职者已踏上返乡过年的归程。曾庆燕充分发挥多年从事人事行政工作形成的业务能力，全面铺开招聘渠道，在一众求职者中精心挑选能够胜任工作，同时可以适应异地出差培训学习的候选人，送到北京和浙江进行培训。随后，每个员工入职招聘都经过她的层层把关，从而为公司培养了第一批骨干员工。

公司成立之初，曾庆燕详细调查顺德区的人力资源成本，为总部制定广东维通利华的薪资福利制度提供了翔实的资料和信息支持。作为一名人力资源主管，她不仅要为人员入口把好关，也要为优化公司人力资源配置大花心思。她深刻意识到，要认真组织做好人才引进，根据公司战略发展需要，对各岗位人员的招聘精挑细选，严把质量关，确保满足招聘需求，使员工队伍进一步充实、壮大，人才结构更加合理。在人事工作的保密制度方面，曾庆燕意识到保密工作对于公司稳定团结的重要性。公司历经了多次组织机构调整，每次都涉及管理人员的岗位变动，在没有成文发布之前，她坚持原则，绝不泄漏任何信息，严守制度规定和工作要求。

作为一名共产党员，她时刻严格要求自己，主动、积极地做好每一项工作，为身边的同事起到表率作用。曾庆燕积极落实职能部门的服务职责，勤勤恳恳帮助各部门完善人力资源工作，主动提供各种信息和政策制度的支持。在年中、年末的工作总结中，她认真为领导提供人力资源分析报告和人力资源工作的可行性建议，充分发挥领导参谋助手的作用。

人事行政部门经常要组织各种员工活动，曾庆燕充分调查员工的参与意愿，结合活动经费预算，巧妙设计活动方案。这些活动不仅丰富了员工的业余生活，使得员工在工作之余有了更多的生活和休闲方式，更增强了公司的凝聚力和向心力。

雄喜桥苑
让公司成为员工的幸福家园

佛山市顺德区雄喜桥苑餐饮服务有限公司，作为一家经营餐饮业务的企业，始终秉持"微笑服务，顾客至上"的经营理念，将员工视为企业最重要的利益相关者，致力于实现企业发展与员工个人成长的统一。通过不断提升员工素质、营造和谐的工作环境，雄喜桥苑不仅实现了企业的长足发展，更成为员工心目中的幸福家园。

在雄喜桥苑，员工福利是人力资源薪酬管理体系的重要组成部分。公司通过完善的福利体系，增强了员工的归属感，稳定了员工队伍。为了让员工感受到家的温暖，雄喜桥苑在丰富员工业余文化生活方面不遗余力。公司通过营造积极向上的企业文化，增强团队凝聚力，增进员工之间的友谊，培养集体荣誉感。每个季度的员工生日会是公司的一大特色活动。在生日会上，寿星们不仅能享受到美味的生日蛋糕，还能收到公司精心准备的100元生日红包，共同分享这美妙的时刻。

此外，无论是春节、妇女节、端午节还是中秋节，公司都会为员工准备精美的礼物，表达对员工及其家属的感谢与问候。这些举措不仅让员工感受到幸福，更让每一位员工都能体会到家的感觉。

除了日常的关怀，雄喜桥苑还为每位员工购买了人寿保险，为员工在困境中提供有力支持。公司深知，优厚的福利待遇是给予员工幸福关爱的重要方式。每年，公司都会组织一次全员健康体检，确保员工以健康的身体和饱满的热情投入工作中。这不仅仅是一句简单的口号，而是实实在在的行动。通过健

> 乐从篇

康体检，员工不仅能更好地了解自身身体状况，还能在医生的建议下有针对性地进行预防和锻炼。雄喜桥苑一直倡导传承"责任、诚信、仁爱"的企业文化，并不断将其量化，让员工切实感受到企业的温暖与关怀。

雄喜桥苑不仅注重员工的福利待遇，更关注员工的职业发展。公司为每一位员工提供了清晰的职业晋升规划，并配备了全程的岗位知识培训，帮助员工实现阶梯式成长。在这里，员工不仅能获得优厚的福利待遇和完善的社保福利，更能感受到强烈的归属感和优越感。

每年的大型周年庆典和跨年晚会是雄喜桥苑的另一大亮点。

在雄喜桥苑，每一位员工都被视为企业大家庭的一员。公司通过一系列贴心的举措，让员工感受到家的温暖和关怀。无论是生日会的温馨祝福，还是节日里的精美礼物；无论是健康体检的贴心安排，还是职业晋升的清晰规划，雄喜桥苑始终将员工的需求放在首位，努力营造一个充满爱与关怀的工作环境。

敬业乐业，真诚地为客人服务

—— 蔡珍梅

　　蔡珍梅，于2022年12月进入雄喜桥苑工作，在工作岗位上默默奉献，始终把客人的利益放在心上，敬业乐业，真诚地为客人服务，全身心投入本职工作中，坚持微笑服务、顾客至上的原则，对顾客热情礼貌，服务周到，履行岗位职责，对餐饮业务刻苦学习，精益求精，受到广大客户的称赞和领导的表扬。

　　在公司举行业务知识培训的过程中，蔡珍梅一直是领导认可的标杆。通过不断努力和学习，她很快成为桥苑的一名精英管理员。前厅经理莫喜妹说：如果我们前厅的每一位同事都像蔡珍梅一样刻苦学习业务知识，努力上进，那么我们的服务会更上一个新的台阶，她是我们学习的榜样。

　　尽管在工作中得到了大家的一致好评，但是蔡珍梅从不骄傲自满，而是更加严格要求自己，对待工作一丝不苟，注重餐中服务的每一个环节，认真对待每个操作。她始终以最严谨的工作态度和热情高涨的工作状态、高度负责的精神投入工作，克服在岗位中遇到的一切困难，坚守岗位，尽职尽责完成上级交派的任务。她掌握相应的点菜和服务技能并熟练运用，工作勤奋，表现突出，积极参与各类培训活动，重点接待，表现出众，顾客满意，一年中无顾客投诉，无岗位过失，受到了公司领导和同事的一致好评。

　　一天，蔡珍梅在忙碌的用餐高峰期，发现一位小朋友吃饭时不慎打翻了水杯，湿漉漉的桌面让小朋友妈妈有些手足无措。蔡珍梅立刻拿来纸巾帮小朋友擦拭桌面，并主动为小朋友重新倒上温开水。小朋友妈妈感动不已，连连称赞这家餐厅的服务质量。蔡珍梅的这种主动帮助不仅解决了顾客的困扰，更让顾客感受到了温暖和关怀，增加了顾客对餐厅的好感度。

　　某次午餐时间，宴会厅里座无虚席。这时，一位客人向蔡珍梅说："请给我倒一杯白开水好吗？"蔡珍梅迅速地接了一杯白开水递给客人。客人随即从口袋里拿出一包药，又摸了摸水杯，皱了皱眉头。蔡珍梅发现了客人的细微动作，立即询问客人："给您杯里加些冰块儿降温好吗？"客人高兴地说："太好了，谢谢你！"水温降了下来，客人及时吃了药。临走时，蔡珍梅还提醒客人到前台扫车码。扫了停车码后，客人到前台点评：顾客要一杯白开水很简单，但是能注意到顾客的细微动作就很考验服务员了。蔡珍梅细心体贴的服务，既是爱岗敬业的体现，也令顾客铭记心头。

乐从篇

振业服装
与员工一起营造双赢局面

　　成立于1997年的佛山市顺德区乐从镇振业服装围裙制品厂，是一家专业的家用纺织品生产和产品主要出口欧美国家的独资企业。20多年来，公司一直贯彻以人为本的现代企业管理理念，关爱员工已经成为该企业一种不可或缺的理念和实践。

　　该企业十分注重关爱员工的身心健康，并采取一系列措施来付诸行动。首先，公司在各个生产车间安装了饮水机，并安排专人定期检修清洁，让员工可以随时饮用到干净的开水，及时补充水分恢复体能。与此同时，公司在各个生产车间安装了足量的风扇、排气扇、风机、降温水帘，以营造良好的生产环境。盛夏之时，公司每天定时给员工派发清凉饮料或糖水，让员工消暑降温，安心工作。天寒地冻时，公司饭堂即会为员工准备好热气腾腾的姜茶或八宝粥……每当发现员工有心事或身体不适时，主管们会及时嘘寒问暖，给他们放假，让他们得到充分休息，调养好身体后再重新返岗。尤其是在于新冠疫情期间，公司还不惜调动资金，购买若干台更环保更高效的裁断机、裥棉机等先进机器投入生产来保障员工的健康。

　　公司重视员工的物质福利待遇，通过一系列福利措施来关爱员工，为员工提供具有竞争力的薪资和福利待遇，确保员工的基本物质需求得到满足。每逢节假日，公司特别能体会到员工"每逢佳节倍思亲"的心情，特意给员工送上节日慰问金。特别是传统春节即将要到来时，公司会给员工发放部分车费补贴，让员工感受到来自公司这个大家庭的温暖。公司还鼓励员工积极参加一些业余活动，如公司所在村居组织的趣味运动会，游览南海区西樵镇水南村和松塘村，让员工能放松身心，陶冶性情。暑假期间，公司则会分批组织员工带上孩子观看电影，以寓教于乐。

公司十分注重员工的职业发展和成长，为他们提供了一系列培训和晋升机会。首先，公司为新入职的员工提供了全方位的岗前培训，让新员工能够快速熟悉工作环境和岗位需求。同时，公司鼓励员工参加如电工等各类培训课程并为他们缴纳培训费用。通过培训讲座和知识竞赛等活动，员工们大大提升了专业技能。

竭尽所能为企业

—— 廖仙勇

乐从篇

企业如我家，我爱我家，尽我所能，让"家"更好。这是来自广东高州的佛山市顺德区乐从镇振业服装围裙制品厂优秀员工廖仙勇对公司的深情告白。

24年前，廖仙勇来到顺德乐从，一个偶然的机会，他遇到了公司，并成为公司印花部的一员。从此，他便与公司共同进退，惺惺相惜。24年漫漫长路，廖仙勇总是每天最早一个来到工作岗位。到岗后，他总是兢兢业业，一丝不苟。作为印花部的一员，他花了大量时间研究并熟悉印花，这是纺织面料后加工的一种非常重要的形式，它可以赋予面料强大的生命力，印花的需求已越来越为人们所认可。

随着高新技术的发展，新材料的层出不穷，廖仙勇潜下心来钻研技术，一头扎进知识的海洋，不舍昼夜地阅读专业技术资料及相关参考书籍，务求自己早日成为印花领域的行家里手。与此同时，他还熟练地掌握了先准备设计图纸然后再选择合适的印花方式这一服装印花流程，工作起来更加得心应手。

对于工作中遇到的问题，廖仙勇从不敷衍应付，总是想方设法找到最正确的解决办法。对于自己熟悉的工作领域，他从不夸夸其谈，而是精益求精。廖仙勇从心底里爱着企业，企业哪里有需要，哪里就有他的身影。他先后学习并熟练掌握了裁断机、祠棉机、捆条机、缝纫机等多种设备的使用。近年来新购进的设备，他用心钻研，用起来也是进退自如。有时候订单比较急，人手紧缺，他总是急企业所急，想企业所想，自愿申请加班，穿梭于各个部门各条生产线，从不喊累。

就连最累最脏的工作现场，也总少不了廖仙勇的身影。装卸货柜，人手不足，哪怕顶着货柜里40多摄氏度的高温，他也总是像个忠诚的战士冲锋在前，带领其他后勤人员按时按质完成装卸任务。企业里定期的大扫除中，干得最起劲的也要数他了，像擦风扇、扫蜘蛛网、搬垃圾等，他是尽心尽责。

无论是繁重的生产任务，还是琐碎的后勤保障，他都以极高的热情和严谨的态度去对待，从未有过丝毫懈怠。未来的工作中，廖仙勇依旧会坚守初心，把企业当作自己的家，一如既往地尽他所能为这个"家"贡献自己的力量。

中海物业
让员工收获满满的幸福感

中海物业管理有限公司顺德分公司位于乐从镇，作为一家在物业管理领域深耕多年的企业，公司始终将员工的幸福感作为企业发展的核心目标之一。公司秉持"我们经营幸福"的企业使命，弘扬"全心奋进每一天"的领潮精神，通过一系列扎实有效的关爱员工举措，致力于提升员工的归属感，让每一位员工都能在这里收获满满的幸福感。

在企业管理方面，公司严格遵守工会法、劳动法等法规制度，充分发挥工会委员会、工会经费审查委员会和女工委员会的作用，落实职工大会制度和工会会员代表大会制度，发扬民主管理精神。

公司高度重视劳动关系的和谐稳定，与所有在职员工签订了书面劳动合同，并依法支付各类工资。此外，公司还建立了劳动争议协调委员会和管理干部素质与能力民主评议制度，为畅通员工诉求表达、及时处理职工与企业之间的各类问题提供了坚实的保障。

在安全生产方面，公司始终将员工的生命安全和身体健康放在首位。工会积极参与公司安全管理，并成立了安全生产委员会，通过开展劳动保护监督检查工作，不断提高职工的安全意识和安全技能，督促事故隐患的整改，从而改善职工的劳动条件。公司还建立了员工培训管理办法，拟定年度/月度培训计划，积极开展员工培训教育。公司组织开展物业管理师三级、四级及停车管理员四级职业技能认证考试，一年内共有92人参加。同时，积极组织员工参加各级各类职业技能比武，以提升员工的业务技能，

> 乐从篇

为员工的职业发展提供了广阔的空间。

工会组织深入项目一线,每年坚持开展"幸福相伴 清凉一夏"和"中海温度 致谢奋进者"活动,为保洁、秩序维护、园林绿化等部门的一线员工送去慰问物资,让他们感受到组织的关爱与温暖。公司还会为当年结婚、生育的员工送上慰问祝福和礼品,让员工在人生的重要时刻感受到企业的关怀。

公司成立了爱心基金,为患大病或生活困难的员工提供爱心捐助帮扶。当有员工因病住院时,工会领导及部门同事会及时前往医院进行探望送温暖。此外,公司执行育儿假制度,同时每年为已婚女性员工提供针对性体检。每年三八节期间,公司还会组织开展女员工关爱主题活动,充分体现了公司对女员工的特殊关怀。

"工会联络员"是公司聆听基层员工声音的重要桥梁和纽带。通过加强与本单位或本区域基层员工的日常联络,不仅让基层员工持续增强心理健康意识,还提升了员工满意度,营造了中海物业和谐健康的企业氛围。

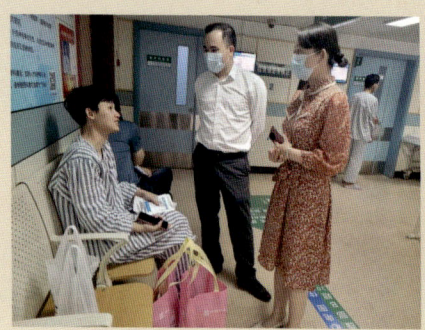

不改赤诚服务之初心

—— 黄小五

黄小五，中海物业佛山平台公司人事行政部副经理兼工会副主席，她爱岗敬业的奋斗故事，形象地诠释了中海的工匠精神。2011年，黄小五从房地产业转型到物业行业。她秉承赤诚服务的初心，"干一行、钻一行、爱一行"。她用13年的坚守，表达了对这个"很有人情味"的行业的喜爱。

黄小五加入中海后，此前积累的对物业管理的了解，让她快速适应了新的工作岗位。作为人事行政部副经理以及工会副主席，她致力于提升员工的幸福感和归属感，策划组织了90多场员工喜闻乐见的文体活动，丰富了员工的业余生活；引进专业培训资源，提升员工专业技能和综合素质。2021年，在她的积极助推下，佛山公司"爱心基金"正式成立，成为员工最坚实的"靠山"和友爱互助员工关系的"黏合剂"。4年来，在"爱心基金"的引领下，全体员工以爱之名，共为8名员工送上资助，帮助他们渡过难关。

她积极参与员工权益保障工作，成功调解员工与公司之间的纠纷125次，组织帮扶困难及大病员工88人，保障了员工的合法权益，促进公司建立稳定和谐的劳动用工关系。

此外，她还拥有过硬的物业管理专业知识。在第六届"中海物业技能杯"物管组大赛中，黄小五不惧挑战、迎难而上，展现出超强的学习和应变能力，最终凭借扎实的物业知识功底，荣获集团总决赛优胜奖。

作为挺进决赛的唯一非专业业务线选手，她知道自己要挑战的，都是实力超强的对手，尽管心里也忐忑过，但她不给自己设限，骨子里那股不服输的劲儿，推着她不断往前行。她十分珍惜这次集中学习，深化对业务知识理解的机会。近2个月的连轴学习，3000多道题的温故知新，她硬是在凌晨与"瞌睡虫"战斗的坚持中取得了胜利，以总分第7的成绩获得优胜奖。虽然过程很辛苦，但为公司争光，为自己争气，是支撑着她一路走来的坚定信念。

"要强"的黄小五从不停下吸收行业和岗位知识的脚步。这些年来，她考取了"智能楼宇管理员"中级证书、"物业管理师"高级证书，自学了"项目管理师"课程并备战"中级经济师"考试。她总是怀着"空杯"心态，孜孜不倦地汲取各方面知识，并以个人成长反哺本职工作和公司发展。

她积极参与社会公益事业，通过参与工会工作研讨和交流，分享自己的经验和体会，共同推动工会事业的发展。佛山市工会第十六次代表大会代表、南海桂城总工会优秀工会工作者、灯湖社区妇女委员会委员……身上的荣誉和光环，促使黄小五不遗余力地为公益事业奉献力量，并获得各级工会的认可。

黄小五的故事，是中海物业管理有限公司顺德分公司无数奋斗者的一个缩影。她用自己的行动证明了什么是真正的工匠精神，什么是赤诚服务的初心。在她看来，无论身处何种岗位，只要心怀热爱、勇于担当，就能在平凡的岗位上创造出不平凡的成就。未来，黄小五将继续以她的热情和智慧，为公司的发展、为员工的幸福、为社会的进步贡献更多力量。

毅发渔村
企业与员工齐画同心圆

佛山市顺德区乐从镇毅发渔村是一家刚成立两年的年轻企业。唯其年轻，更具朝气。企业紧紧依靠工会组织，努力壮大工会队伍，加强理想信念和纪律教育，调动一切积极因素，在员工生活、身体健康、技能提升、公益活动、子女教育诸方面给予充分的关爱，让广大员工更加敬岗爱业，人人奋勇争先。

毅发渔村是粤菜经营企业，其规模可容纳数百人同时就餐，开设早、晚餐市外还设有早茶市。为关爱员工生活，保障员工的营养，企业针对员工菜品的多样化、标准化、合理化进行调整，增设人手轮流值班，由原来的一日两餐配置至一日三餐，并且投入资金提高每餐餐费标准，从而大大提升了员工的伙食品质，让他们工作起来更有干劲。

为关爱员工身体健康，企业投入资金增租民居以改善员工居住环境，并重新购置了员工宿舍的空调机、电热水器。同时，企业还扩大了宿舍人均面积，购置了美食餐饮类图书供员工休息时学习，并出资组织员工参加健身培训课程。在日常生活中，留意员工病困，凡患病及入院的员工，企业必组织探访慰问，嘘寒问暖，了解生活情况和经济负担，根据其不同的情况，给予相应的帮扶。

企业重视员工的家庭幸福，尽力解决员工的后顾之忧，关注员工子女的受教育情况。对员工子女入学就读问题，企业有专人通过各种渠道帮忙解决孩子入学问题。此外，企业还经常组织员工及其家庭参与如拔河、烧烤、亲子游戏等团建活动，邀请家庭教育讲师到企业开讲家庭教育课程，深受员工好评喜爱。

为提高员工的职业技术水平，企业每年组织楼面的后厨进行职业技能培训，旨在提高他们的技能素质。如，企业曾与专为高星级酒店、大型餐饮集团、连锁餐饮（团膳、火锅）等企业提供教育培训、管理咨询、品牌策划与推广的中成伟业餐饮公司合作，实施了五天培训计划，使员工有效提升了职业技能水平和团体协作水平。此外，企业曾组织员工骨干参加中成伟业公司第270期"南征北战"路演班，使他们懂得了"善营运者强、善出品者进、善设计者赢"的道理以及营销策划、利润管控等专业知识而获益匪浅。

在积极履行社会责任方面，毅发渔村也从未缺席。企业多次组织员工参与社会公益活动，每年中秋节、春节前都会为附近的村居老人及困难户送上慰问品；经常为附近的老人中心配送茶点；每年积极参与乐从镇慈善会的捐赠活动。

乐于奉献的"大内总管"

—— 周丽华

乐从篇

毅发渔村后勤主管周丽华，员工们戏称她是企业的"大内总管"，只因她身兼数职，事无巨细，大到会议活动安排、员工招聘培训、食品及消防安全、企业营销策划，小到办公室日常事务、环境卫生管理、后厨对外技术交流，她都得管，活脱脱一名"七十二级总理"。而她却乐此不倦，勇毅前行，工作勤恳，敬岗爱业，责任心强，团结员工，舍己为人，甘愿默默付出、不求回报，在平凡的工作岗位中活出不平凡的人生。

周丽华深谙"企业强则员工富而客户赢"的奥秘，明白高素质的员工是企业重要的内生动力的道理。因而在主持员工招聘时，她会通过科学、公正和全面的选拔流程，准确评估员工的能力和潜力，再经过简历筛选、面试、终试等环节，最终细致严谨地选择出最适合企业的合格员工。

在食品安全及消防责任方面，周丽华绝不敢掉以轻心，深知此两项都牵涉到人命关天的大事。她不惜花费大量时间和精力学习《中华人民共和国食品安全法》，在企业严格执行"用水应当符合国家规定的生活饮用水卫生标准；不得将食品与有毒、有害物品一同贮存、运输；直接入口的食品应当使用无毒、清洁的包装材料、餐具、饮具和容器；食品生产经营人员应当保持个人卫生，生产经营食品时，应当将手洗净，穿戴清洁的工作衣、帽等"相关规定，严格把控每个环节，杜绝意外发生，让顾客满意，企业放心。企业消防方面，周丽华按照行业标准配置消防设施、器材，每年组织防火检查，及时消除火灾隐患。

毅发渔村每个年度的员工职业技能培训开班前，周丽华已精心策划，与培训公司接洽好课程的具体内容、师资安排，然后灵活地根据员工的不同岗位和工作时间错峰安排他们学习。整个五天周期，她则全程跟进，适时合理调整，让员工在正常完成当天工作任务的同时也出色地完成培训任务。

餐饮行业的工作时间就是平常人的休息时间，而周丽华经常需要配合行政人员的上班时间及工作，也需要配合楼面厨房员工的工作时间，这就意味着她自己司空见惯地就要加班工作至凌晨。而在日常工作中，只要哪个岗位需要帮忙，随时随地就会出现周丽华不怕苦、不怕累的身影且她没有半句怨言，确是难能可贵而让人心生敬仰。正是这种无私奉献的精神，让她在平凡的岗位上绽放出耀眼的光芒。

联塑科技
为员工"塑"造幸福

　　成立于1986年的广东联塑科技实业有限公司，是一家全球领先的管道建材公司。联塑集团有超过2万名员工，建立了超过30个先进的生产基地，分布于全国19个省份及海外。联塑始终坚持"以人为本"的管理理念，将人才视为企业可持续发展的第一资源，用人性化的制度将企业价值观和经营理念潜移默化地传递给每一位员工。联塑先后荣获佛山市和谐劳动关系企业、广东年度非凡雇主、佛山最佳雇主等奖项。

　　联塑开展废弃物管理、化学品管理与噪音控制工作，追踪碳排放，致力于改善公司园区环境。在每一个生产园区，公司都配置了免租金的员工宿舍，并配备了免费网络、空调、洗衣机、24小时热水和饮水机；为异地培训的员工提供招待房，为双职工提供夫妻房；设置员工饭堂，提供自助餐以及早餐、午餐、晚餐和宵夜服务，并让员工享受餐费补贴；提供班车接送员工上下班，保证不同班次的员工都能乘坐；建有多处免费停车场和价格优惠的新能源充电桩，满足员工日益增多的停车需求；配置健身房、篮球场、桌球室、乒乓球室、舞蹈室、图书馆、生活超市、自助售卖机、外卖柜、快递柜等生活设施；为女性员工提供母婴室，以满足她们的需求。

　　公司每年会举办多场文体活动，包括手工活动、中秋晚会、元宵节抽奖、三八女神节活动、五四青年节活动、厂庆运动会和春节复工活动，以及员工生日会，让员工获得企业幸福感。联塑针对不同困难和

龙江篇

需求的员工制订个性化帮扶方案。对于需要扶危济困的员工，工会都会根据帮扶的对象情况给予2000-50000元不等的经济援助，帮助员工度过最艰难的时刻。

公司让员工免费参加各类培训，报销员工学历提升和专业技能等级考试的费用；开展线上培训、课程直播和线上读书会；开展企业职业技能等级认定，完成了高级工、中级工、初级工的认定。公司培养了209位集团内训师并颁发聘书；培训团队与各个部门的内训师共同开发课程，并给予员工课程费用补贴。公司定期组织员工进行健康体检，在必要时为员工提供医疗支持和帮助。

为了关爱海外派驻的员工，联塑制定了《海外派遣人员管理及补贴制度》。公司每年开展评优评先活动，对表现优秀的员工进行表彰。员工的荣誉头衔会在集团公告和工作平台的个人主页上展示，并获得职业晋升的优先权。此外，《联塑时讯》设有"人物风采"等专题内容，员工可以自由撰稿，讲述身边的美好事迹。集团官网还设置了"最美联塑人"专题，报道员工的荣誉时刻和成长故事，为全体员工树立榜样。

引领行业生产模式革新

—— 李弟

　　2007年毕业于暨南大学材料科学与工程专业的李弟，同年7月入职联塑公司生产制造中心从事生产管理工作，现为助理工程师/三级模具工。入职17年来，其先后任职车间助理、生产部助理、车间主任，现任给水管车间主任兼排水管车间主任、槽管车间主任。

　　在公司的大力支持下，李弟近年来全面推进车间自动化改造，其中重点项目有：推进自动供料系统改造，实现PVC混合料的全自动输送，使生产更加稳定，产量和产品合格率不断提升；推进自动包装项目，实现生产过程全自动包装，减少人为操作导致的安全隐患，并大大降低人力成本。通过以上项目改造，大幅减少了混料工、挤出操作工、转运工、包装工，年产能由54万吨提升到66万吨的同时，车间人员规模由2300人降至1000人，每年节省人工成本约1亿元。除了增效降本以外，还改善了作业环境，更能保障员工的职业健康。

　　他通过不断积累总结生产技术经验，优化生产管理，使设备产能和产品合格率均有较大的提升。在技术工作开展过程中，他申请专利8项（实用新型专利7项，发明专利1项），这些创新成果进一步推动了PVC管道生产技术的升级，在行业内发挥了标杆引领作用。

　　李弟自2016年起全程参与PVC全自动供料系统的方案设计、工程建设、运行分析、改进优化，先后在公司总部给水管车间、排水管车间、槽管车间推进投入PVC全自动供料系统8套，实现配料、投料、混料、送料等工序全自动运行，减少相关工序作业人员共计400人，每年节省人工成本约3200万元。同时，全自动供料系统采取密闭输送方式，解决了PVC粉混料长期以来的扬尘问题，使生产过程非常环保。

　　同期，他也全程参与PVC管道全自动包装机的方案设计、设备制造、运行分析、改进优化，先后在公司总部给水管车间、排水管车间、槽管车间推进投入全自动包装机293台，实现包装工序全自动化，减少相关工序作业人员共计800人，每年节省人工成本约6400万元。另外，通过全自动包装，降低员工劳动强度的同时减少人手操作的安全隐患，保障员工职业健康。上述自动化项目已经广泛应用于塑料管道行业，对行业生产模式革新起到了重要的推动作用。

龙江篇

联塑万怡
全力打造职工关爱型企业

顺德联塑万怡酒店位于龙江镇盈信广场商圈内，是万怡品牌与中国联塑集团控股有限公司联合开办的一家综合性商务酒店。酒店内设有258间客房、宴会厅、会议室，提供中餐、西餐，配套游泳池等体育设施，可以接待商务住宿、大型宴会和商务会议。

万怡酒店现有员工118名。酒店在员工管理中始终秉承"以人为本"理念，通过持续不断落实员工关爱行动，健全员工劳动权益，提升员工集体福利，丰富员工文化生活，提高员工的满意度和归属感。

万怡酒店认为员工所需的，就是公司努力提升的方向。公司管理层采取了系统化的调研和分析方法，通过问卷调查、管理小组与员工个别交谈、管理层小组会议等方式广泛收集、听取员工关于提升集体福利的意见和建议，罗列清单，按照缓急程度和公司经费预算，最终制定出员工福利政策，并且每年都根据调研结果进行调整。

针对员工的健康需求，酒店引入了定期健康体检项目，让员工能够及时了解自己的身体状况，作出医疗处理或者生活方式的调整，避免"带病上岗"。酒店还借助体检项目的开展，与医院进一步开展健康宣教方面的合作，聘请专业医生每季度为单位员工上一堂健康教育课，结合员工普遍遇到的情绪困扰、不良生活方式导致的一些"亚健康"问题，提供一些减缓压力、预防疾病的科学方法。酒店还积极落实带薪休假制度，让职工平衡好工作和生活，调适好身心。

给员工提供安全、舒心的工作环境是万怡酒店的经营原则之一。酒店坚持将安全规范列入员工管理手册的第一页，将安全教育作为员工入职培训的第一课。安全课题是员工每月集体培训的固定课题内容之一，做到警钟长鸣，让每一位员工都筑牢安全管理意识。同时，酒店加强安全演练和操作培训，提升员工安全事故应急处理能力。酒店与消防部门加强联动，定期邀请消防专员对员工开展消防设施使用培训和消防事故演练，模拟火灾现场先行处置。

　　酒店管理层和工会负责人在策划文体活动的时候，广泛收集员工的意见，选出最受欢迎的项目作为团建活动的内容。如三八女妇女之际，酒店提前发出了5个备选节目供女工们投票，最终票选出香薰蜡DIY手工制作活动，并深受她们的喜爱。根据员工的意见反馈，公司先后举办了羽毛球比赛、季度生日会、古龙峡温泉之旅、抽奖等形式多样的文体活动，每一场活动都得到员工们的积极参与，增进了员工们的沟通交流，提升了企业的凝聚力。

不仅是工程师，更是"老大哥"

—— 张光学

> 龙江篇

在顺德联塑万怡酒店，有这样一位令人敬佩的工程师——张光学。他是酒店工程部的技术骨干，入职以来，始终以高度的责任感和敬业精神，为酒店的日常运转和不断发展贡献着自己的力量。在他的身上，工匠精神熠熠生辉，成为酒店每一位员工学习的榜样。

酒店工程部是酒店正常运转的核心部门，关乎酒店设施的正常运行以及员工和客户的生命安全。张光学深知自己肩负的责任，无论面对多大的困难和挑战，他总是毫不犹豫地冲在最前面。2019年，酒店管事部仓库面积不足，急需扩大。接到任务后，张光学迅速带领团队投入施工。他们亲自倒水泥、铺砌地面，仅用短短三天时间就完成了仓库的改造任务。

2022年，酒店前厅部办公室风机风管通道需要改造。风机风管通道改造工程是一项极具挑战性的任务。在施工过程中，张工学带领团队进行精确的测量和设计，以确保新的风管系统能够与现有的建筑结构完美契合。此外，张光学团队在施工过程中还面临着时间紧迫、空间狭小、设备老旧等问题，然而他们始终保持高度的责任感和敬业精神投入改造工程中。此次风机风管通道的改造不仅提升了前厅部办公室的空调系统效率，还为酒店节约了大量的能源成本。

张光学不仅在工作中表现出色，对同事的关爱更是无微不至。每当有新同事加入工程部，他总是主动承担起培训和指导的任务，耐心地向新同事介绍酒店的设备设施和工作流程，毫无保留地传授自己的工作经验和技巧。对于工作中遇到困难的同事，他总是第一时间放下手中的工作，赶到现场提供支援。他还积极参与工程部的团队建设活动，通过开展各种形式的团队活动，增强了同事之间的沟通和交流，提高了团队的凝聚力和战斗力。

张光学始终保持着对新技术、新工艺的关注和学习热情，不断探索和尝试新的维修方法。2023年，酒店某个房间的空调制冷效果不佳，他凭借多年的经验和敏锐的洞察力，迅速提出一个巧妙的改造方案。他用最少的金钱和材料解决了问题，不仅节省了成本，还提高了设备的运行效率。在设备管理方面，张光学更是提出了"预防性维护"的理念。他和团队定期对酒店的设备进行全面检查和保养，及时发现并解决问题，避免了设备故障的发生。这一理念的实施，不仅减少了设备维修成本，还大大提高了酒店设施的可靠性和使用寿命。

张光学的敬业精神和专业能力，让他在酒店工程部中脱颖而出。他用自己的实际行动诠释了"双爱"文化的深刻内涵——爱岗敬业、关爱他人。他的故事在酒店内部广为流传，成为每一位员工学习的榜样。他不仅赢得了酒店领导的高度认可，更获得了同事们的一致好评。在同事们眼中，张光学不仅是技术精湛的工程师，更是值得尊敬的"老大哥"。

亚洲国际
打造员工的幸福港湾

  佛山市亚洲国际家具材料交易中心创立于2004年，项目整体占地近1200亩，规划总建筑面积达120万平方米，是集家具材料及成品交易、设计、展示、信息交流、电商、物流、仓储、研发于一体的全球家具材料及成品产业综合平台。

  公司于2010年选举并成立了亚洲国际工会委员会、经费审查委员会及女职工委员会。公司现有职工100人，工会紧紧围绕企业发展目标，密切联系、认真听取员工意见，切实关心员工生活，依法维护员工的合法权益，有效协调劳资关系，推动企业文化建设，有效提升了员工的幸福感与归属感。

  工会成立困难员工帮扶基金，连续多年组织开展公司内及镇内困难员工慰问活动。工会与员工共同参加了广东省职工保障互助会在职职工互助保障计划，截至目前，已为4名因病住院的员工申请理赔，适当减轻了费用负担。在员工生日、结婚、生子、退休、生病住院、直系亲属离世等重要节点，工会都会进行相关问候与关怀，为员工送上温暖。

  工会积极举办迎春年会、"三八"节、五四青年节、端午节、中秋节等主题文体活动，让员工愉悦心情、增进友谊、凝聚合力。2022年，该公司申报顺德工会产业工人服务创投大赛并获评了C级项目，得到项目资金帮扶，成功开展金秋职工厨艺比拼暨金秋民主茶话会，为员工搭建了一个厨艺展示、美食分享的平台。

工会出台相关政策，鼓励并补贴员工考取高压电工证、电梯管理员证、消防设施操作员证等职业技能证书。2024年工会以"青春追梦 唱响亚洲"职工合唱团项目成功申报顺德区创投大赛，并获得了项目资金支持。该项目组建了一支由30名歌唱爱好者组成的员工合唱团，并聘请专业声乐老师为合唱团制订了专门的训练计划，悉心指导，传授科学的发声方法。

工会切实关注和保障员工身心健康，建立员工健康档案，每年定期开展职业病体检和健康检查活动。公司为员工免费提供工作午餐和晚餐，每年夏日为高温作业的一线职工开展"送清凉"活动，增设夏日凉茶和糖水供应，为户外作业人员送上一份关怀。基于员工的亚健康问题，2024年亚洲国际工会申报了"做健康的打工人——健康生活 快乐工作"职工健身俱乐部项目，该项目在顺德区创投大赛中荣获A类项目。工会通过举办羽毛球等不同类型的健身运动，让员工加入健身行列中，提高员工的身体素质和健康水平。

展示共产党员的亮丽本色

—— 麦碧琳

在佛山市亚洲国际家具材料交易中心有限公司，有这样一位共产党员，她以高度的责任感和使命感，为公司的发展和员工的幸福奉献着自己的力量。她就是麦碧琳，公司党务专员、女职工委员会委员。她不仅负责党支部、团支部工作，还协助工会工作，策划并组织开展公司企业文化活动。凭借出色的工作表现，她先后获得公司"优秀员工"、广东省家具行业协会"优秀共青团员"、龙江镇"优秀共产党员"等多个荣誉称号，用实际行动诠释了共产党员的亮丽本色。

亚洲国际公司党组织是全镇的先进党组织，经常要接受上级党组织的检查或兄弟单位的参观考察。麦碧琳兼任讲解员，每一次接到迎检或参观考察通知，她都会细心检查党组织阵地的设施是否完整，安排工作人员提前做好卫生保洁任务，并认真准备好介绍稿，反复模拟讲解。正是凭借她严谨、负责的态度，公司每一次都能顺利通过迎检和参观考察，得到了公司和上级领导的高度赞许。

麦碧琳不仅在党务工作中表现出色，还积极响应党员双报到机制，主动参与公司和村居组织的党员志愿活动。在疫情防控、绿美龙江、百千万人居环境美化行动中，都能看到她忙碌的身影。她用自己的实际行动践行着共产党员的初心和使命，为社会贡献自己的力量。

为了策划出高质量的文化活动，她常常在网上搜寻其他单位的好案例，与同事交流碰撞创意，先后成功策划了月饼DIY、花艺兴趣班、职工趣味运动会等深受同事喜爱的活动。她通过工会了解到区总工会推出的创投项目对职工项目有经费支持后，主动了解项目书的要求，并撰写项目方案。最终，"金秋职工厨艺比拼暨金秋民主茶话会""青春追梦 唱响亚洲"职工合唱团、"做健康的打工人——健康生活 快乐工作"职工健身俱乐部先后获得区总工会的资金扶持。

其中，"青春追梦 唱响亚洲"职工合唱团项目通过区总工会扶持后，在公司行政和工会的合力支持下，麦碧琳亲自联系声乐老师为同事们提供声乐辅导。每一次练习前，她都会提前在群里发通知，提醒同事参与，并主动走到台前当副指挥，第一个跟着老师开口做示范，调动大家的积极性。她像一个"凝聚核"，将同事们凝聚起来，最终坚持了一个月的训练，顺利通过了项目考评单位的验收。

虹桥家具
全力打造学习型企业

佛山市虹桥家具有限公司成立于1999年，是一家集办公家具研发、生产、销售及办公环境设计于一体的大型民营企业。公司现有各类中高级管理和研发人员200多人，员工1000多人。作为行业内的佼佼者，虹桥公司不仅在产品创新和市场拓展上取得了显著成就，更在企业文化和员工发展方面展现出独特的优势，致力于打造学习型企业，推动企业与员工共同成长。

在企业发展过程中，虹桥公司深刻认识到员工综合素质对于企业可持续发展的重要性。因此，公司始终将提升员工队伍的综合素质作为核心战略之一，通过搭建完善的人才梯队和健全"学位、岗位、职位"三位一体体系，积极打造学习型、创新型企业，为企业的稳步发展提供了坚实的人才支撑。

为了帮助员工提升职业技能，虹桥公司积极向佛山市人力资源和社会保障局申请家具职业技能等级认定的发证资质，并于2023年成功获批。公司累计开展6次评定工作，帮助137名员工获得了国家承认的职业技能认定证书。这些证书不仅可以在"技能人才评价网"查询，更为员工在技能职称评定、入户、子女上学等方面提供了便利。同时，公司还推出了"展翅计划"，为获得职业技能等级认定证书的员工设置奖学金，极大地提高了员工自主学习和提升技能的积极性。

虹桥公司注重为每一位人才提供适配的岗位和职位，努力做到人岗适配。公司在领导职位设置上综合评定学位和技能等级的占比权重，尤其是在技术型岗位的领导职位设置上，加大技能等级的权重。通过优化岗位设置，将领导职位分为管理型和技术型两类，并分别设置考评标准，打通了员工技能提升与职位晋升的通道。这一举措让有一技之长的员工能够更好地施展才能，获得职位和薪酬。

为了营造浓厚的学习氛围，虹桥公司开设了学习文化长廊，对当月通过技能等级认定的员工进行张榜公告，并评定月度优秀内训师。学习文化长廊还选登了主动学习的先进员工代表的事例，供其他员工学习借鉴。

在人才梯队建设方面，虹桥公司采取了多管齐下的策略。一方面，公司健全了员工培训课程体系，全面贯穿员工的职业生命周期。新入职员工需要学习员工手册并参加入职培训。同时，根据各个岗位和工种的需求特点，由部门领导负责编制具体的培训计划并组织实施，确保培训频率每月不少于一次。另一方面，公司健全了"师带徒"制度，帮助新入职员工尽快适应工作岗位。此外，公司还积极推动内训体系的建立，鼓励通过职业技能提升的员工、老师傅和部门领导亲自担任讲师，分享自身的工作经验和专业技术。

人生精彩在奋斗

—— 张广亚

在佛山市虹桥家具有限公司，有这样一位令人敬佩的奋斗者，他用18年的坚守和拼搏，从一名普通质控员成长为公司的厂长，用自己的经历诠释了学习和奋斗的意义。他就是张广亚，广东省人因功效学应用标准化工作组委会成员，一位在家具行业深耕多年、成就斐然的优秀管理者。

张广亚的故事始于他对家具质量控制的执着追求。入职虹桥公司时，他只是一名普通的质控员，但他深知质量是企业的生命线。因此，他认真学习家具产品质量控制的标准，坚持边做边学，在工作中不断积累关于家具原材料品质控制的经验。从原材料采购到成品出货，每一件产品都要经过他的细心检查和严格把关。

在工作之余，张广亚从未停止学习的脚步。他利用下班后的闲暇时间，自主学习质量管理知识，并考取了高级质量标准化认证以及高级标准化工程师职称。凭借扎实的专业知识和丰富的实践经验，他先后晋升为品质主管、品质总管、品质技术中心经理，最终成为公司的厂长。

成为管理层后，张广亚深知一个人的成长不足以推动企业的发展，于是他将目标转向了打造一支战斗力强、业务水平精、心理素质高的团队。他将自己的品质管理经验整合成课件，在公司内部培训中与员工分享，帮助他们提升理论和业务水平。他亲自到车间一线指导品质管理工作，帮助公司建立严格的产品质量管理标准，并对标最新的国际标准，确保企业的产品在市场竞争中脱颖而出。

除了在企业内部的卓越表现，张广亚还积极带领员工参与公益实践。在他的倡导下，虹桥公司组建了义工队，由他担任队长。他们利用节假日为敬老院老人提供义务劳动，参加社区志愿服务，传递社会正能量和爱心。张广亚相信，企业的社会责任不仅体现在产品和服务上，更体现在对社会的回馈和关爱中。

在公司的支持和个人不懈努力下，张广亚获得了深入家具行业标准前沿阵地的机会。他成功入选广东省人因功效学应用标准化工作组委会，并担任广东省家具标委会委员。他还积极参与家具行业的人才培养工作。他兼任华南农业大学材料与能源学院研究生校外合作导师，为年轻一代的家具行业人才提供指导和帮助。在他的主导下，虹桥公司与南京林业大学合作开展人体功效学检测方法研究，并共同获得了两项发明专利。

和辉建筑
与员工共筑和谐企业

  位于顺德区龙江镇的佛山市和辉建筑工程有限公司成立于1998年10月，注册资本4000万元人民币，是一家以承接房屋建筑、建筑物拆除、市政及各类工程建设业务为主的建筑公司。目前公司有固定职工32人，建筑团队100多人。经过多年业务发展，公司先后获得"佛山市领先企业""佛山市优秀施工企业"等奖项，建筑技术和质量水平得到行业认可。

  在公司发展的同时，和辉一直致力于构建一个充满人文关怀的工作环境，让每一位员工都能安心工作、快乐成长，激发工作的热情和创造力。为此，公司每年都会在健全职工福利、丰富职工文体生活、落实安全生产保障方面下功夫、出举措，让每一位和辉人都能感受到公司的真诚与温暖。

  因为建筑作业的特殊性，落实安全规则和防护措施至关重要。和辉公司一直秉持"安全至上"的原则，严格落实"三个一"和"三个必须"制度。三个一：员工上岗前要接受一次安全教育培训，签订一份安全技术交底，配备一顶安全帽。三个必须：必须为每个建筑工人购买一份安全意外事故保险，组长必须每天在上岗前做安全提醒，进入施工场所必须佩戴安全帽、系上安全带。

  和辉公司的员工除了业务员、文秘、会计外，大部分都是一线施工作业人员。为了丰富他们的精神文化生活，公司行政与工会齐心协力，共同策划丰富的文体活动，让员工们积极融入企业集体生活，缓解工作压力。公司每个季度组织电影之夜，组织全体员工观看最新上映的大片。在三八妇女节，公司为

> 龙江篇

女员工送上专属惊喜礼包。在端午、中秋等传统节日，公司为员工们精心准备小礼品，并附上祝福语。冬至，公司则会举办"一起包汤圆，吃团年饭"活动，让异地员工与本地员工一起包汤圆、吃团年饭。公司也会举办欢聚晚会，为员工准备好丰富的美食和表演节目，让员工们边看表演边交流，增进彼此的沟通交流。

每年的暑热天气，施工工人都要顶着酷暑赶工期。为了让他们得到身心调适，落实好高温防暑措施，公司管理层落实好夏季上班表，错开中午高温作业时间。同时，公司每天安排厨房工作人员为施工工人准备清凉汤水。公司积极开展"夏日送清凉"活动，为奋战在一线的工人送去解渴饮料、西瓜，派发藿香正气水等防暑药物。冬季天气寒冷干燥，施工人员同样面临手干燥爆裂的情况。公司暖心地为施工人员配备棉手套和润肤露，体现了公司对每一位员工的关怀和重视。此外，员工遇患病住院、生育嫁娶喜事，公司都会第一时间送上慰问和祝福，让员工感受到家的温暖。

建筑工地上的"信息守护者"
——林家龙

在佛山市和辉建筑工程有限公司，有这样一位默默奉献的"信息守护者"，他用沉稳的性格和严谨的工作态度，守护着公司每一个建筑项目的信息安全。他就是林家龙，公司资料主管，主要负责建筑工程资料的收集、录入、归档和管理工作。自2018年入职以来，他始终坚守在自己的岗位上，用实际行动诠释着责任与担当。

林家龙的工作主要在办公室和建筑工地之间周转。他的工作对象是一堆堆密密麻麻的文字和数据，这些资料对于建筑工程的顺利推进至关重要。因此，他被誉为建筑工地上的"信息守护者"。在工作中，林家龙性格沉稳，总是埋头苦干，仔细比对资料后录入系统。为了方便资料整理，他将每一个项目单独命名建档，遇到资料需要更新时，他会及时找到对应的文档进行修改。无论何时，只要领导或部门负责人需要调取某个项目的数据，他都能迅速将数据整理出来，确保信息的准确性和及时性。

林家龙常说："资料管理看似平凡，但每一个数据都关系到项目的成败。我的工作就是守护这些信息，确保它们准确无误。"他深知，建筑项目资料涉及公司的核心机密，一旦泄露，可能会给公司带来不可估量的损失。因此，他像一个守门员一样，时刻守护着公司的信息安全。他认真做好文件的加密和保管工作，确保每一份资料都安全无虞。

尽管林家龙已经是资料主管，且在单位中资历较深，但他依然保持着学习向上的初心。他主动参加公司组织的业务培训，熟悉新的资料录入系统，不断提高工作效率。

林家龙不仅在工作中刻苦努力、尽职尽责，还具有高尚的职业道德。他不爱功名，不谋私利，始终忠于企业，乐于提携后辈。作为资料主管，他还肩负着带领年轻资料员的责任。他将自己的工作经验分享给后辈，总是耐心地向他们传授资料管理的要求和方法。对于年轻同事提出的问题，他总是不厌其烦地解答，帮助他们快速成长。当同事出现资料录入错误时，林家龙就像第一道防火墙，及时发现并纠正错误，同时做好教育提醒和情绪疏导工作。

海天机械
弘扬"家文化",共筑幸福企业基石

在华南大地,海天机械(广东)有限公司作为海天集团的重要战略布局点,正以一股独特的文化力量,引领着企业发展的新风尚。海天机械自成立以来始终将"以人为本"的理念深植于心,视员工为企业最宝贵的财富。在这样的理念指引下,海天机械积极弘扬"家文化",致力于将公司打造成每一位员工的幸福港湾。

"家文化"的核心,在于将每一位员工视为不可分割的"家人"。物质奖励是海天机械"家文化"的重要体现之一。对于成功完成重要项目或超额完成业绩的团队和个人,海天机械从不吝于发放奖励,以此作为对他们辛勤付出的直接肯定。年终时,根据公司整体业绩及员工个人表现,公司还会发放丰厚的年终奖,让每一位员工都能感受到自己一年来的努力被看见、被认可。此外,公司还精心策划每月的员工生日会,为加班员工提供免费夜宵,节假日则赠送米、油、饮料等实用物资;而当员工有购房购车的需要时,公司还可提供无息贷款。这些暖心举措,满载着公司对员工的深切关怀。

精神表彰同样是海天机械"家文化"不可或缺的一部分。每年两次的优秀员工表彰大会,不仅是对过去一年中表现突出的员工和团队的公开认可,更是营造积极向上、追求卓越工作氛围的重要契机。职业发展方面,海天机械同样不遗余力。公司为员工提供广阔的晋升空间,将表现优异的员工纳入重点培养对象名单,通过内部选拔和竞聘机制,让有能力、有潜力的员工有机会晋升至更高层次的管理或技术岗位。

此外，企业还设立了内部导师制度，让优秀员工担任导师角色，指导新员工和潜力员工的成长，通过传帮带的方式，促进整个团队的共同进步。

除了物质奖励与精神表彰，海天机械还十分注重员工的身心健康与业余生活。海天集团建立了爱心互助保障会，每位员工每年缴纳200元年费，即可在遭遇住院等困难时获得公司的慰问与补助。截至2023年12月底，互助会已累计补助28例，补助金额高达1435681.8元，为遭遇不幸的员工提供了坚实的后盾。同时，为了满足员工多样化的兴趣爱好，公司还成立了电竞、羽毛球、篮球、徒步等多个俱乐部，为员工提供了丰富的业余生活选择，增强了团队凝聚力，营造了和谐向上的企业文化氛围。

以敬业精神
照亮产线之路

—— 吴黎明

> 龙江篇

在海天机械（广东）有限公司的流水线上，每一位工人都是不可或缺的一环，他们用严谨的态度和精湛的技能，共同见证着产品从原材料到成品的华丽蜕变。在这片充满活力的领域中，吴黎明，一位普通高中毕业的工艺技术员，凭借其非凡的敬业精神和对企业的深厚情感，在平凡的岗位上书写着不凡的篇章。

在机械加工的精密世界里，精准的操作是品质的基石。作为技术部门的新成员，吴黎明面对复杂的加工工艺、刀具选择、编程以及工装设计，始终保持高度的专注和严谨。每一道工序的细微差别都可能对铸件加工质量产生重大影响。因此，吴黎明不断学习，迅速熟悉并掌握铸件加工工艺的各个环节，确保自己能够迅速准确地完成工作任务。他的敏锐洞察力和解决问题的能力，使他总能在第一时间发现并解决潜在问题，从而确保生产线的顺畅运行，为企业的产品质量和生产效率提供了坚实保障。

机械行业日新月异，只有不断学习新知识、新技能，才能跟上时代的步伐，保持竞争力。因此，吴黎明利用业余时间积极参加各种技能培训和讲座，不断提升自己的专业素养和技能水平。同时，吴黎明还在企业内部继续教育平台上分享自己的学习心得和经验，这种无私的分享精神赢得了同事们的尊敬和领导的认可，其学习精神和专业素养，更成为团队中的一股清流，激励着更多人不断追求卓越。

吴黎明坦言，企业就像他的第二个家。他深爱着这个家，关心它的成长与发展。只有每位员工都将自己的命运与企业紧密相连，才能共同创造辉煌的未来。吴黎明积极参与企业的各项活动，为企业的发展贡献自己的力量。

吴黎明不仅是工作中的佼佼者，更是团队中的一股正能量。他乐于助人、善于沟通，总能用自己的行动和言语激励身边的同事。在他的影响下，整个团队的凝聚力和向心力不断增强，大家齐心协力、共同奋斗，为企业的发展贡献智慧和力量。吴黎明的正能量不仅体现在他的工作态度上，更体现在他对同事的关怀和帮助上。他时刻关注着团队成员的成长和进步，愿意分享自己的经验和资源，帮助同事解决问题、提升技能。

米罗家具
构建和谐劳动关系，共筑企业辉煌

佛山市顺德区米罗家具股份有限公司，自2004年成立以来，便坐落于风景秀丽的顺德龙江，专注于软体家具及全屋配套产品的研发、创新与体验。公司现有职工108人，他们不仅是企业生产的基石，更是推动企业不断前行的动力源泉。

在米罗家具的发展历程中，公司始终秉持"用关爱铸就温暖大家庭"的理念，致力于构建和谐劳动关系，让每位员工都能在这里感受到家的温暖。为了实现这一目标，米罗家具从多个方面入手，积极推行"家"文化和"同"文化，凝聚企业发展力量，筑牢企业之魂。

推行"家"文化，是米罗家具构建和谐劳动关系的重要举措之一。公司视员工为家人，从员工的衣食住行等最基本需求着手，提供全方位的关爱。公司投入大量经费对生产车间进行改造，加装照明灯和防尘设施，为员工打造了一个干净、明亮的工作环境。同时，公司加强对办公区域和车间的卫生保洁工作，确保员工能够在舒适的环境中工作。在员工宿舍方面，公司也进行了陈旧设施的更换，提供了更加安全、舒适的住宿条件。此外，公司还非常注重员工的饮食健康，认真落实好饭堂食材采购和加工卫生管理工作，确保员工能够吃上安心饭。为了加强员工的安全管理，公司在门口设置了安全员值守，提醒电动车出入员工要戴好头盔，确保员工的出行安全。每年，公司还会组织员工开展健康体检和中医诊疗体检，为员工的健康提供坚实的保障。

除了关心员工的物质生活外，米罗家具还非常注重员工的精神文化生活。公司定期举办趣味运动会、生日会、集体聚餐、集体观看电影、秋游等活动，让员工在紧张的工作之余能够得到身心的调适，促进与同事之间的感情交流。

推行"同"文化，是米罗家具凝聚企业发展力量的另一大法宝。公司注重让员工认同企业的发展理念，包括产品质量理念、对待客户的服务理念以及对待市场的变革理念。为了让新员工更好地融入企业文化，公司将企业文化编入员工入职培训第一课，让员工从入职开始就了解并逐步认同企业文化。同时，公司秉持与时俱进的理念，顺应市场的变化趋势，主动革新产品技术、设计，为消费者提供更优、更靓的产品。这种理念也被加入企业文化中，不断丰富企业文化的内涵。

在米罗家具的文化熏陶下，员工们不仅对企业的发展理念有了更深刻的认识和认同，还激发了他们积极进取、提升本领的动力。公司定期举办生产部门技能大赛、产品质量评审测试等活动，凝练企业坚持质量、重视革新的文化理念。这些活动不仅提升了员工的专业技能水平，还涌现出了一批批技术能手。每年都有新增考取家具技能证书的员工和学历提升的员工，为企业的发展提供了强大的人才支撑。

以敬业奉献书写
米罗家具的匠心篇章

—— 袁小勇

在佛山市顺德区米罗家具股份有限公司的扪工部，有这样一位普通的员工，他用六年的时光，以敬业奉献、刻苦耐劳的精神，在平凡的岗位上书写着不平凡的故事。他就是袁小勇，一个用实际行动诠释着工匠精神，为公司发展贡献着自己力量的优秀扪工。

自2018年入职以来，袁小勇便扎根于扪工部，专注于扪沙发的工作。六年间，他始终如一，敬业奉献，任劳任怨，成为车间里一道亮丽的风景线。每当车间里响起打钉枪有节律的声音，大家便知道，那是袁小勇又在专注地工作了。他将海绵和面料精准地贴合在沙发框架上，每一个动作都显得那么熟练而自信。即便是最艰难的任务，他也总是冲在第一线，迎难而上，从不退缩。

袁小勇始终牢记着公司追求卓越品质的理念。他深知，作为扪工，每一道工序都关系到产品的质量。因此，他对于自己的每一道工序都严格把关，精益求精。扪皮工作看似简单，实则考验着一个扪工对材料的把握和手工技术。袁小勇凭借多年的工作经验，练就了一双"火眼金睛"。他只需用手一摸一按，就能大致掌握海绵的质地是否达标。对于不符合要求的海绵，他会第一时间向采购主管反馈，确保每一批产品都能达到公司的质量标准。

袁小勇的严谨态度不仅体现在对产品的把控上，更体现在他对工作的不断创新和优化上。他时刻关注企业的成本，善于发现工作中可优化的环节。有一次，他发现个别扪工因为对丈量海绵尺寸把握不好，导致海绵浪费严重。他主动向扪工部主管提出建议，并制定了详细的操作规范指引。这一举措有效减少了海绵的浪费现象，为企业节约了生产成本。此外，他还通过优化设备使用，减少了能源的消耗，进一步降低了企业的生产成本。

在袁小勇看来，只有不断学习，才能适应时代的发展，才能在激烈的竞争中立于不败之地。因此，他对自己严格要求，工作之余坚持学习，不断提升自己的综合素质。他主动适应沙发发展变革的新趋势，学习最新的面料知识，参加公司举办的各类业务培训活动和扪工技能大赛。这些经历不仅丰富了他的业务知识，提高了他的操作工艺水平，更让他在工作中得心应手。

袁小勇还自学了办公软件，不断提升自己的信息化素养。他认为，在现代企业中，信息化技能是必不可少的。通过自学，他不仅掌握了基本的办公软件操作技巧，还能够运用这些工具进行数据分析和管理，为企业的信息化建设贡献了自己的力量。

华盛家具
以人为本，共创辉煌

佛山市华盛家具有限公司自2021年创立以来，便以稳健的步伐快速发展。从初创时的员工人数不足30人、资产不足20万元、销售收入仅30多万元的小企业，到如今拥有员工150余人、资产超过1500万元、销售收入突破千万元的初级规模企业，华盛家具的每一步成长都凝聚着汗水与智慧，更离不开其以人为本的经营理念。

依法遵守劳动规范，是华盛家具保障职工合法权益的基石。华盛家具不仅为每位员工签订了劳动合同、购买了社会保险，还按时足额发放工资，确保员工的合法权益得到充分保障。同时，公司还制定了员工安全手册和车间操作指南，为生产员工配备了劳保产品，并严格落实了安全员巡查制度，每日上班前都会组织安全员对车间、办公室的电器进行安全巡查，确保员工们的安全。此外，公司还定期组织安全教育培训，增强员工的风险防范意识，为企业的安全生产保驾护航。

为了更好地维护职工的合法权益，畅通职工与企业的沟通交流渠道，华盛家具在上级工会的指导下，依法成立了工会组织。这一组织的成立，不仅为员工提供了一个表达诉求、维护权益的平台，还为企业与员工之间架起了一座沟通的桥梁。公司依法缴纳工会经费，落实企业民主管理制度，开辟厂务公开专栏，定期向员工公布公司的重大事项。同时，公司还成立了劳资恳谈会，组织工会、行政、职工代表就提升职工工资待遇等事项进行平等、友好协商，确保员工的利益得到最大程度的保障。

在工会组织的关怀下，华盛家具的员工们感受到了来自企业和工会组织的温暖与关爱。每逢传统节日，公司工会都会精心为每一位职工准备节日礼物，策划节庆节目，让员工在忙碌的工作之余也能感受到节日的温馨与欢乐。此外，工会还会在各个季节给员工发放时令水果，组织饭堂开展"夏季送糖水""冬季送姜水"等活动，让员工在细微之处感受到企业的关怀与温暖。

公司所有中高层管理人员均来自社会招聘，实行"以能力论英雄"的选拔机制，确保企业能够吸引和留住优秀人才。同时，公司还注重为内部员工搭建职业上升通道，鼓励员工在工作岗位上自学成才。每年，公司都会在教育培训经费上加大投入，针对员工工作所需开辟各类课题，让员工可以边工作边学习，不断提升个人综合素质。

针对职工学历提升和职业等级认定，华盛家具更是发放"奖学金"到职工个人，以此激励员工不断追求进步。同时，公司还积极开展家具工种技能竞赛，评定先进技能能手并集中颁奖，将技能竞赛的结果作为晋升选拔人才的重要参考依据。

> 以身作则显担当，
> 真诚待人赢尊重
>
> —— 周泽云

> 龙江篇

在佛山市华盛家具有限公司，有这样一位备受尊敬的人物，他就是现任厂长周泽云。勤勉踏实、雷厉风行、业务能力强、团结同事、爱企如家，这些词汇仿佛就是为他量身定制的。

厂长的职责就是确保生产的顺利进行。周泽云总是亲自巡查生产线，监督员工作业，协调员工纠纷，处置生产故障事件。四层楼的生产车间，每一个工位都留下了他的足迹。即使工作到筋疲力尽，他也要坚持回到办公室，对当天的工作情况进行总结，并编排第二天的生产计划。然而，他从未有过任何抱怨，总是以饱满的热情投入新的工作中去。

在华盛家具，周泽云不仅是一位敬业的厂长，更是一位敢于担当的领导者。面对困难，他总是冲锋在前，主动作为，为团队提振军心。记得有一次，工厂遇到了一个棘手的订单排期问题。由于展会同时承接了多个订单，导致交货期存在重叠，而工厂的人手和机器设备又限制了产能。销售部经理焦急地找到周泽云，希望他能协调解决。周泽云深知这个问题的重要性，他仔细分析了客户情况、订单量和工厂产能，最终编排了一个最为合适的排产计划。然而，尽管如此，还是有一些重要客户的订单不能满足。为了不减损公司利益，周泽云没有退缩，而是积极想办法、克服困难。他利用自己的人脉资源，成功联系到了一家因订单量不足而暂时停工的家具厂，并成功召集了一批生产工人，帮助公司顺利完成了订单任务。

除了敬业和担当，周泽云还以他的真诚待人赢得了同事们的尊重和爱戴。他对同事、下属总是真诚相待，主动关心体恤下属，乐于助人。有一次，一位值夜班的司机因为不了解情况而找不到周泽云，周泽云担心影响生产进度，便直接睡在了自己的办公室，方便司机随时与自己联系。这一举动让司机备受感动，也让他深刻感受到了周泽云的敬业精神和对工作的负责态度。

夏天，车间工作的一线职工面临着高温酷暑的考验。周泽云深知他们的辛苦，便时常自掏腰包请车间工人吃冰棍、西瓜等消暑食品。周泽云的真诚待人不仅仅体现在对下属的关心上，更体现在他对同事的帮助上。无论是生活上还是工作上的难题，只要找到他，他都会尽自己最大的努力去帮助解决。这种乐于助人的精神，让他深受厂里同事的爱戴和尊重。

天斯五金
塑造有爱、团结、活力的企业团队

在佛山市顺德区龙江镇，有一家集研发、制造、销售于一体的现代化智造高新企业——佛山市天斯五金有限公司。该公司现有员工600余人，秉承为中国现代家居企业提供符合国际最高标准的五金产品的生产目标，不断推动中国五金技术的发展变革。凭借卓越的研发能力和优质的产品质量，天斯五金先后荣获"高新技术企业""专精特新企业""优秀公益慈善企业"等荣誉，成为行业内的佼佼者。

天斯五金认真落实员工入职体检和年度体检制度，为每位员工建立健康档案，并时刻提醒员工关注身体异常状况，及时作出适当处理。同时该公司定期举办心理健康沙龙活动，邀请专业心理老师为员工开展心理辅导，帮助员工舒缓工作压力，提升心理韧性。

天斯五金还积极倡导运动健身的理念，鼓励员工下班后参与体育活动。针对公司大部分员工是外地务工人员，下班后主要集中生活在员工宿舍的情况，天斯五金在宿舍区增设了篮球场、健身房等体育设施，方便员工下班后参与运动。每年，公司都会投入经费增设、维修体育设施，并举办篮球比赛、羽毛球比赛等赛事，调动大家参与运动健身的积极性。

在改善员工福利待遇方面，天斯五金同样不遗余力。在传统节日如春节、端午节、中秋节等，公司都会为每位员工发放节日红包、慰问品和提供饭堂加菜福利，让员工感受到家的温暖。在三八妇女节，公司还会组织女员工外出旅游，并送上节日慰问品，让女员工感受到公司的关怀与尊重。对于员工生育、结婚等重要日子，公司工会代表企业送上慰问金，表达对员工个人生活的关心与支持。

为了推动员工工资稳步提升，天斯五金还开展了工资集体协商制度。公司组织行政、工会围绕员工工资决定方式进行平等协商，推动员工工资与企业经营效益挂钩。同时，公司根据员工的绩效水平设置年终奖，并且每年年终奖都有一定上浮空间，让员工在付出努力的同时也能获得相应的回报。

此外，天斯五金还注重改善员工的住宿环境和饭堂伙食。为了让员工住得舒心，公司在2024年入夏前夕集中对所有宿舍的空调进行了一次清洗，并及时更换了破旧空调。在饭堂伙食方面，公司在不改变员工收费餐标的前提下，加大了对食堂采购食材的经费投入，丰富了菜品供应，提供了粤菜、川菜、湘菜等多种口味供员工选择，满足了员工的不同需求。

技术创新的引领者与团队管理的佼佼者

—— 劳庆军

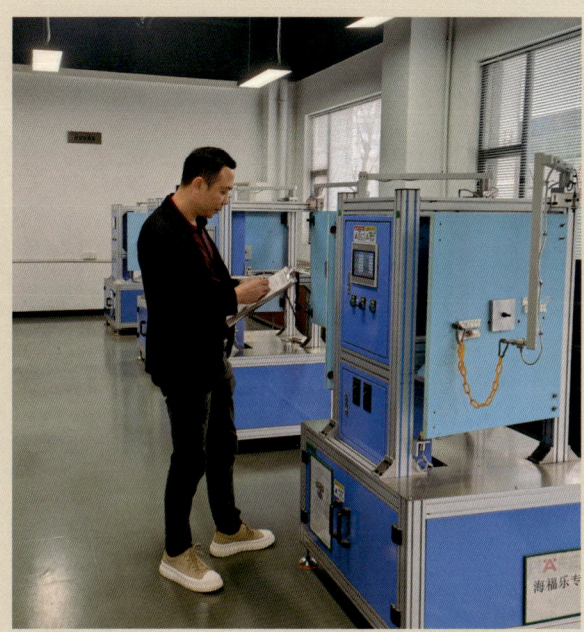 

在佛山市天斯五金有限公司，劳庆军的名字几乎与技术进步和团队管理紧密相连。自2011年加入天斯五金以来，这位毕业于佛山科学技术学院机械制造与自动化专业的技术部经理，以其深厚的专业知识、不懈的创新精神和卓越的领导才能，为公司的发展注入了强劲的动力。

劳庆军的技术才华在公司多个关键项目中得到了充分的展现。面对传统解决方案无法满足的高要求，他总能带领团队找到突破口。在铰链开发项目中，面对技术瓶颈，劳庆军亲自上阵，深入研究，通过无数次的实验和数据分析，创新性地提出了新的技术方案。这一方案不仅解决了项目难题，还显著提升了项目的效率和质量，为公司节省了大量成本。同样，在滑轨研发项目中，劳庆军凭借对前沿技术的敏锐洞察，带领团队克服了重重困难，成功研发出具有竞争力的新产品，进一步提升了公司在行业内的地位。

作为技术部经理，劳庆军积极推动技术创新活动，鼓励团队成员勇于尝试新技术和新方法。为了激发团队成员的创新热情，他建立了一套完善的创新激励机制，对在技术创新方面有突出贡献的团队成员给予充分的表彰和奖励。在他的带领下，技术部形成了浓厚的创新氛围，团队成员纷纷投身于技术创新，取得了多个显著成果。

除了推动技术创新，劳庆军还非常注重团队管理和人才培养。他深知人才是团队的核心竞争力，因此积极招聘和培养优秀的技术人才。他定期组织内部培训和技术交流活动，并邀请行业专家为团队成员提供培训，以不断提升团队成员的专业技能和综合素质。

在客户服务方面，劳庆军始终将客户需求放在首位。他带领技术团队积极与客户沟通，深入了解客户需求，为客户提供个性化的技术解决方案。在项目实施过程中，他注重与客户的沟通和反馈，及时调整方案，确保项目能够满足客户的期望。劳庆军的客户导向意识和优质的服务态度赢得了客户的高度赞誉和信任，许多客户与公司建立了长期稳定的合作关系。

除了在工作中的杰出表现，劳庆军还积极履行社会责任。他多次组织技术部团队成员参加社会公益活动，如义务植树、环保宣传等。这些活动不仅提升了团队成员的社会责任感，还进一步提升了公司的社会形象。

劳庆军的杰出表现得到了公司和社会的广泛认可。他多次荣获公司"优秀员工""杰出贡献奖"等荣誉称号。面对荣誉，劳庆军始终保持谦逊和进取的态度，将这些荣誉视为前进的动力。他深知，只有不断努力，才能为公司的发展和社会的进步作出更大的贡献。

埃森塑胶电器
打造全方位幸福企业

  自2006年成立以来，佛山市埃森塑胶电器有限公司始终专注于PVC挤出产品的研发与生产，凭借精湛的工艺和不断创新的精神，于2018年和2023年荣获"国家高新技术企业"称号，并于2022年、2023年分别被评为"佛山专精特新企业"和"广东省专精特新企业""广东省创新型企业"。这一系列荣誉的背后，是公司40名员工的共同努力与奉献，更是公司坚持以人为本、构建和谐劳动关系的结果。

  安全是生产的基石。埃森公司严格执行劳动安全法，制定了一系列科学严谨的生产作业安全守则，并落实车间生产管理安全员责任制，确保每一环节都有专人负责。车间内，安全标识清晰可见，安全设施一应俱全，从安全药箱的配备到职业病体检的定期开展，再到针对塑料生产过程中可能产生的有害物质所采取的安全防护措施，如提供防护面具、手套，保持作业空间通风等，无一不体现了公司对员工生命安全的深切关怀。此外，公司还通过定期的车间巡查和事故排查，确保设备安全，为员工营造一个安全舒适的工作环境。

  在保障员工身体健康的同时，埃森公司食堂实行"明厨亮灶"，食品安全员严格把关食材采购，确保食材新鲜无污染。厨师根据员工口味与健康需求，精心搭配荤素适当的工作餐，并落实工作餐留样制度，确保食品安全可追溯。在住宿方面，公司制定了宿舍安全管理办法，定期维护宿舍设施，确保员工住得安心。

除了身体上的关怀，埃森公司还高度重视员工的心理健康。公司成立了员工心灵驿站，为员工提供一个倾诉心声、释放压力的平台。心灵驿站由公司工会委员会成员与具有心理咨询师资格的员工共同管理，通过一对一谈心、设置心灵信箱等方式，有效帮助员工解决工作与生活中的困扰。同时，公司还定期邀请心理医生开展心理健康讲座，普及心理健康知识，传授减压技巧，让员工在忙碌的工作之余，也能拥有健康的心态。

为了让员工在工作之余享受生活的乐趣，增强团队凝聚力，埃森公司还积极策划丰富的文娱体育活动。无论是春节、元宵等传统佳节的庆祝活动，还是每季度举办的生日会、每半年一次的集体外出团建，都让员工深切感受到了公司的关怀与集体的温暖。

匠心筑梦，以责任与热爱诠释优秀

—— 白海坚

龙江篇

在佛山市埃森塑胶电器有限公司的生产部挤出车间,有这样一位员工,他以高度的责任心、精湛的专业技能和积极向上的生活态度,赢得了同事们的广泛赞誉,他就是生产线组主管白海坚。自2010年1月加入公司以来,白海坚始终坚守在生产一线,用实际行动诠释着一名优秀员工的责任与担当。

每天清晨,白海坚已经比其他同事提前15分钟到达了车间。对他而言,这短暂的15分钟,是确保车间设备正常运转、保障生产秩序的关键。他细致地检查每一台设备,从电机的运转声音到传送带的速度,每一个细节都不放过。一旦发现异常,他会立即登记并联系相关同事进行排查,确保问题得到及时解决。

每当设备出现故障,无论大小,白海坚都会第一时间赶到现场,迅速判断故障原因,并采取措施进行紧急处理。有时,面对多个故障同时出现的情况,他总能沉着冷静,合理安排维修部的同事分工协作,确保问题在最短时间内得到解决。在处理完故障后,他还会进行二次检查,确保问题得到彻底解决,才放心离开。

除了在工作上尽职尽责,白海坚还非常注重个人技能的提升。他深知,只有不断学习新知识、新技术,才能更好地适应时代的发展,为公司的发展贡献更大的力量。因此,他总是利用工作之余的时间,钻研机器维修的书籍,将车间当作学习试验的场所。每当遇到新的故障问题,他都会认真记录,并通过网络搜索同类问题,寻找解决方案。问题解决后,他还会将处置方式整理成案例,在车间维修部业务培训时与大家分享。

白海坚还积极参加社会公益活动,用实际行动传递着正能量。在疫情期间,当龙江社区需要招募志愿者参与核酸检测工作时,白海坚毫不犹豫地报名参加,负责维护现场秩序。他还积极响应社区号召,自觉清理宿舍的花盆积水,帮助公司、社区管理员在宿舍公区派发登革热防治宣传单张,教育同事们注意清理生活积水、预防蚊虫滋生。

在同事眼中,白海坚不仅是一位技术精湛、工作认真的好领导,更是一位团结同事、热心助人的好朋友。对于维修部的同事们提出的问题,他总是耐心教导,从不吝啬自己的经验和知识。他的这种无私奉献精神,使得整个维修部团队更加团结、更加有凝聚力。

米德加德电器
以创新为翼,以文化为魂

在快速迭代的家电市场中,广东米德加德电器科技有限公司(以下简称"米德加德")犹如一颗璀璨的新星,自2020年成立以来,便以精品小家电的创新研发、生产与营销为核心,迅速在家电领域站稳脚跟。公司凭借20年的小家电研发、生产及品质控制经验,不仅打造了一系列涵盖奶泡机、煮茶器、电水壶、磨豆机、电蒸笼等在内的优质产品,更以"创新、合作、共享、质量、效率"的经营方针,赢得了国内外市场的广泛认可。

米德加德的产品,每一件都是匠心独运的结晶。它们不仅通过了ISO9001质量管理体系认证,还获得了国际产品生产标准及国内3C认证,品质卓越,远销欧美、中东等多个国家和地区,深受客户喜爱。这背后,离不开米德加德拥有一支专业的管理团队,他们规范装配生产线,完善生产检测设备,确保每一件产品都能达到最高标准。

然而,米德加德的故事远不止于此。在专注研发、生产管理的同时,这家企业还深刻意识到,员工是企业最宝贵的财富,他们的成长与幸福,直接关系到企业的未来。因此,米德加德在企业文化建设上,同样下足了功夫。

面对一线生产工人普遍学历层次不高、技术提升需求迫切的现状,以及员工下班后文化生活单调的问题,米德加德管理层与工会携手,推出了一项旨在打造公共阅读文化空间、激发员工阅读兴趣、培养

[龙江篇]

员工自主学习习惯的项目。这一项目,不仅为员工提供了一个学习成长的平台,更为企业文化注入了新的活力。

项目的实施,经历了三个阶段。首先,是群企合力组建职工书屋。公司行政与工会主动申请空间,先行出资购买图书,发动职工捐赠,共同打造了一个藏书丰富的职工书屋。通过"共建书屋·有你有我"活动,职工们的捐赠热情高涨,书屋藏书量迅速增长。

接着,米德加德持续开展系列读书活动,营造浓厚的读书氛围。从"爱上读书·给生活增彩"读书宣传会,到"读书打卡、积分换物"活动,再到学习成果展示活动,每一项活动都精心设计,旨在激发员工的阅读兴趣,让他们逐步放下手机,重拾书本。通过这些活动,员工们的参与度不断提高,形成了比学赶超的学习风气,读书的氛围愈发浓厚。

最后,米德加德推出了读书漂流计划,为书屋的持续发展提供源动力。通过"交换一本书,馈赠一份缘"活动,职工们捐赠自己读过的好书,并在书中附上读书心得书签,让书本和心得在职工间传递,不仅丰富了书屋的藏书,更促进了职工之间的交流与理解。

如今,米德加德的职工书屋管理制度更加规范,员工阅读兴趣极大提高,读书影响力在职工内部持续扩散。这一系列的举措,不仅提升了职工的个人素质,更让企业的文化气息变得更加浓郁。米德加德以实际行动证明,一个真正优秀的企业,不仅要在产品创新上追求卓越,更要在企业文化建设上深耕细作,让员工在成长的道路上与企业同行,共同书写更加辉煌的篇章。

以细致严谨守护产品质量,以学习创新引领质量提升

—— 林坤杰

在广东米德加德电器科技有限公司，有这样一位年轻而充满活力的质控员，他就是林坤杰。26岁的林坤杰于2023年10月加入公司，虽然入职时间不长，但他凭借细致严谨的工作态度、不断求新的学习精神以及任劳任怨的工作作风，迅速在公司内部脱颖而出，成为同事们公认的优秀员工。

林坤杰的主要职责包括负责公司仓库物料的抽样检查、跟踪特采物料上线异常事故、及时作出处理与反馈、编制相关的质量作业指导书以及培训生产人员的品质知识等。作为公司产品质量的直接把关人，林坤杰深知自己责任重大。他对待每一项工作都一丝不苟，对每一件采购的物料都会仔细校验标准、反复对比测试，确保材料符合生产的标准和品质的稳定。

有一次，公司临时接到一批紧急且量大的订单，原有的物料供应商库存无法满足需求。面对这一突发情况，林坤杰逐一联系通讯录上所有同类产品的供应商。经过努力，他找到了两家供应商，他们提供的材料图样与原来的物料供应商基本一致。然而，当收到对方寄出的样本后，林坤杰发现这两家供应商的物料在材质、重量上均与原供应商存在偏差。距离订单的交货期越来越近，原材料问题仍未解决。但他始终坚持产品质量为上的原则，没有因为时间紧迫而妥协。于是，他在网上海量搜索材料供应商，不断咨询、采购样本进行测试。经过整整三天的努力，林坤杰终于找到了一家符合生产要求的供应商，保障了订单的顺利完成。

除了把好材料进门关，林坤杰还负责协调处理异常物料事故。每当遇到这类情况，他都能迅速反馈，果断协调物料供应商作出材料更换、补给处理，有效保障了生产的稳定性和连贯性。他的办事风格冷静果断，赢得了同事们的广泛赞誉。

为了帮助公司树立质量标准，林坤杰利用工作以外的时间主动学习小家电质量标准方面的书籍，并参考同行业的产品质量标准，针对公司不同的产品分门别类编制了内部产品质量标准手册。这本手册为公司产品质量提供了明确的遵循，对于提升公司整体产品质量水平起到了重要作用。

此外，林坤杰还是公司质量方面的培训师。他负责对一线质控员、生产人员开展质量方面的培训，宣传品质知识。在培训过程中，林坤杰习惯用自己平时遇到的实际问题为质控人员、生产人员进行案例教学。在林坤杰的带领下，公司的质控人员、生产人员的质量观念有了很大的提升，对产品质量稳控的能力也逐步提高。

龙佳微电机
让职工与企业心连心、共发展

佛山市顺德龙佳微电机实业有限公司（以下简称"龙佳公司"）自1988年4月成立以来，始终秉持"真情暖心"的用人理念，现已发展成为拥有200名职工的中型企业。多年来，龙佳公司不仅注重产品质量的提升，更将人文关怀融入企业发展的每一个环节，构建和谐劳动关系，让职工与企业心连心、共发展。

职工是企业发展的重要资源，是企业前行的动力源泉。为了健全劳动权益保障制度，龙佳公司依法与员工签订劳动合同，为全体员工统一购买社会保险，并为生产一线作业员工额外购买意外保险，为他们的安全保驾护航。每年，公司都会组织一线员工开展职业病健康体检，购置劳动安全防护产品，认真落实职业病防治措施。

同时，龙佳公司加强员工安全生产教育和安全管理，严格落实安全管理生产制度，确保每一位员工的人身安全。得益于这些措施的实施，龙佳公司已经连续三年没有发生工伤安全事故，为职工创造了一个安全、健康的工作环境。

为了让员工能够在更加舒适的环境下工作，龙佳公司投入资金为办公室更换了老旧的空调设备，并在每年夏季前夕组织清洁人员统一清洗办公区域的空调，确保空调的正常运行和空气的清新。同时，公司还在车间增加了风机，降低了车间温度，为一线员工提供了更加凉爽的工作环境。此外，龙佳公司还加大了行政经费的投入，改善了员工的膳食条件。

每逢春节、端午、中秋等传统节日，公司都会为员工准备节庆礼品，并组织丰富多彩的习俗活动。在今年的端午节，公司组织饭堂工作人员为员工包粽子，让大家在忙碌的工作之余也能体验到传统节日的乐趣。中秋节期间，公司举办了猜灯谜活动，既丰富了员工的业余生活，又增强了团队的凝聚力。而在春节前夕，公司更是举办了团年晚会，为职工送上福利红包，让他们在新的一年里充满希望和动力。

龙佳公司不仅关心员工的日常工作和生活，更心系他们的需求和困难。当得知公司一名女统计员的女儿突发重大疾病，家庭陷入困境时，公司第一时间联系龙江慈善会，成功帮助其申请到大病救助帮扶资金。同时，公司还发动工会向员工发出倡议，公司领导带头捐款，最终为这位女统计员筹集到2.5万元善款，帮助她渡过了难关。此外，龙佳公司还为子女考上大学的职工发放奖学金，对经济有困难的职工提供预支学费帮助，确保每一名职工的子女都能顺利完成学业。

在平凡岗位上铸就非凡

—— 潘啟团

龙江篇

在佛山市顺德龙佳微电机实业有限公司的生产部五金车间冲芯组，有这样一位员工，他用自己的勤奋和智慧，在平凡的岗位上书写着不平凡的故事。他，就是潘啟团，一位在生产一线默默奉献、勇于担当的优秀员工。

2021年1月，潘啟团正式成为龙佳微电机实业有限公司大家庭的一员，并被委任为生产部五金车间冲芯组组长。初入公司，他深感荣幸，同时也深知肩上的责任重大。冲芯组作为生产部门的重要一环，承担着保证生产运作的任务。面对这一挑战，潘啟团没有退缩，而是积极投入工作，用实际行动诠释着"务实创新，精益求精"的企业文化。

在公司的关怀和部门的引导下，潘啟团迅速融入了这个大家庭。为了更好地履行组长职责，他加班加点，对多套芯片的模具进行系统整理，修复了破损的模具，并对钢片进料口进行了改良。这些努力不仅使模具维修费用降低了75%，还使生产效率提升了10%，材料耗损下降了5%。

在生产过程中，潘啟团始终保持着严谨的态度。从原材料的顺利入库到成品的出库检验，每一个环节他都亲自过问，确保产品质量。在他的带领下，冲芯组的产品质量不断提升，赢得了客户的一致好评。

作为冲芯组组长，潘啟团不仅注重个人能力的提升，更关注团队整体素质的提高。他制订了详细的学习计划，组织团队成员参加各类培训，提升他们的专业技能。同时，他还经常与团队成员沟通交流，了解他们的需求和困难，并尽力帮助他们解决。在他的带领下，团队凝聚力不断增强，工作效率显著提高。每当班组工作高效运转中遇到人手不够的情况，他总是第一个站出来，充当操作员；当其他部门遇到技术难题时，他也总是主动协助提出解决方法。

正是基于这种对工作的热爱和对企业的忠诚，潘啟团在2022年和2023年度连续荣获"先进员工"的称号。这是对他辛勤付出的肯定，也是对他工作成绩的认可。面对荣誉，潘啟团并没有骄傲自满，而是更加坚定了自己的信念："干一行，专一行，精一行"。潘啟团表示，在平凡的岗位上，只有不断努力、不断进取，才能作出自己力所能及的奉献。

芯耀环保
以人文关怀点亮员工健康之路

在佛山市这片充满活力与创新的土地上，佛山市芯耀环保科技有限公司（以下简称"芯耀环保"）以其卓越的技术实力和对社会责任的深刻践行，照亮了环保科技领域。作为一家专注于环保技术研发与应用的高新技术企业，芯耀环保不仅在推动绿色经济发展上取得了显著成就，更在企业内部构建了一套以人为本、关注员工全面发展的管理体系。

芯耀环保的工会负责人表示，企业的成功不仅在于技术的领先和市场的拓展，更在于团队的凝聚力与员工的幸福感。在这个快节奏、高压力的社会，员工的身心健康是企业持续发展的基石。因此，芯耀环保在追求技术创新的同时，也将员工关怀视为企业文化建设的重要组成部分，努力营造一个既充满挑战又不失温情的工作环境。

为此，芯耀环保特别策划了一系列员工福利活动，其中最具特色的便是与广东省中医研究院合作开展的中医义诊服务。这一举措不仅体现了公司对员工健康的深切关怀，也是对传统中医文化的传承与致敬。在每一次义诊活动中，广东省中医研究院的资深医生们都会亲临芯耀环保，利用他们丰富的临床经验和深厚的中医理论功底，为员工们提供全面而细致的中医健康检查。

义诊现场，医生们通过望闻问切的传统诊断手法，耐心倾听每一位员工的健康诉求，细致观察其面色、舌苔，询问生活习惯，以此为基础，为每位员工量身定制个性化的中医调理方案。这些方案涵盖了

> 杏坛篇

饮食调养、作息调整、穴位按摩、中药茶饮等多个方面,旨在从根本上改善员工的体质,提升他们的生活质量。此外,医生们还现场传授了许多实用的预防保健知识,如季节养生、情绪管理等,帮助员工建立正确的健康观念,学会在日常生活中自我保健。

　　面对员工们关于健康的各种疑问,无论是慢性病管理、职业病预防,还是日常保健的小窍门,公司行政部门的同事与医生们都给予了耐心、细致的解答和指导。这种面对面的交流,不仅让员工们感受到了来自公司的温暖与关怀,更增强了他们对自身健康状况的认识和管理的信心。

　　许多员工表示,通过这样的活动,他们不仅学到了许多实用的健康知识,更重要的是感受到了公司对员工个人福祉的高度重视,这让他们在工作中更加安心、更有动力。

 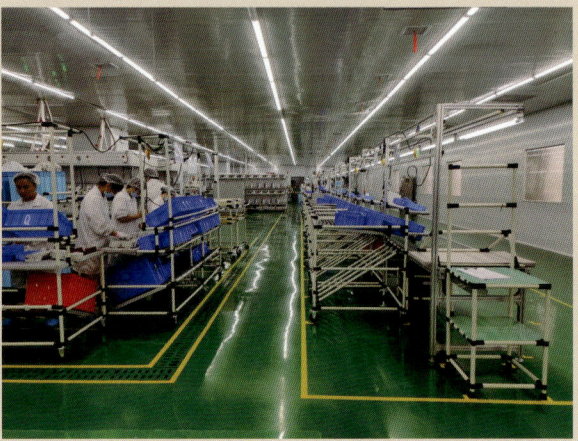

以卓越领导力引领
芯耀环保品质飞跃

—— 区海彤

在佛山市芯耀环保科技有限公司，区海彤以其卓越的领导力和对品质的执着追求，引领着公司不断向前发展。她以争创一流的信念，深刻影响了公司的质量文化，成为全体员工心中的楷模。

2024年9月，区海彤凭借其敏锐的洞察力和卓越的组织能力，统筹策划并成功执行了"铸造品质，成就未来"主题活动。该活动涵盖了四大核心项目，通过六个阶段性的宣传策略，激发了全体员工的参与热情，形成了全员关注质量、追求卓越的浓厚氛围。在她的精心部署下，不仅完成了1项理论创新、2项实操性改进和3项专业培训，还直接推动了21名员工顺利通过内审员考试并获得合格证书，另有33名员工持有了3C及海外安规培训证书，为公司国际化战略奠定了坚实的人才基础。

此外，区海彤精心策划了一系列针对一线人员及技术类人员的理论与实践培训，内容涵盖三体系、3C认证一致性和海外安规等多个方面。这一举措不仅增强了员工的专业素养，更促进了内审员小组的成立，通过内部实战内审，有效排查并解决了4项产品认证问题，展现了公司在质量管理上的严谨与高效。

在6S改善推动方面，区海彤同样展现出了非凡的领导力和执行力。她对生产、仓库、样机房、来料区等关键区域进行了细致划分，明确了六大责任部门，共同推进现场改善。通过落实奖励机制，开展周稽查、月汇总，激励表现突出的部门，有效推动了现场区域的优化改善。截至目前，已实现区域改善15项，标识改善5项，环境改善6项，整体改善提升率达40%，公司面貌焕然一新。

区海彤深知，小改善也能带来大成就。因此，她积极鼓励全体员工建言献策，从降成本、减不良、提生产到促进人际关系、改善公司环境等多个维度出发，提出了大量富有创意和改善潜力的建议。经过严格的筛选、采纳与实施，最终品质改善类建议被采纳了20项，工艺改善类建议被采纳了15项，并建立了一套完善的奖励机制，极大地激发了员工的创新热情，为公司带来了实实在在的效益。

此外，为了表彰在质量管理与提升过程中涌现出的优秀典型，区海彤还精心策划了质量之星评比活动。通过评选和表彰优秀质量单位和质量标兵，不仅激励了企业和组织不断改进和创新，提高了产品和服务质量，更增强了公司的市场竞争力。在区海彤的带领下，整个9月实现了全月零安全质量事故的佳绩，充分证明了其质量管理工作的卓越成效。

> 杏坛篇

德力梅塞尔
以人为本,共创和谐企业新风貌

在日新月异的市场竞争中,佛山顺德德力梅塞尔气体有限公司坚持"以人为本"的发展理念,通过构建和谐的劳动关系,提升员工幸福感,实现了企业与员工的双赢。自2021年5月成立以来,公司工会组织迅速成长,成为连接员工与企业的桥梁。连续三年举办的"广东·德力梅塞尔篮球暨羽毛球赛",不仅锻炼了员工的体魄,也加深了同事间的情谊。2023年5月,公司成功协办"顺德区职工技能竞赛",进一步提升了员工的专业技能和应急处理能力,增强了企业的凝聚力和安全文化。

顺德德力梅塞尔公司严格遵守《中华人民共和国劳动法》,员工入职即签订劳动合同,签署率高达100%。公司建立了完善的薪酬与保障体系,不仅全员缴纳五险一金,还额外购买了商业意外雇主险和安全生产责任险,为员工提供了全方位的安全保障。在福利待遇方面,公司同样表现出色。法定节假日发放过节费,入职满一年的员工可累积忠诚奖,按企业利润的2%进行奖励。此外,公司还根据业绩完成情况发放效益奖和年终奖,每月提供牛奶、大米、花生油等日用品,每年组织一次全公司员工旅游,并实行带薪年假制度,让员工在物质和精神层面都得到了充分的满足。

为了提升员工的专业技能和职业素养,顺德德力梅塞尔公司加大了人才培养投入。员工在职期间考取与现岗位工作相关的国家职业资格证书,公司将给予奖励。同时,公司全额承担特种作业人员、实验室化验人员、安全生产管理人员等员工取证培训、继续教育及复审的费用,为员工搭建管理/技术双通道职业发展路径，规范选拔和晋升机制，营造公开、公平、公正的发展环境。

在改善员工生活环境方面，2023年5月，顺德德力梅塞尔公司投入近10万元安装节能环保空调，大大改善了充灌平台车间的工作环境。同时，公司不断提升员工伙食标准，每月大额补贴食堂，确保员工享受到"四菜一汤"的均衡膳食。夏季水果供应增加到每周两次，让员工在炎炎夏日也能感受到清凉与关怀。此外，公司还积极改善员工车辆停车条件，提供电动车充电便利，并在厂区交通要道重新规划，实行人车分隔，加强摩电人员佩戴头盔的落实情况，确保员工出行安全。

顺德德力梅塞尔公司还注重丰富员工的业余生活，增强员工的归属感和凝聚力。公司工会组织开展了多样员工活动，如"庆三八"相关活动、"基层夏日送清凉"活动、中秋晚会及"春晚"等。这些活动不仅让员工在紧张的工作之余得到了放松和娱乐，也加深了员工对企业的认同感和归属感。

深耕空分技术，引领团队共成长
——殷华勇

杏坛篇

在佛山顺德德力梅塞尔气体有限公司，有这样一位员工，他以深厚的空分技术积淀、卓越的工作表现、积极的团队精神和不断进取的学习态度，赢得了公司领导和同事们的广泛赞誉。他就是殷华勇，一位在空分领域默默耕耘、无私奉献的优秀员工。

从学校毕业起，殷华勇便与空分技术结下了不解之缘。他刻苦钻研，不断学习，将所学知识与实践相结合，逐渐成长为一名技术精湛的空分专家。2014年，他来到德力梅塞尔气体有限公司参与空分装置的建设，投产后更是肩负起带班的重任。他将自己从师傅那里学到的知识和经验毫无保留地传授给新同事，帮助他们快速适应岗位，提升技能。2020年，殷华勇再次投身二期工程的建设，从调试、试运行到正式投产，他全程参与，无数次开机停机，每一次都精益求精，确保装置稳定运行。在这十八年的职业生涯中，他凭借扎实的技术功底和丰富的实践经验，为企业作出了突出贡献。

殷华勇在工作中始终保持着积极的心态和高度的责任感。他自觉遵守公司的各项规章制度，以实际行动践行着公司的价值观。作为班组中的资深老员工，他业务能力娴熟，面对空分开停机等复杂操作总能沉着应对，确保万无一失。同时，他还积极参与空分技术交流讨论，与同事们共同探讨解决技术难题的方法。对于新入职的空分员工，他总是耐心指导，分享自己的操作心得和流程理解，帮助他们快速成长。在公司组织的各项活动中，殷华勇更是积极响应，以身作则，为公司文化的传播和团队凝聚力的提升做出了积极贡献。

作为公司工会的生活委员兼文体委员，殷华勇在工会组建阶段就投入了大量精力，为工会的顺利成立奠定了坚实基础。工会成立后，他更是勇挑重担，负责各项文体活动及员工生活上的慰问工作。他利用自己的羽毛球特长，组建公司羽毛球队，吸引热爱运动的员工加入，不仅改善了员工的体质，还增进了同事间的友谊。同时，他还牵头组建公司醒狮队，亲自拉动年轻员工参与，既传承了中华民族的传统技艺，又为公司增添了节日的喜庆氛围。

殷华勇自觉努力学习空分领域的最新知识和技术，不断提升自己的专业水平。在生产工艺操作方面，他多次提出优化建议，并获得了良好的效果。其中，他建议在液氮产品入储槽的管道上增加AE19A分析点，这一建议不仅提高了产品质量，还降低了生产成本，因此获得了公司的合理化建议奖。在二期建设中，他还对排放风机管道的设计提出了宝贵意见，使得排放风机性能更加优越。

东立新材料
构建和谐幸福的员工大家庭

　　作为一家专注于为新型智能显屏、5G终端、医疗仪器、航空航天及高端智慧家电等行业提供表面保护和功能性膜材料解决方案的高新技术企业，广东东立新材料科技股份有限公司不仅以先进的技术和优质的产品赢得了市场的广泛认可，更以以人为本的企业文化，构建了一个和谐幸福的员工大家庭。

　　员工是企业最宝贵的财富，是推动企业持续发展和创新的重要生产力。因此，东立新材料始终将员工的成长与幸福放在首位，致力于营造一个积极健康、和谐向上的工作氛围。从员工入职的那一刻起，东立新材料就为他们准备了一场温馨的欢迎仪式，让他们感受到家的温暖。这种关怀不仅体现在入职时，更贯穿于员工职业生涯的每一个重要时刻。

　　在东立新材料，每一位员工都能在生日时收到来自公司的真挚祝福和精心准备的礼物。节日里，公司更是不会忘记每一位辛勤付出的员工，精心准备的节日福利总是能让大家感受到浓浓的节日氛围。对于驻外工作的员工，公司更是给予了特别的关心与照顾，确保他们在远离家乡的日子里也能感受到公司的温暖与关怀。当员工遇到困难时，东立新材料总是第一时间伸出援手，送上慰问与帮助，让员工感受到家的依靠。

　　除了精神上的激励，东立新材料在物质上也从不吝啬对员工的奖励。公司定期为员工组织健康体检，确保每位员工的身体状况都能得到及时的关注与照顾。夏天，公司会送上清凉饮品和防暑用品，为

> 杏坛篇

员工驱散酷暑；冬天，则备上温暖的冬衣和取暖设备，让员工在寒冷中也能感受到公司的温情。这些看似微不足道的细节，正是东立新材料以人为本企业文化的生动体现。

东立新材料不仅关注员工的身心健康，还致力于提升员工的职业技能和综合素质。公司定期组织各类培训和学习活动，为员工提供广阔的成长空间和职业发展机会。在这里，每一位员工都能找到属于自己的舞台，发挥自己的才能与潜力。同时，东立新材料还鼓励员工积极参与创新实践，为公司的发展贡献智慧和力量。

作为一家具有社会责任感的企业，东立新材料在追求经济效益的同时，也不忘回馈社会。公司积极参与各类公益活动，为社会贡献自己的力量。东立新材料将继续秉承以人为本的企业文化理念，不断加强团队建设，提升员工幸福感。

责任与公正的践行者
—— 王 辉

杏坛篇

在广东东立新材料科技股份有限公司，有这样一位员工，他不仅是公司的工会主席，还是物控部的经理，他就是王辉。王辉以其认真负责、爱岗敬业、不辞劳苦的工作态度，以及谦虚谨慎、公道正派的个人品质，赢得了同事们的广泛赞誉。

作为工会主席，王辉深知自己肩负着维护员工权益、促进员工发展的重任。因此，他总是站在员工的角度思考问题，积极为员工争取福利，解决工作中的实际困难。每当公司有新的政策出台，他都会第一时间组织员工进行学习，确保每位员工都能充分理解并享受到政策带来的好处。在他的努力下，公司的工会工作有声有色，员工的凝聚力和向心力显著增强。

物控部作为公司生产运营的重要环节，肩负着物料采购、库存管理、物流配送等一系列至关重要的任务，这些工作既繁重又复杂，需要高度的责任心和出色的组织协调能力。王辉作为该部门的经理，面对这些挑战，从未有过丝毫退缩。为了确保生产的顺利进行，就必须不断优化工作流程、提升工作效率。王辉投入了大量时间和精力，深入研究物料管理的每一个环节，寻找潜在的改进空间。他鼓励团队成员提出创新性的想法和建议，共同探讨和实施优化方案。在他的带领下，物控部的工作流程逐渐变得更加顺畅，库存周转率得到提升，物流配送也更为准时高效。

同时，王辉还非常注重成本控制。他深知物料采购的成本直接影响到公司的利润，因此他总是精心策划每一笔采购，与供应商建立良好的合作关系，争取最优惠的价格和最优质的服务。他还倡导团队成员树立节约意识，从点滴做起，减少浪费，为公司的成本控制贡献自己的力量。

王辉在物控部的工作中，以高度的责任心和出色的领导能力，带领团队成员不断克服困难，优化流程，提升效率，为公司的生产运营提供了坚实的保障。除了在工作上的出色表现，王辉还非常注重个人修养和团队建设。他总是以谦虚谨慎的态度对待每一位同事，尊重他们的意见和建议。在他的带领下，物控部的团队氛围和谐融洽，大家相互支持、共同进步。每当有新员工加入时，他都会亲自进行培训和指导，帮助他们尽快适应工作环境，融入团队。

> 杏坛篇

康宝电器
三十七年坚守，公益与发展同行

在广东省佛山市顺德区，有这样一家企业，自1988年成立以来，历经37载风雨，不仅在电器领域取得了辉煌成就，更在社会责任的践行上熠熠生辉，它就是广东康宝电器股份有限公司。

康宝的发展堪称一部传奇。1988年，世界上第一台中式消毒柜在康宝诞生，自此，康宝开启了在消毒柜领域的辉煌征程。凭借着不断的技术创新和卓越的品质，康宝消毒柜规格日益齐全，产品容积从8升到1700升不等，涵盖立柜、卧柜、嵌入式柜等数十大系列、数百款产品，连续多年保持行业市场占有率、销售量领先，享有"世界消毒柜王国"的美誉。

2000年起，康宝逐步以消毒柜为核心，战略性扩张到其他厨卫产品领域，吸油烟机、燃气灶、热水器等产品也相继问世，全面进军厨卫电器领域，如今已成为中国厨卫行业知名品牌。不仅如此，康宝的五金烤炉、烤箱等产品还出口到欧美、日韩、东南亚等数十个国家，成为全球著名的五金烤炉制品出口基地。

成立37年来，康宝通过积极推进企业转型升级，已走上了"以厨房电器为核心，同步发展五金烤炉出口、汽车配件加工、整体家居定制的经营道路"。然而，康宝的成就远不止于商业领域。作为一家有着强烈社会责任感的企业，37年来，康宝在公益事业和慈善活动中积极作为。在众多公益行动里，康宝对教育事业的助力尤为突出。多年来，杏坛高赞小学、顺德区胡宝星职业技术学校、顺德梁銶琚职业技术学校、杏坛中学、顺德一中西南学校等都收到过康宝的捐款捐物。这些捐赠，从教学设备到校园建设资金，为地方学校的办学和发展注入了强大动力，改善了师生们的学习与教学环境。

2018年，康宝又设立了"优秀学子奖"。每年，公司都会对在中考、高考和考研中成绩优秀的职工子女进行奖励。这一举措不仅激励着职工子女努力奋进，追求学业上的成功，更在企业内部营造出浓厚的重视教育的氛围，让职工们感受到企业对他们家庭的关怀。

康宝的公益行为，不仅彰显了企业的社会担当，也为自身发展带来了积极影响。通过支持教育事业，康宝在社会上树立起了良好的企业形象，赢得了广泛的赞誉和尊重。这种良好的口碑，吸引了更多优秀人才加入，为企业发展注入源源不断的活力。同时，企业与学校之间紧密的合作，也为人才培养和技术创新提供了有力支撑。

二十七载坚守，铸就康宝"福将"传奇

—— 刘景进

> 杏坛篇

在广东康宝电器股份有限公司,有一位堪称传奇的员工——刘景进。二十七年的漫长岁月,他扎根康宝,用坚守与付出,在平凡岗位上谱写出了一曲震撼人心的奋斗之歌。1996年,年轻的刘景进踏入康宝,从最基层的一线工人做起,就此开启了他在康宝的奋斗征程。

初入公司,他便凭借踏实肯干的态度,迅速掌握了生产线上的各项基础技能,无论是复杂的零件组装,还是烦琐的设备调试,他都能高质量完成。二十七年间,刘景进的足迹遍布大碗柜、五金包装等8个车间,辗转于10多个部门,堪称公司岗位调换最频繁的车间主任。每一次调动,对他而言都是全新的挑战。

记得有一次,五金包装车间面临订单积压、效率低下的困境,刘景进临危受命。他到岗后,先是深入了解每个工人的操作流程,发现包装环节存在严重的分工不合理问题。于是,他重新规划了工作流程,将原本混乱的包装工序细分为多个高效衔接的小环节,还亲自示范操作,带领工人加班加点,仅用了半个月,就将车间的生产效率提高了30%,成功解决了订单积压难题。

在生产一线时,刘景进总是冲在最前面。遇到设备突发故障,他不顾油污和复杂线路,钻进机器内部仔细排查,常常一忙就是几个小时,直到设备正常运转。转岗到管理岗位后,他更是将团队的凝聚力视为工作重点。他经常组织团队建设活动,让大家在轻松的氛围中交流工作心得,分享生活趣事。

刘景进的努力和付出得到了公司和社会的高度认可。2002年,他凭借在技术革新方面的突出贡献,荣获公司技术革新奖。当时,他通过改进生产线上的一个关键部件,成功降低了产品的次品率,为公司节省了大量的成本。2004年,他在管理工作中取得显著进步,获得公司管理进步奖。他引入的精细化管理模式,让所在部门的工作流程更加清晰,工作效率大幅提升。2006年,他再次凭借技术创新,荣获公司技术创新奖。他研发的新型生产工艺,使产品的生产周期缩短了近20%。在2008年和2009年,他连续两年荣获公司年度十佳员工奖,更是先后七次获得公司年度先进员工奖。

2009年,刘景进荣获"佛山市先进劳动者荣誉"称号;2010年,他凭借出色的表现,获得广东省"五一劳动奖章";2011年,他登上全国领奖台,荣获全国"五一劳动奖章"。这些荣誉背后,是他无数个日夜的辛勤付出和默默奉献。

永通起重机械
关爱员工，筑就企业长远发展基石

  一个企业的真正实力，更多地体现在其能否组建一支积极、忠诚且富有创造力的员工队伍。广东永通起重机械股份有限公司（以下简称"永通公司"）通过一系列关爱员工的举措，不仅为员工创造了良好的发展环境，更为企业的可持续发展奠定了坚实基础。

  良好的工作与生活环境是激发员工创造力与潜能的关键。永通公司投入了大量资源，致力于优化员工的生产、劳动、学习条件和环境。在生产车间，永通公司引入了先进的通风与空气净化系统，这些系统不仅有效减少了粉尘与异味，还大大降低了员工患职业病的风险。

  为了让员工拥有一个舒适的生活环境，永通公司精心打造了设施完备的员工宿舍。宿舍内配备了空调、热水器、独立卫浴等设施，还提供了免费的WIFI，让员工在休息之余也能享受到便捷的网络服务。此外，公司还兴建了员工食堂，严格把控食材采购源头，注重营养均衡搭配，确保员工能享受到健康美味的餐食。为了丰富员工的业余生活，永通公司还设立了员工活动室、图书馆等学习与休闲场所，鼓励员工在工作之余进行自我提升与学习成长。

  除了优化工作环境，永通公司在工作制度建设方面也下足了功夫。公司建立了完善的协商谈判与集体合同制度，每年定期开展劳资双方的协商会议。同时，永通公司还建立了劳动争议调解委员会，该委员会由企业管理层、工会代表与员工代表共同组成。一旦出现劳动争议，调解委员会会迅速介入，秉持

> 杏坛篇

公平、公正、公开的原则进行调解处理，将矛盾化解在萌芽状态，从而维护了企业内部的和谐稳定。

永通公司将员工视为家人，倡导员工之间相互关爱、相互帮助的企业文化。公司内部经常组织各种团队建设活动，如户外拓展、员工生日会、节日联欢等。这些活动不仅增进了员工之间的感情，还增强了团队的凝聚力。为了帮助员工应对生活中的重大困难，永通公司还设立了员工关爱基金。当员工遇到家庭成员重病、突发自然灾害等困境时，基金将提供及时的援助，帮助员工渡过难关。

永通公司还注重企业文化的传播与传承。通过企业公众号、宣传栏、内部网络平台等多种渠道，公司宣传自己的价值观、使命和愿景，让员工深刻理解企业的文化内涵。同时，在招聘、培训、绩效考核等各个环节，永通公司都融入了企业文化元素。

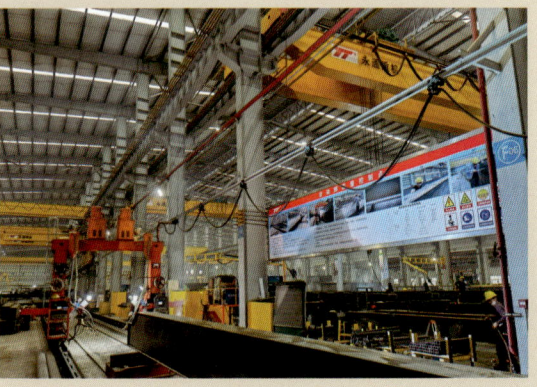

在平凡中铸就卓越
以匠心共绘发展新篇章

—— 李显林

在广东永通起重机械股份有限公司不断迈向辉煌的奋进征程中,每一位员工都宛如一颗闪耀的星辰,以各自独特的光芒照亮企业前行的道路。而港机事业部项目主管李显林,无疑是其中最为耀眼的一个。

李显林从初出茅庐的一线技术员,一步步成长为能够独当一面的项目负责人,在岗位上默默坚守了二十余载。他表示,每一个项目都是永通起重机械的"门面",每一台港机设备都承载着企业的信誉与口碑。在江门南洋船舶240吨造船门机的调试工作中,他如同一位专注的艺术家,不放过任何一个细微之处,对每一个零部件的安装、每一项参数的设定都进行反复检查与调试,力求达到最完美的状态。在韶关港GQ4530固定吊机的系统优化项目里,他更是日夜钻研,对系统的每一个环节都进行深入剖析,寻找优化的空间。

2024年新会港MQ4535门机项目堪称一场艰苦卓绝的战役。施工过程中,现场拼装、人员协调等难题如同一只凶猛的拦路虎,横亘在团队面前。面对这一棘手状况,李显林没有丝毫退缩,他迅速组织团队成员,一头扎进难题的攻克之中。整整36个小时,他和团队成员们废寝忘食,轮流上阵,他们查阅大量资料,反复进行模拟实验,最终成功找到了破解方法,将安装误差精准控制在行业标准的1/3以内,创造了"零返工"的优异纪录,赢得了客户的高度赞誉,也让"永通制造"的品牌形象在华南港口机械市场更加深入人心。

"技术迭代的速度,就是我们的学习速度。"李显林利用业余时间,精心编写了《港口机械故障诊断百例》,将自己多年来积累的丰富经验和专业知识毫无保留地分享给团队成员。在他的带领下,团队完成了43项技术改良,大大提升了产品的性能和质量。他创新性地提出了"四阶攻关法"——先模拟、后实践、再复盘、固化,这种高效的"学习—实践—转化"模式,不仅成功解决了难题,还培养出了多名优秀的青年技术骨干,为企业的长远发展储备了充足的人才力量。

圆粤物流
织密工会网络，打造职工幸福家园

近年来，佛山圆粤物流有限公司成功构建了一个和谐、温馨的职工之家。公司工会不仅织密了组织网络，还通过创新活动载体、完善帮扶体系、强化民主管理等措施，让每一位职工都能感受到家的温暖和关怀。

佛山圆粤物流有限公司始终秉持依法选举、民主管理的原则。2023年11月，公司成立了中国共产党佛山圆粤物流有限公司支部委员会，为工会工作的开展提供了坚实的政治保障。通过严格的民主程序，公司选举产生了具有广泛代表性和高度责任心的工会主席，并选拔了一批热爱工会工作、具备组织能力的积极分子担任工会委员，为工会工作的顺利推进提供了坚实的人才保障。

针对快递物流行业的特点，公司工会推出了一系列职工关爱活动，"员工健康关爱计划"就是其中一项重要举措。该计划通过每月开展健康宣传会、安排医生到企会诊、定期开展中医理疗进企业服务等方式，全方位关注职工的身心健康。此外，公司还建设了多个休息站点，为职工提供舒适的休息环境，有效缓解了工作压力。

为了让职工感受到家的温暖，佛山圆粤物流有限公司每月都会组织员工生日会，为当月过生日的职工送上生日祝福和精美礼品。同时，在春节、妇女节、高温时节等重要节日和特殊时期，公司工会都会组织开展慰问活动，为职工送上节日的祝福和关怀。

佛山圆粤物流有限公司设立了"不离不弃"基金池，并建立了完善的基金管理制度。该基金池主要用于资助企业内遇到突发困难或重大疾病的职工及其直系亲属，为他们提供及时的经济援助和精神支持。

佛山圆粤物流有限公司通过签订集体合同、推行厂务公开、成立工会劳动法律监督委员会等措施，积极保障新业态员工的合法权益。同时，公司还注重听取职工的意见和建议，通过定期开展座谈会、问卷调查等方式，及时了解职工的需求和诉求，为企业的决策提供参考和依据。

此外，佛山圆粤物流有限公司还注重职工教育体系的构建。公司工会通过培训讲座、实操演练、师带徒等方式，不断提升职工的职业素养和技能水平。同时，公司还积极组织劳动竞赛、岗位练兵、技能比武等活动，激发职工的潜能和创造力，为企业的发展注入新的活力。

平凡岗位上的不凡贡献

—— 崇立强

> 均安篇

在佛山这座充满活力的城市里，崇立强这个名字或许并不为许多人所熟知，但在他所工作的企业中，他却是一位备受尊敬和赞誉的优秀员工。作为一名普通的快递行业从业者，崇立强用自己的实际行动诠释了什么是爱岗敬业，什么是勤学苦练，以及如何在平凡岗位上为企业的发展贡献力量。

自入职以来，崇立强始终以企业为家，以岗位为荣。无论从事何种工作，都需要有一颗敬业的心和扎实的技能。因此，他严格要求自己，认真学习操作技巧，不断提升业务水平。无论是日常的快递分拣、打包，还是面对突发的紧急情况，崇立强总能迅速而准确地完成任务，展现出高超的职业素养和强烈的工作责任心。他的突出工作业绩和敬业精神赢得了领导和同事们的一致好评。

在2023年佛山职工职业技能大赛快递行业技能竞赛中，崇立强凭借出色的表现荣获"优胜奖"。这不仅是对他个人技能的肯定，更是对他敬业精神的褒奖。2024年，他又被评为"均安镇最美新业态劳动者"，这一荣誉再次证明了他在行业内的卓越表现。

崇立强的工作表现不仅体现了他的职业素养，更展现了他对自我价值的追求。在工作中，他始终保持积极向上的态度，面对困难和挫折从不退缩。他坚持精益求精、一丝不苟的工作态度，对待每一件事、每一项工作都认真负责。

除了在日常工作中的出色表现外，崇立强还积极参与企业的民主管理，为企业的发展献计献策。他深知，企业的发展离不开每一位员工的智慧和力量。因此，他时刻关注企业的运营情况，积极提出合理化建议。在快递包裹分拣流程中，崇立强发现部分包裹因标签模糊导致分拣效率低下且易出错。他经过仔细观察与分析，向管理层提出了优化标签打印和粘贴流程的建议。管理层采纳该建议后，分拣错误率大幅降低，分拣效率显著提高。此外，他还注意到货物装卸环节存在人力浪费现象，一些货物由于未合理规划装卸顺序，使得工人频繁搬运同一货物。针对这一问题，他建议依据货物目的地和重量等因素提前规划装卸顺序。该建议实施后，有效减少了人力成本和装卸时间，为企业节省了大量成本。

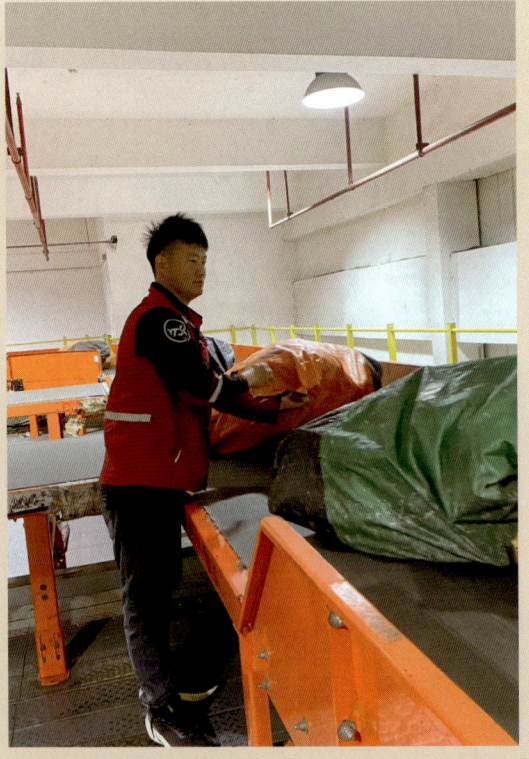

美博集团
以人为本，员工成为企业最宝贵资产

广东美博制冷设备有限公司，一个以"向美而生，为美而博"为理念，引领制冷设备行业新风潮的佼佼者，正以其卓越的实力和创新精神，书写着制冷行业的传奇。美博集团的成功并非偶然，其背后有着一套独特的企业发展理念和以人为本的管理哲学。美博集团深知，员工是企业最宝贵的资产，是企业发展的基石和动力源泉。

集团始终坚持以人为本，全力构建和谐劳动关系，为员工提供一个温馨、和谐、积极的工作环境，让员工与企业共同成长，共同创造美好的未来。为了营造一个一流的工作环境，美博集团不惜重金投资5.5亿元打造美博集团（顺德）产业园。这个现代化的产业园区不仅拥有宽敞明亮的工作空间和先进的生产线，还配备了全面的生活设施，如员工宿舍、食堂、健身房等，全方位提升了员工的体验。在这里，员工们可以享受到舒适的工作环境和便捷的生活服务，从而更加专注于工作，提高工作效率。

除了提供良好的工作环境外，美博集团还非常注重员工的职业发展。集团通过全员入会、安全生产培训、大型培训营及明确的晋升机制，为员工搭建了一条专业与管理双轨成长路径。无论员工是希望在技术领域深耕细作，还是希望在管理岗位上大展宏图，美博集团都能为他们提供充足的成长空间和机会。

美博集团对员工的关怀不仅仅停留在职业发展上，更体现在日常生活的点点滴滴中。集团设立了贫

> 均安篇

困帮扶基金，为生活困难的员工提供及时的帮助；内购优惠则让员工在享受企业产品的同时，也能感受到企业的温暖和关怀；丰富的文体活动和节日慰问则让员工在紧张的工作之余，能够放松身心，享受生活的乐趣。特别是"每日下午茶"这一活动，深受员工们的喜爱，它不仅为员工提供了美味的茶点和水果，更成了员工们交流感情、增进友谊的温馨时刻。

在民主管理与沟通方面，美博集团同样做得非常出色。集团鼓励员工参与民主管理，为员工提供表达诉求的平台和渠道。无论是工作中的问题还是生活中的困难，员工都可以通过这些平台及时向企业反映，并得到及时的解决和回应。这种开放、包容、透明的沟通机制，不仅确保了员工的意见和诉求得到充分的重视和关注，也为企业与员工之间建立了和谐、稳定的劳动关系。

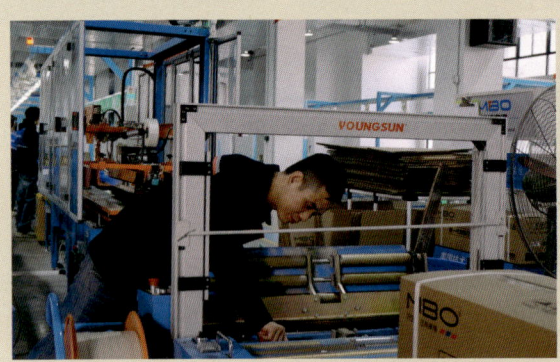 

哪里有故障，哪里就有我

—— 陈金林

均安篇

在广东美博制冷设备有限公司的生产车间里，有这样一位设备维修领域的佼佼者，他就是设备维修组组长陈金林。自2018年3月入职以来，陈金林以其坚定的职业信念、无私的奉献精神和卓越的工作表现，不仅在公司内部树立了榜样，更成了新时代产业工人的杰出代表，用实际行动展现了新时代产业工人的风采。

入职之初，陈金林只是一名普通的设备维修员。他将"立足岗位，务实创新"的理念深植于心，不仅自己身体力行，还积极将其传播给身边的同事。凭借出色的工作能力和责任心，他很快晋升为设备维修组组长，承担起车间各大设备的日常维修、运行维护等重任。

面对2023年公司发展的新阶段，生产车间需要从顺德伦教搬迁到均安新厂，这是一项复杂而艰巨的任务。在公司发展的关键时期，陈金林同志挺身而出，主动承担起搬迁项目的全程跟进工作。他频繁往返于顺德伦教与均安新厂之间，加班加点，带领团队克服了一个又一个难题。无论是设备的拆卸、运输还是重新安装，他都亲自参与，确保每一项工作都按照计划顺利进行。在他的带领下，维修团队不仅圆满完成了搬迁任务，还保证了搬迁后生产车间的设备安全稳定运行，为公司的稳定发展奠定了坚实的基础。

在设备维修工作中，陈金林同志深知预防性维护的重要性。他带领设备维修组转变工作理念，从"有问题再去处理"转变为"先处理预防问题出现"。他运用自身丰富的技术分析和现场检修经验，精心制定了预测性检修计划，大大降低了设备突发故障的概率。同时，他将润滑保养提升为工作的重点，通过精细化管理和精心维护，有效延长了设备的使用寿命，显著降低了停机时间，提高了生产效率。

在陈金林的带领下，设备维修组成为"不怕苦、不怕累、不怕脏"的"三不怕"班组。他们任劳任怨，在最艰苦的岗位上默默奉献。陈金林以身作则，无论是烈日炎炎的三伏天，还是寒风凛冽的三九天，他都坚守在一线，从不言苦，从不言累。他的身影成了车间现场的一道亮丽风景线，他的精神也成了鼓舞人心的力量。

> 均安篇

威立德
以员工为本，以创新为翼，共筑和谐未来

广东顺德威立德酒店设备有限公司，自2012年成立以来，便专注于厨房设备和不锈钢用品的研发、设计与销售，实现了从创意到产品的无缝对接，构建了一体化生产运营管理体系。

威立德不仅致力于技术创新和产品优化，更将"为员工搭建实现梦想的平台，为客户提供优质创新的产品，为社会营造和谐发展的氛围"作为企业的使命，倡导诚信、团结、学习、创新的企业文化，旨在与客户携手共进，追求卓越，向着成为具有国际影响力的现代餐饮设备集团的目标迈进。

在企业管理上，威立德实行民主管理，广纳良言，致力于构建和谐的工作环境。公司推行厂务公开制度，确保员工在干部选拔、奖金分配、绩效考核等重大事项上的知情权、参与权和监督权，从源头上维护员工权益。定期召开的座谈会，为员工提供了一个表达工作中遇到的难题和建议的平台，公司管理层积极倾听并解决实际困难。此外，威立德还开展"金点子"征集活动，鼓励员工在产品、生产和管理等方面提出创新思路，激发全员创新精神，营造了浓厚的创新氛围。

员工是企业最宝贵的财富。威立德公司采取了一系列关爱员工的举措，以增强团队凝聚力。从员工生日会、下午茶到意见信箱、座谈会，再到节日送温暖、短途旅游、健康体检等，每一项活动都体现了公司对员工的深切关怀。公司还以部门为单位组建活动小分队，开展丰富多彩的联谊活动，丰富了员工的业余文化生活，进一步提升了员工的归属感和幸福感。

均安篇

在人才培养方面,威立德坚持"以人为本"的理念,注重员工的技能提升和职业发展。公司完善了技能人才教育培养机制,通过"短期培训班"与外部学习相结合的方式,加强职工技能培训。同时,开展岗位技术带头人和名师带徒活动,有针对性地培养后备高技能人才。每月的全员培训,涵盖了生活、工作、消防、技能知识等多个方面,帮助员工挖掘潜力,激发积极性、主动性和创造性,为企业的持续发展奠定了坚实的人才基础。

威立德在追求自身发展的同时,也不忘回馈社会,积极履行企业社会责任。公司连续多年为罹患重病、单亲、孤老、残疾等弱势群体捐款捐物,合计募捐金额已达十多万元。同时,公司还定期向民政福利系统捐赠物资,用实际行动诠释了企业的社会担当。

平凡岗位书写威立德的风采

—— 史雄图

> 均安篇

史雄图自2013年加入威立德以来，已经在公司工作了整整12个年头。这12年里，他始终保持着对工作的热爱和敬畏，用实际行动践行着爱岗敬业的精神。

作为车间主管，史雄图知道自己肩负的责任重大，每一项工作都关系到公司的生产进度和产品质量。因此，他始终以高度的责任心和使命感，认真对待每一项任务，无论是日常的生产管理，还是重点项目的推进，他都亲力亲为，力求做到最好。

在日常工作中，史雄图严于律己，精益求精，他不断学习新知识、新技术，边学边干，不断提升自己的业务能力。在他的带领下，车间的生产效率显著提升，产品质量也得到了有效控制。在生产过程中，他严格把控安全生产、产品质量和产品数量三道关口，确保生产过程中务实高效。

面对突如其来的困难和挑战，史雄图总是能够挺身而出，用实际行动诠释着威立德人的担当和勇气。2018年9月，超强台风"山竹"登陆，全市实行五停和交通管制。为了公司的利益不受损失，史雄图不顾个人安危，带领同事坚守岗位24小时。他凭借临危不乱的现场应急能力，多次加固卷闸门，最终减少了公司的损失。

类似的事迹还有很多。2021年6月，午休时，三楼品管部的烟雾测试设备起火，刚巧在现场的史雄图毫不犹豫地冲上前，及时关上电源开关，并使用灭火器在最短的时间内将火扑灭，又一次使公司的财物免受损失，保护了公司财产和广大员工的生命安全。

在新冠疫情防控的关键时期，史雄图更是冲锋在前，以身作则。他积极配合公司完成了员工建档工作，确保了疫情防控数据的准确性和及时性。在疫苗接种工作中，他带头接种，并积极与员工面对面沟通，消除员工对接种疫苗的顾虑，动员员工自愿接种疫苗。

几年间，史雄图一直奋战在一线岗位，用实际行动践行着自己的初心和使命。他始终以一个管理人员的朴素和一个新时代青年的蓬勃朝气，投身在工作岗位上，为公司的生产和发展贡献着自己的力量。他的事迹和精神不仅激励着身边的同事不断前行，也成为一个优秀的榜样。

均健农业
现代农业科技的领航者与员工关怀的典范

广东顺德均健现代农业科技有限公司,自2015年成立以来,便以顺德区优质水产的产业优势为依托,迅速发展成为一家集水产生产、科研、加工、营销于一体的现代农业科技公司。

均健公司的成功,离不开其高效运转的管理机制。公司坚持在规范运作和机制转变上下功夫,形成了权责法定、权责透明、协调运转、有效制衡的管理体系。特别是"党建入章"的推进,使得党组织内嵌到公司治理结构之中,为公司的稳定发展提供了坚实的政治保障。同时,公司还建立了以公司章程为核心的"1+N"制度体系,出台了一系列制度文件,确保公司运作有章可循、有据可查。

均健公司秉持"爱才之德,用才之长,知才之能"的人才观,打破层级限制和身份界限,实现了经营责任全覆盖和管理人员能上能下、员工能进能出的灵活用人机制。这种任人唯贤、举贤任能的做法,不仅激发了员工的积极性和创造力,也为公司的持续发展注入了新的活力。

为了激发员工的潜能和创造力,均健公司还坚持"精细化"考核理念,优化了个人绩效考核模式。公司持续改进经营业绩考核体系,将指标细化分解到个人,实现了"一人一表"的差异化考核。同时,聚焦"价值创造"考核导向,设立了专业技能人员的考核和薪酬激励制度,以及超目标奖励等多项激励方案。

均健公司全面落实安全生产责任制,坚持"安全第一、预防为主、全员参与、综合治理"的方针。

> 均安篇

公司将安全目标细化、量化,将其落实到每一个人身上,并签订安全生产目标责任书。同时,公司制订安全培训计划,组织各项安全培训工作,增强了全员的安全意识和专业技能。此外,公司还积极开展"安全生产月"活动,通过宣传教育、知识竞赛、应急演练等形式,提高了全员的安全生产意识和事故防范的处置能力。

在稳健发展和安全生产的基础上,均健公司尤为重视员工关怀与成长培育。公司积极开展形式多样、种类丰富的培训和活动,包括消防知识、法律知识专题培训以及新员工培训和各部门技能培训等,旨在提高员工的专业素质和业务技能。同时,公司和工会还定期开展各类特色节日活动,如员工生日会、读书分享会、学习提升活动等,丰富了员工的业余生活,增强了团队的凝聚力。

员工的幸福感和归属感是企业持续发展的重要动力。均健公司以其卓越的农业科技实力、高效的管理机制、以人为本的人才理念、全面的安全生产措施以及深厚的员工关怀文化,成为现代农业科技领域的领航者。

均健科技品质守护者的卓越贡献之路

—— 欧阳绮琪

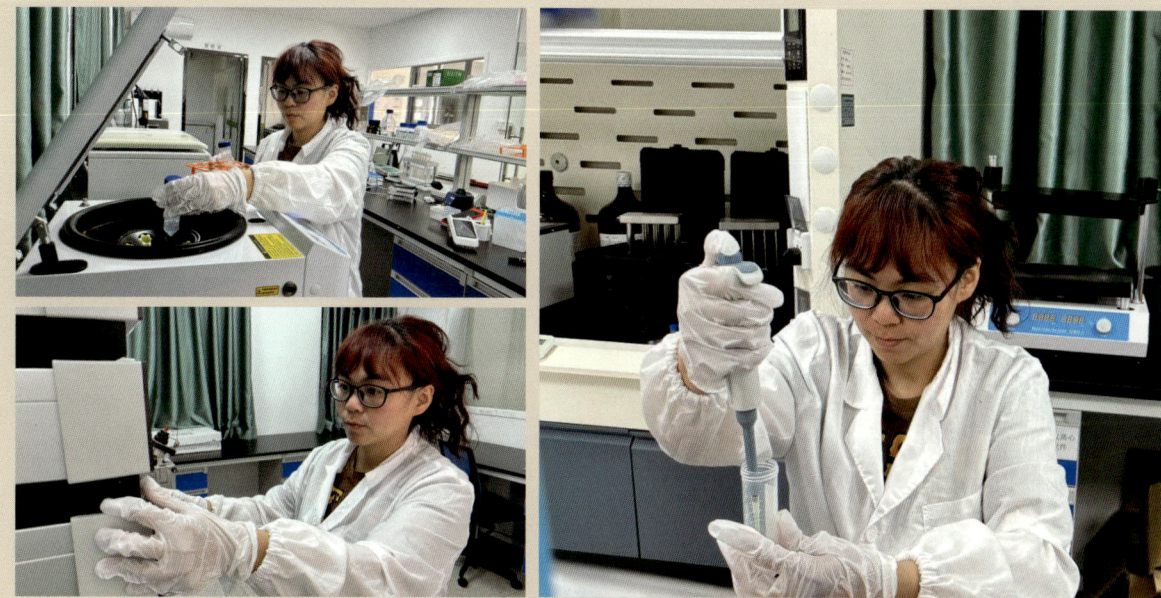

欧阳绮琪是广东顺德均健现代农业科技有限公司的品控主管，以勤勉、专业和不断创新的精神，默默耕耘在品控管理的岗位上，为公司的质量体系建设、标准化进程与高质量发展铺设了坚实的基石。

自2016年加入均健以来，欧阳绮琪便展现出了专业素养和责任心。初入职场时，面对养殖领域的陌生与挑战，她没有退缩，而是主动请缨，从最基础的工作做起，一步步构建起自己的知识体系。利用业余时间，她积极参与各类系统培训、在线课程，广泛阅读专业书籍，将理论与实践紧密结合，迅速成长为养殖领域的行家里手。从鱼塘环境的科学构建到水质管理的精细调控，从鱼种的精心选育到生态养殖技术的熟练应用，欧阳绮琪用汗水浇灌出知识的花朵，为公司的养殖业务注入了新的活力。

在公司轮岗制度的锻炼下，欧阳绮琪的才能得到了全方位的展现。无论是活鲜销售的灵活调度，还是品质监控的严格把关，抑或是农业项目资料的精心撰写，她都能游刃有余，展现出极强的综合素质和责任心。特别是在参与多项重点项目建设的过程中，欧阳绮琪凭借出色的组织协调能力和扎实的专业技能，为公司的多个重要项目成功落地立下了汗马功劳。

这些项目涵盖了农产品质量安全追溯体系、水产健康养殖示范场建设、休闲农业体验区开发等多个领域，不仅提升了公司的市场竞争力，更为顺德区乃至广东省的现代农业发展贡献了宝贵经验。在她的努力下，公司相继获得了品质管理无公害产品认证、省级菜篮子认证、有机产品认证等一系列荣誉，标志着均健科技在品质管理和标准化养殖方面迈上了新的台阶。

作为品控主管，欧阳绮琪深知产品质量是企业生存之本。她始终将质量意识贯穿于日常工作的每一个环节，以身作则，推动公司全员形成"人人重视质量，人人参与质量管理"的良好氛围。她主导制定了严格的质量控制流程和检验标准，带领品控团队，严格把控每一道生产环节，确保活鲜产品的品质与安全。面对繁重的抽检任务和新型合作模式，她从容不迫，凭借丰富的项目经验和深厚的检测知识，高效完成了各项任务。在团队建设上，她注重培养团队成员的专业技能和团队协作精神，通过定期培训、案例分享等方式，不断提升团队的整体素质，为公司的标准化养殖建立了坚实的品质防线。在她的带领下，品控团队不仅有效降低了养殖损耗，还显著提升了公司的运营效率，赢得了内外的一致好评。

更为难能可贵的是，欧阳绮琪在技术创新方面同样不遗余力。2019年，她积极参与高位桶集约式循环水养殖建设项目，引入先进的水循环技术和生物处理技术，推动节水减排，科学规范鱼药和饲料的使用，为生态农业发展树立了典范。同时，她还参与了养殖水系统监测调控建设项目，通过一套复杂而高效的净化系统，成功将养殖废水转化为符合渔业水质标准的新水，实现了水资源的循环利用，有效减轻了环境污染，展现了均健科技在绿色可持续发展方面的决心与行动。

欧宁电器
厨房小家电行业的领航者
与员工关怀的典范

广东顺德欧宁科技电器有限公司，深耕厨房小家电领域超过20载，是国内电压力锅、电烤箱及蒸烤一体机的专业制造基地之一。欧宁不仅专注于产品研发与市场开拓，更将"以人为本"的理念深植于企业文化之中。

欧宁公司内部配备了现代化的职工宿舍区，宿舍内设施完善，为员工提供了温馨的居住空间。此外，公司还设有娱乐室和图书角，让员工在紧张的工作之余，能够享受到丰富的业余生活。食堂的改造与升级同样不容忽视，多样化的健康餐饮选择，不仅满足了员工的味蕾，更保障了他们的饮食健康。除了硬件设施的提升，欧宁还注重员工的精神文化建设。公司和工会定期举办各类文娱活动和福利发放，如年度家庭日、团建旅行、节日慰问、篮球赛、歌唱比赛和年终晚会等，这些活动不仅丰富了员工的业余生活，更增强了团队的凝聚力和归属感。在欧宁，每一位员工都能感受到家的温暖和关怀。

安全与质量是欧宁生产的生命线。公司投入大量资金改善工作环境，全面引入智能化设备，减少人工操作中的风险因素。同时，严格遵守国家安全生产标准，定期进行设备安全检查，确保员工在一个安全、舒适的环境中作业。在环保方面，欧宁同样不遗余力，通过优化生产工艺和引入环保设施，为企业的可持续发展贡献力量。

为了激发员工的潜能与积极性，欧宁建立了完善的培训与晋升制度。每年邀请业内专家进行技术和管理培训，帮助员工提升个人能力和专业素养。同时，为各级员工制定明确的晋升路径，让表现优秀的员工有机会通过内部竞聘和绩效考核进入管理层。此外，公司还设立了合理化建议奖励机制，鼓励员工提出创新建议，推动公司整体管理水平的提升。

欧宁积极推动集体协商机制的建立，以确保员工的利益得到有效保障。工会代表与公司管理层定期就薪资调整、福利待遇等问题进行协商，维护了企业内部的和谐劳动关系。同时，设立了劳动争议调解委员会，一旦发生劳资纠纷，能够在公司内部迅速解决，避免矛盾升级。

欧宁还非常注重员工的身心健康与困难帮扶。公司设立了困难职工帮扶基金，用于帮助因意外或疾病导致经济困难的员工。同时，提供免费的心理咨询服务，帮助员工应对工作与生活中的压力。

欧宁电器背后的研发先锋与团队引领者

—— 冯琳

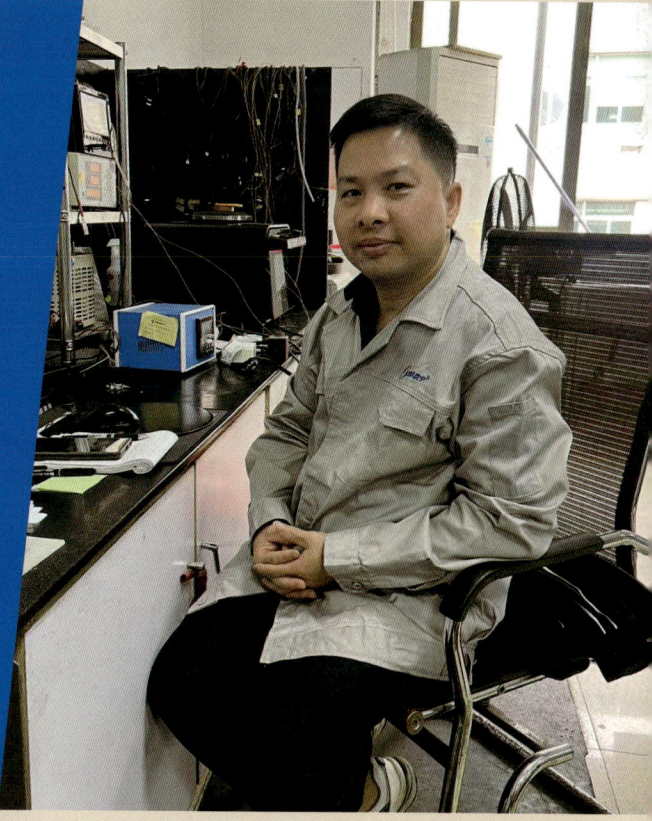

均安篇

在广东顺德欧宁科技电器有限公司，冯琳这个名字与公司的创新和发展紧密相连。作为小家电研发实验室的主管，冯琳自2008年加入公司以来，始终致力于实验室的日常管理、新产品的测试与研发以及提供技术支持。凭借扎实的专业知识和出色的管理能力，他带领团队不断取得突破，为公司的技术进步和产品创新做出了重要贡献。

在快速发展的科技领域，唯有不断学习才能保持竞争力。冯琳始终坚持"终身学习"的理念，不断提升自己的技术水平与管理能力。在工作之余，他自费参加多个技术研讨会和培训班，获得了多项专业认证。2021年，他更是顺利通过了国家认证的"实验室管理高级资格证书"，这不仅为他的个人职业发展增添了浓墨重彩的一笔，也为团队的技术水平提升提供了有力保障。

冯琳不仅注重个人成长，还积极培养团队成员的能力。他定期组织内部培训课程，分享最新的技术动态和实验室管理经验，帮助团队成员迅速成长。冯琳的上级和同事对他评价极高。公司研发总监曾表示："冯琳是一位非常优秀的管理者，他不仅有深厚的技术功底，还有极强的创新意识和管理能力。在他的带领下，实验室团队不断取得突破，为公司的技术进步和产品创新做出了巨大贡献。"同事们则赞扬他为"温暖而可靠的领导"，无论是工作上的难题还是生活中的困扰，大家都愿意向他请教和求助。

作为实验室主管，冯琳展现出了极强的责任感和创新精神。他热爱公司，将研发工作视为自己职业生涯中的使命。在2022年公司推出的一款空气蒸烤箱项目中，冯琳亲自参与新产品的研发和测试环节，确保了该产品的技术稳定性，并成功克服了多项技术难题，缩短了研发周期，使产品提前上市。该产品一经推出便取得了市场的高度认可，成为公司当年的明星产品。

在一次研发项目中，团队遇到了传统测试方法效率低下的问题。冯琳积极推动实验室自动化技术的引入，利用智能化设备优化了实验流程，将测试时间缩短了30%，极大地提高了工作效率。这一改进不仅为公司的研发进度带来了显著提升，还被推广至公司其他部门，为公司整体效率的提升做出了贡献。

除了在工作上的杰出表现，冯琳还热心公益，积极参加公司组织的志愿服务活动。他是公司志愿者服务队的骨干成员，多次参加环保公益活动和社区服务项目。

 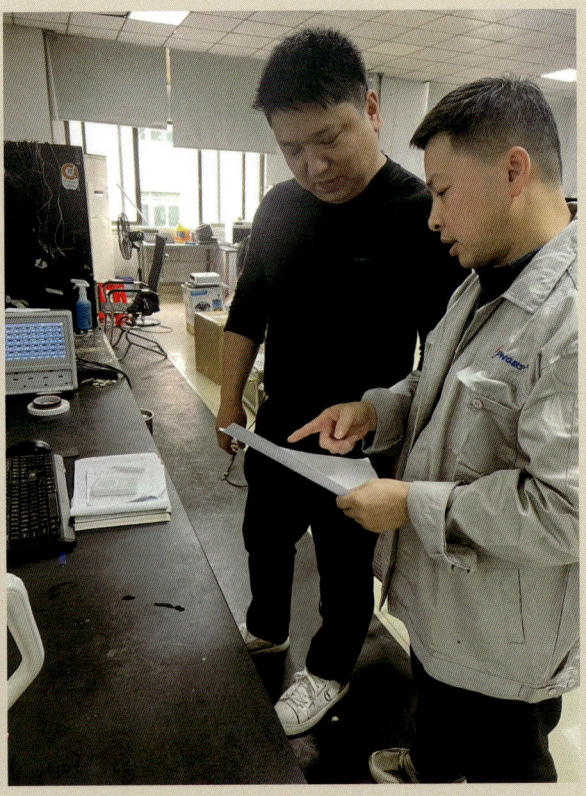

瑞格电机
构建和谐职场生态

佛山市瑞格电机有限公司,作为一家致力于智造环保节能微电机、提高人们生活品质的企业,始终坚持"追求员工物质和精神幸福的同时,为社会的进步和发展做出贡献"的企业使命。在这一理念的引领下,瑞格电机不仅专注于技术创新和产品升级,更将员工的生活品质和工作环境的优化放在至关重要的位置,努力为员工打造一个温馨和谐、充满活力的职场生态。

为了营造一个舒适、安全的工作环境,瑞格电机投入了大量资源。每年,企业都会划拨专项资金用于提升工作场所的硬件设施,从改造生产车间、优化通风和照明系统,到增加清凉设施,每一项措施都旨在确保员工在最佳状态下工作。特别是在炎热的夏季,企业通过各种手段确保生产车间的温度适宜,让员工远离酷暑的干扰。安全生产是瑞格电机的生命线,企业不仅每周进行安全生产检查,及时发现并消除安全隐患,还为员工配备了完善的劳动保护设备和用品,全方位保障员工的身体健康。

在员工生活方面,瑞格电机同样不遗余力。瑞格电机不断完善员工宿舍环境,提供宽敞明亮的居住空间,以及必要的生活设施,让员工在工作之余能够享受到家的温馨。此外,企业内部还建有舞蹈室、乒乓球室、阅览室、唱歌房等多样化的活动场所,这些设施不仅丰富了员工的业余生活,也提升了员工的幸福感和归属感。

和谐劳动关系的构建是瑞格电机稳定发展的基石。企业高度重视民主管理,成立了工会劳动法律监

> 均安篇

督委员会,这一机构在预防和解决劳动争议方面发挥了重要作用。为了畅通员工意见反馈渠道,企业坚持每周开展员工座谈会,通过建立多层次的反馈机制,确保员工的声音能够被及时听到和回应。

企业围绕不同专题,每周定期开展各类培训,鼓励员工不断提升自身技能。同时,企业还积极组织员工参与外部主题学习活动和综合素质提升班,为员工提供更多的学习机会和成长空间。此外,企业还制定了合理的岗位晋升渠道,为员工的职业发展提供了强有力的支持,让员工看到了自己在企业中的未来和希望。

瑞格电机的工会组织更是成了员工信赖的"娘家人"。公司工会开展的各项活动丰富多彩,包括唱歌比赛、舞蹈比赛、团建活动、心理沙龙等,这些活动不仅丰富了员工的业余生活,也提升了员工的归属感和团队协作精神。同时,工会还积极链接资源,动员员工参与上级工会的各项活动,进一步拓宽了员工的生活视野和职业发展空间。

此外,工会还建立了困难帮扶基金,为困难职工家庭提供经济支持,让员工在遇到困难时能够感受到企业的温暖和关怀。在三八妇女节、端午节、中秋节、春节等重要节日以及高温时节,工会都会开展慰问活动,为员工送上节日的祝福和关怀。

二十载忠诚与智慧,共绘企业发展蓝图

—— 柏明亮

> 均安篇

  在佛山市瑞格电机有限公司，有这样一位员工，他见证了公司从一个小工厂成长为拥有200多名员工的企业巨擘的全过程，他就是柏明亮。自2004年5月4日入职以来，柏明亮同志不仅从一名生产车间操作主管成长为公司的副总经理，更以其卓越的领导力和无私的奉献精神，成为所有员工心中的楷模。

  2004年，当柏明亮怀揣梦想踏入瑞格电机的大门时，这里还只是一个规模不大的小工厂，员工总数不过30余人。面对这样一个起点，柏明亮没有退缩，而是从最基础的生产车间操作主管做起，一步步稳扎稳打，逐渐成长为生产经理、生产部长，直至副总经理。在这漫长的20年间，他始终坚守在生产一线，与公司同呼吸、共命运。

  在工作中，柏明亮始终以身作则，严于律己，宽以待人。每当遇到订单爆满、人手紧张的情况，柏明亮总是第一个站出来，白天忙于管理工作，晚上则亲自下到车间流水线，与生产工人并肩作战，共同攻克难关。

  作为公司的副总经理，柏明亮深刻认识到创新管理对于企业持续发展的重要性。他不断优化企业内部管理制度，鼓励员工积极参与合理化建议活动，为公司的发展贡献智慧。在他的倡导下，公司引入了精益生产的理念，对岗位分配和工资制度进行了合理调整，极大地激发了员工的工作积极性和创造力。同时，他还推动了车间6S管理、设备自动化升级等一系列先进管理方法的应用，这些举措不仅为企业节约了大量成本，还显著提高了生产效率和产品质量。无刷电机的日产量增长了2倍，线包车间的生产效率也提升了15%，这些都是柏明亮创新管理成果的生动体现。

  除了在生产管理方面的卓越表现外，柏明亮还兼任企业工会主席一职。他充分发挥工会的桥梁和纽带作用，积极组织员工参与企业民主管理，倾听员工心声，关心员工生活。在他的带领下，工会开展了丰富多彩的文体活动，不仅丰富了员工的业余生活，还增强了团队的凝聚力。同时，他还牵头设立了困难帮扶基金，为有需要的员工提供及时的援助。

  员工的成长和发展是企业持续发展的重要保障。因此，柏明亮积极推动企业建立和完善员工培训、晋升、福利等制度，为员工提供了广阔的职业发展空间和优厚的福利待遇。

均安篇

骏景酒店
员工关怀为核心，
共绘企业与员工双赢蓝图

佛山市顺德区骏景酒店有限公司，坐落于顺德区均安镇，凭借其独特的服务理念和卓越的管理模式，赢得了广泛的认可与赞誉。酒店始终坚持"以人为本"的管理理念，将员工视为企业最宝贵的财富，致力于打造一个和谐、稳定且充满关爱的工作环境。

在骏景酒店，员工关怀被视为企业文化的核心。骏景酒店将员工关怀融入日常管理的方方面面，努力为员工营造一个温馨如家的工作环境。

在生活层面，酒店不仅提供免费的食宿，解决员工的基本生活需求，还每年定期组织全面的健康体检，确保每位员工都能以最佳的身体状态投入工作。此外，酒店还精心策划了一系列丰富多彩的工会活动，如文体比赛、团队建设活动和节日庆祝等，这些活动不仅丰富了员工的业余生活，更增强了团队的凝聚力和归属感。特别是困难员工帮扶基金的设立，为遇到困难的员工提供了及时的物质援助和心理支持，让他们深切感受到酒店的关怀与温暖。

员工的成长与发展是企业持续进步的源泉。因此，酒店特别注重员工的职业规划和技能提升，通过构建一套透明、公平的晋升体系，为员工的职业发展开辟了广阔的空间。酒店定期举办职工大讲堂、劳动竞赛和技能比武等活动，为员工提供展示自我、提升技能的舞台。这些活动不仅激发了员工的学习热情，促进了相互之间的交流与学习，还为酒店整体服务质量的提升奠定了坚实的基础。同时，酒店还推出了职业发展计划，为员工提供专业技能培训和个人成长的机会，鼓励他们不断提升自我，实现职业目标。

骏景酒店始终坚持制度完善与人性化管理并重，确保员工的权益得到充分保障。工会作为员工利益的代表者和维护者，在骏景酒店发挥着不可或缺的作用。酒店积极强化工会建设，充分发挥工会组织的桥梁和纽带作用，深入倾听员工的心声，切实维护员工的合法权益。

在民主管理方面，酒店鼓励员工通过工会渠道提出意见和建议，参与公司制度的讨论与完善，这不仅激发了员工的主人翁精神，也增强了团队的创新意识和凝聚力。在安全管理方面，工会同样发挥着重要作用。酒店高度重视员工的生命健康权益，工会积极参与隐患排查评比活动，动员全体员工共同关注安全隐患，有效提高了安全管理水平，为员工创造了一个安全、可靠的工作环境。

骏景酒店的敬业典范与团队灵魂

—— 罗慧敏

均安篇

从基层岗位起步，一路成长为财务主管和工会主席，罗慧敏用自己的实际行动，诠释了什么是真正的优秀员工，她的存在，如同一股清流，温暖并激励着每一位同事。

2007年，怀揣着对未来的憧憬，罗慧敏加入了骏景酒店，成为餐饮部的一名文员。从那时起，她便将敬业精神深植于心。每天，她总是最早到达岗位，最晚离开，工作台上整齐的文件和记录，是她对工作认真负责的最好证明。每一个数字，都经过她仔细核对，确保无误。这种敬业精神，不仅让她在餐饮部脱颖而出，更为她日后的职业发展奠定了坚实的基础。

随着工作能力的不断提升，罗慧敏逐渐获得了公司的认可，被晋升为财务主管。在这个新的岗位上，她深知责任重大，财务管理、预算编制、财务分析等工作，都需要她付出更多的努力。然而，罗慧敏并没有退缩，而是以更加严谨的态度，投入新的工作中。她深知每一笔账目的准确性对酒店运营的重要性，因此，在每一次财务审计中，她都亲自上阵，加班加点，细致复核每一笔账目，确保无遗漏。她的专业能力和敬业精神，赢得了同事们的尊敬和领导的信任。

除了财务工作，罗慧敏还担当了工会主席的重任。她深知员工是企业发展的根本，因此，她积极为员工谋福利，维护员工的合法权益。在她的领导下，工会工作开展得有声有色，不仅举办了丰富多彩的员工活动，还建立了困难员工帮扶基金，为有需要的员工提供及时的帮助。罗慧敏还定期召开员工座谈会，倾听员工的心声，收集员工的意见和建议，为员工排忧解难。她的这些努力，让员工感受到了家的温暖，增强了员工的归属感和企业的凝聚力。

罗慧敏不仅是一位敬业的员工，更是一位终身学习的践行者。她深知学习的重要性，因此，在业余时间，她积极参加各类业务培训，不断提升自己的专业素养。同时，她还注重实践中的应用，将学到的沟通技巧和财务知识应用到工会工作和企业财务工作中。她认为，只有不断学习，才能跟上时代的步伐，为企业和职工创造更多价值。在罗慧敏的带领下，团队成员也形成了良好的学习氛围，整体素质和业务能力得到了显著提升。

作为团队建设的领航者，罗慧敏始终关注团队成员的成长。她经常与团队成员进行一对一的交流，了解他们的职业规划和个人需求，为他们提供个性化的指导和帮助。在团队管理中，她善于发现每个人的优点，鼓励他们发挥特长。在她的带领下，团队成员之间的关系更加融洽，团队凝聚力和战斗力得到了显著提升。同时，罗慧敏还善于化解员工之间的矛盾，维护企业的团结稳定。她耐心倾听员工的意见和建议，对员工反映的问题给予高度重视，并迅速采取措施予以解决。她的这些努力，为企业创造了一个和谐稳定的工作环境，为企业的持续发展提供了有力保障。

除了在工作上的卓越表现，罗慧敏还是一位热心公益、关爱同事的正能量传递者。她积极参加志愿服务活动，关心社会弱势群体，尽自己所能去帮助他们。在工作中，她关心同事，善于沟通，主动帮助他人解决问题。她组织的各类工会活动，让同事们感受到了家的温暖。她的这些行为，不仅赢得了同事们的尊重和喜爱，也为骏景酒店树立了良好的企业形象。

在骏景酒店，罗慧敏不仅是一位优秀的员工，更是一位值得尊敬的同事和伙伴。她的存在，让骏景酒店更加温暖、更加和谐、更加有力量。

新力高服饰
以人为本,构建"四可之家"

广东顺德新力高服饰有限公司,作为牛仔服装行业的佼佼者,是一家集牛仔布研发、服装设计、成衣洗染、生产和销售于一体的大型服装企业。公司荣获了中国服装(牛仔)产品创新基地、顺德区均安镇经济高质量发展创新发展优秀企业、广东省服装服饰行业协会第八届副会长单位、顺德区巾帼创业创新基地等多项荣誉称号。

在追求企业发展的同时,新力高服饰始终不忘回馈员工,致力于打造一个可依靠、可进步、可发展、可信赖的"四可之家"。为了营造一个舒适的工作与生活环境,公司近年来逐步改善了各项设施。多功能会议室、休闲室、员工餐厅等场所不仅为员工提供了休闲娱乐的空间,还经过升级改造,变得更加宽敞明亮、设施齐全。在生产车间,公司同样投入大量资金,定期更新辅助硬件设施,增加降温、通风、照明等设备,提升生产环境的舒适度。

在人才培养方面,新力高服饰同样不遗余力。公司注重专业人才的发掘和培养,制定了多种奖励激励机制和生活补贴政策,鼓励员工在工作中积极进取、不断创新。对于表现突出、能力出众的员工,公司提供内部晋升机制和申请入党的机会,让他们在工作中发挥更大的作用。此外,公司还联合多方组织开展专项培训,提高员工在通识方面的认知,如防诈骗、交通安全、新型毒品认识等,增强员工的自我保护意识和能力。

> 均安篇

为了丰富员工的业余生活，公司成立了企业工会，不定期派发员工福利和开展丰富多彩的活动。从每月生日礼物、商店物品兑换券、电影券，到端午节和中秋节礼物、夏日清凉饮料等，工会总能在关键时刻为员工送上关怀和温暖。此外，工会还积极组织免费电影进企业、健康知识讲座进企业、禁毒宣传进企业、疾病筛查进企业等活动，提高员工的健康意识和文化素养。

公司成立困难职工帮扶资金，为遇到困难的员工提供及时的帮助和支持。在节日期间，公司领导还会带队到困难职工家庭进行慰问，送上公司的关怀和祝福。除了帮扶资金的支持，公司还组织开展爱心捐赠活动，众志成城，帮助困难职工渡过难关。同时，公司还搭建了职工集体协商制度，定期开展员工代表双向沟通工作会议，及时解决员工反映的问题和矛盾，将劳动争议解决在苗头阶段，将劳资纠纷的发生率降为零。

从车缝工人到技术骨干的华丽蜕变

——陈秀妹

在广东顺德新力高服饰有限公司（以下简称"新力高"）的大家庭里，陈秀妹从普通车缝工人成长为技术骨干，她以坚韧不拔的毅力、精益求精的态度和乐于助人的品质，赢得了同事们的尊敬和公司的认可。

二十年前，陈秀妹踏入了纺织服装行业的大门，成为新力高的一名车缝工人。那时的新力高正处于起步阶段，面对高端品牌订单的严格要求，初来乍到的陈秀妹感到了前所未有的挑战。产品返工、工作效率低等问题曾让她倍感压力，但陈秀妹没有选择退缩，而是选择了迎难而上。她利用下班后的时间，独自留在车间，针对自己的短板进行练习，研究更高效的车制方法。

随着对车缝工作的熟练掌握，陈秀妹并没有满足于现状。她渴望在专业领域有更深的探索和学习，于是主动申请调往技术部门。在新的领域里，她再次展现出了非凡的毅力和刻苦精神。每天起早贪黑，在版房和车间之间来回穿梭，通过不断的钻研和努力，她逐渐成为技术部门的一名优秀技术员。在纺织服装行业日新月异的今天，陈秀妹凭借精益求精的工匠精神和勇于探索的创新意识，有效解决了许多生产技术难题，为新力高服饰在行业内保持领先水平做出了重要贡献。

除了在技术领域的卓越表现，陈秀妹还以她的乐于助人和无私奉献赢得了同事们的广泛赞誉。她注重社会公德、职业道德和个人品德的养成，与同事之间互相支持、相互尊重、团结友爱。在疫情期间，她积极宣传自我保护与社交保护知识，主动参与社区和企业的防疫志愿服务工作。

陈秀妹的强烈事业心和责任感也让她在岗位上恪尽职守、辛勤耕耘。她严格要求自己，处处以身作则，从不计较个人的得失。在工作中，她乐于助人，团结同事，有一颗全心全意为公司服务的心。无论是面对紧急的生产任务还是突发的技术问题，她都能主动承担责任，认真负责、脚踏实地地完成每一项任务。

在新力高服饰的发展历程中，陈秀妹的故事只是众多优秀员工中的一个。但她所展现出的坚韧不拔、精益求精、乐于助人和无私奉献的精神品质，却是每一位新力高人共同的价值追求。

> 均安篇

希布朗集团
科技引领，人文关怀并重的纺织业典范

  佛山市顺德区西布朗纺织实业有限公司集纺织、浆染、整理等配套产业于一体，不仅年产量超过3000万码，更在技术创新和员工福祉方面取得显著成就。公司的技术实力和产品开发能力在行业内首屈一指，专业纺织技术人才团队的加入，更是让科技创新与生产实践紧密结合，推动了企业的快速发展。

  在追求技术领先的同时，西布朗纺织实业有限公司始终将员工的安全放在首位。公司在各个车间安装了先进的隔音门、自动化吸尘设备和净风设备，极大地改善了工作环境，既保障了员工的身体健康，又提升了产品的洁净度。此外，公司还建立了全员安全生产责任制，明确了各级管理人员和员工的安全生产职责，通过新员工入职安全培训、定期复训和特种作业人员专项培训，不断提升员工的安全意识和应急处理能力。这种对安全生产的持续关注和改进，使得公司能够不断追求零事故、零伤害的目标。

  此外，西布朗纺织实业有限公司还高度重视人才的培养和发展。职工们不仅是企业生产的直接参与者，更是企业发展的重要推动者。因此，公司不仅为他们提供良好的工作环境和发展机会，还通过以旧带新的入职激励政策，吸引并引导新员工加入公司。这种政策不仅有助于企业快速扩充团队，还能确保新入职员工的质量和文化适应性。

  西布朗纺织实业有限公司坚持面向基层，大力推动工会建设，通过多次部门聚餐等活动，营造快乐工作、健康生活的文化氛围。同时，公司工会还积极响应上级工会，组织员工参加各类文体活动，不仅扩大了员工的交友圈,还增强了员工的体质和凝聚力。此外,工会还通过多渠道、多方式与员工沟通,了解并解决员工关注的痛点、难点问题,推动形成了和谐的劳动关系。

西布朗纺织实业有限公司的企业价值观"为员工创造机会,为客户创造价值,为企业创造财富,为社会创造效益"贯穿于公司的各项工作中。公司以人为本,重视人才的培养和发展;以商会友,与客户保持公平诚信的交易关系;以本为重,注重产品的高质量发展;以利助外,积极响应并投入公益活动中,回馈社会。

以企为傲,以岗为荣

—— 陈秀琴

在广东希布朗集团有限公司旗下子公司佛山市顺德区西布朗纺织实业有限公司的品控开发部，有一位备受尊敬的产品开发经理——陈秀琴。她以其卓越的领导力、非凡的创新能力和显著的工作成果，在面料品质管控、面料开发与设计方面，为公司的发展贡献了力量。

陈秀琴对于公司的热爱，源于共同的信念。在纺织服装行业日新月异的今天，技术革新层出不穷，公司也经历了无数次的变革与升级。面对公司经历的挑战与困难，陈秀琴始终坚守信念、不懈努力。她坚信，机遇总是伴随着挑战而来。只要公司各部门能够紧密地团结在一起，相互支持、相互鼓励，就可以共同面对挑战、共同迎接机遇。

作为品控开发部的产品开发经理，陈秀琴以岗为荣，敢于突破自我。在日常工作中，她不懈追求卓越，积极投身于学习之中，刻苦钻研专业知识。她秉持着"多看、多学、多尝试"的积极态度，时刻保持着对市场动态与趋势的高度敏锐与关注。同时，她还紧密地与团队成员协作，共同推动研发项目的顺利开展。

通过深入洞察市场需求，陈秀琴巧妙地将前沿技术与用户体验相融合，创造出具有差异化竞争优势的产品。2025年，她带领团队成功研发出了"雅麻时代""未莱游牧"等系列产品。这些产品不仅在技术上实现了重大突破，更在市场上获得了广泛好评。凭借着这些创新产品，公司成功荣获了2025年春夏中国流行面料入围企业的称号，为公司带来了极大的荣誉。

在谈到这些成就时，陈秀琴表示："在这个过程中，我深刻体会到了以岗为荣的真谛。每一次成功解决生产难题，每一次成功开拓新市场，都让我感受到了岗位带来的成就感与荣誉感。因为我知道，这些成绩的背后，是我们每一位同事的辛勤付出与无私奉献。"

为了与产业革新接轨、跟上行业潮流，陈秀琴还坚持积极参加各项赛事。在2022年8月的"新长征杯"全国绿色牛仔创意作品大赛中，她获得了三等奖；而在2023年和2024年，她又连续两年在中国流行面料设计大赛中获得春夏中国流行面料入围评审优秀奖。这些赛事不仅让她有机会与行业顶尖技术人员同台切磋、学习先进的技术和新潮的设计理念，还让她不断积累经验、取得进步。

科霸菱电机
全方位关爱员工，共创企业发展新篇章

　　佛山市顺德区科霸菱电机有限公司，作为电机制造企业，一直以来秉持着"以员工为本"的企业理念，致力于打造一个既关注员工成长，又丰富员工生活的和谐职场环境。在这里，员工不仅是企业的宝贵财富，更是推动企业持续发展的核心动力。

　　顺德区科霸菱电机有限公司从办公环境的优化到生活品质的提升，每一个细节都透露出对员工的深切关怀。走进公司，宽敞明亮的办公环境、科学合理的工位布局，为员工提供了一个舒适、安全的工作空间。企业还特别重视员工的职业健康，定期组织职业病检查，确保每位员工都能及时了解自己的身体状况，做到早发现、早预防、早治疗。此外，企业还配备了设施齐全的员工宿舍和营养均衡的员工餐厅，从居住到饮食，全方位满足员工的基本生活需求，让员工在忙碌的工作之余，也能享受到家的温馨。

　　在科霸菱电机有限公司，员工不仅是生产的参与者，更是企业成长的见证者和推动者。企业深刻认识到，员工的发展是企业进步的根本。因此，科霸菱电机有限公司不遗余力地投入员工的培训和成长中，建立了完善的培训体系，旨在帮助每一位员工实现自我提升和职业发展。这个培训体系涵盖了专业技能、管理知识、沟通技巧、团队协作等多个方面，针对不同岗位和层次的员工，提供个性化的培训课程。企业还鼓励员工积极参加各类职业技能竞赛，通过实战锻炼，激发员工的潜能，让他们在比赛中成

> 均安篇

长，在挑战中突破。

除了关注员工的职业发展，科霸菱电机有限公司还特别注重丰富员工的业余生活，营造和谐的工作氛围。在春节、三八妇女节、中秋节等重要节日，企业都会精心策划和举办多样化的慰问活动，如组织员工聚餐、发放节日礼品、举办文艺晚会等，让员工在欢声笑语中感受到企业的温暖和关怀。这些举措不仅增强了员工的归属感和幸福感，也激发了他们为企业发展贡献力量的热情。

值得一提的是，科霸菱电机有限公司还积极搭建员工沟通平台，鼓励员工畅所欲言，提出宝贵的意见和建议。企业领导和工会主席定期与员工进行面对面交流，倾听他们的心声，了解他们的需求，及时解决他们在工作和生活中遇到的困难。这种开放、包容的企业文化，让员工感受到了尊重和理解，也为企业的发展提供了源源不断的创新动力。

用勤奋与智慧书写对企业的忠诚与热爱

——吴杰荣

在佛山市顺德区科霸菱电机有限公司，有这样一位员工，他扎根生产一线，用勤奋和汗水书写着对企业的忠诚与热爱，他就是吴杰荣，科霸菱电机有限公司的中坚力量，员工学习的榜样。

2005年，吴杰荣踏入了佛山市顺德区科霸菱电机有限公司的大门。从最初的生产调度员做起，他一步一个脚印，扎实地走在生产一线。在生产调度员的岗位上，吴杰荣同志展现出了他的勤奋好学和勇于担当。他积极做好下订单排产、协调生产、跟进材料等工作，确保每一个生产环节都能够顺利进行。

随着工作经验的积累和能力的提升，吴杰荣同志逐渐崭露头角，被晋升为生产主管，负责整个生产线的全面工作。在这个新的岗位上，他更加严谨求实，不断创新，努力为企业的发展贡献自己的力量。为了提高生产效率，吴杰荣同志对生产线进行了深入的研究和分析。他调整优化生产线布局，使产能得到了显著提升。同时，他还关注工装夹具的使用情况，并进行技术改造，使其更加适合现场使用。这些改进不仅提高了生产效率，还降低了生产成本，为企业创造了更大的经济效益。

在客单高峰期的关键时刻，面对生产任务紧张的压力，吴杰荣同志总是挺身而出，成为企业最坚实的后盾。他组织员工增开流水线，解决固定人手问题，以身作则，带领生产线团队加班加点，确保生产任务按时完成。在他的带领下，企业成功克服了生产难题，赢得了客户的信任和赞誉。

在公司工作的十几年间，吴杰荣同志始终以优秀员工的标准严格要求自己。他积极学习新知识、新技能，不断提升个人能力。他先后考取了安全生产有关证书，积极参与安全生产、消防等培训，不断提高自己的专业素养和综合能力。凭借优异的表现，吴杰荣同志荣获企业"优秀员工"称号四次，成为企业职工学习的榜样。

除了在工作上的出色表现，吴杰荣同志还担任工会主席的职务。他始终将员工的利益放在首位，关心员工的生活和工作情况。遇到突发情况时，他总是第一时间慰问受伤员工，协助其办理各项工伤手续，并开展好工会慰问工作，确保员工在休养期间得到充分的关心和照顾。

双爱之城 第二集 后记

真实自有万钧力

木棉并蒂燃春色，榕叶连枝织锦程。

2025年春，当本书的最后一页文稿落定，春日的阳光正漫过窗台，木棉以烈焰般的红晕点燃枝头，小叶榕在风里翻涌成一片青色的海。这一刻的静默中，仿佛能听见文字落地生根的声音——那些从流水线旁采访的对话、从车间角落打捞的温情、从百家企业中凝结的赤诚，终于在这本《双爱之城 第二集》里有了形状。

为助力《双爱之城 第二集》早日面世，在顺德区总工会统筹指导下，顺德区新闻工作者协会牵头组建联合采写团队，历时近半年，深入100家企业单位，对话企业经营者和一线职工，全景记录顺德这座双爱之城中职工与企业双向奔赴的暖心篇章，通过一个个鲜活案例展现新型劳动关系建设成果。采写团队始终秉持着一个朴素的信念：真实自有万钧力。他们深入一线，倾听劳动者的心声，捕捉流水线旁的人间温情，最终凝聚成这部20余万字、400余张照片的诚意之作。在此，我们要特别感谢梁景裕、蒋星亮、梁晓华、冷卫、刘劲、吴颖琳6位采写人员的辛勤付出，是你们的专业与热忱，让散落的"双爱"珍珠串成了精美的项链。

本书的顺利诞生，离不开每一位参与者的支持。我们由衷感谢各镇（街道）总工会和企业工会的鼎力支持，正是你们搭建的沟通桥梁，让我们得以深入基层、贴近真实；我们还要感谢所有受访企业，你们敞开大门，用行动诠释了"企业关爱员工"的深层内涵——无论是改善工作环境、提供成长平台，还是日常中的人情关怀与暖心守护，每一份努力都让员工与企业真正成为命运共同体；更要感谢每一位受访职工，你们用朴实的话语、敬业的精神，让我们看到普通劳动者如何在平凡岗位上书写不凡。正是这些真诚的分享，让"双爱"不再是一个口号，而是一幅幅鲜活的生活画卷。由于采写匆匆，水平有限，书中难免有错漏之处，恳请广大读者不吝指正与谅解。

愿这本书成为一扇窗，让更多的读者看见顺德企业关爱员工的人间真情，让更多人看见普通劳动者的价值，感受职业的荣光；更愿它化作一粒火种，点燃更多企业与职工心中"双爱"的星火。

《双爱之城 第二集》不是终点。因为在这座制造业名城，最动人的风景，永远是人与人的相互照亮，更多的"双爱"故事正在顺德的大小企业、百万员工中悄然生长！

佛山市顺德区总工会
2025年4月9日